來！說我們的故事

幼教師的專業成長

中華民國幼兒教育改革研究會

主編

林 序

幼教夥伴，大家一起來成長！

林佩蓉

台北市立師範學院幼兒教育學系副教授
中華民國幼兒教育改革研究會第一任理事長
現任中華民國幼兒教育改革研究會常務理事

「來！說我們的故事」是中華民國幼兒教育改革研究會（簡稱幼改會）出版的第一本論文集，幼改會從誕生起，一路走來顛顛簸簸，歷經我、師大廖鳳瑞老師、輔大蘇雪玉主任及現任的東師陳淑芳老師等四任理事長，已經七個年頭過去了，這還不包括創會之前奮鬥的兩年！這本書的出版，象徵著幼改會發展的里程碑，因為我是創會元老之一，也因為我是理事長的第一棒，有責任細說從頭，讓大家能了解幼改會的源起與出版論文集的目的。

幼改會的源起

幼兒教育在國內因為起步晚，制度未上軌道、法令不周延，所以許多幼教問題叢生。關心國內幼教發展的人士常常會忍不住慨歎：幼兒教育如果要健全發展，還有很長一段路要走！大家同時也都覺得雖然各自努力在不同場合為幼兒發聲、為幼教奔走，但常感疲於奔命，且流於單打獨鬥，效果並不顯著。

民國八十二年間，有一次，參加完某座談會，跟資深的謝友文老師聊起來，深感幼教人本來就是少數民族，服務的對象又是弱勢族群——幼兒，力量非常有限，如果大家不團結起來，合力做一些事，恐怕很難真正讓社會大眾正視我們的聲音，於是形成專業團體的構想便誕生了。

當時，謝老師仍是信誼基金會副執行長，對於幼兒教育的推展一向不遺餘力，而教育部正預定在隔年元月召開全國教育會議，於是謝老師建議，我們應該搭上這班列車，結合一群學界的有心人士，把重要的幼教議題提出來討論，可能會有事半功倍之效。最後是由信誼基金會出面，委託我集合一群幼教學者，定期聚會討論，再針對幼教重要議題分別撰稿，出版一本「幼教建言專輯」，分送全國教育會議的與會人士。這最初的小團體，即可說是幼改會的創始會員，除了謝老師及我之外，還包括：現在在嘉義大學的邱志鵬老師（當時在靜宜大學）、屏師的高敬文老師、國北師的蔡春美老師、竹師的江麗莉老師、師大的廖鳳瑞老師，及市北師的幸曼玲及陳正乾老師。

我們這個小團體，雖然花了不少力氣出版「幼教建言專輯」，但事後證明，並未發揮預期的效果。我們召開會議檢討缺失，發現主要的原因是(1)宣傳不夠、(2)文章太長、不夠精簡，於是決議小團體要繼續定期聚會討論，同時逐步發展成為一個有正式組織的專業團體，擴大影響力。此時政大簡楚瑛老師（當時尚在竹師）與國北師蔡敏玲老師，也加入了我們定期聚會的行列。

既然當時全國教育會議已成為過去，小團體決定另外尋找著力點——以幼改會的名義推動「幼稚教育法」修正草案，送交立法院與原來的官方版及立委蔡璧煌版並列審查。畢竟幼教法是推動幼兒教育的根本大法，如果能修出適合的版本並順利通過，對於國內的幼兒教育何嘗不是貢獻，何況從民國七十八年起，官方版的幼稚教育法修正草案就已送進立法院了，當時仍是一個好時機。

從八十三年六月至九月，小團體歷經多次討論後，終於完成幼教法修正草案，並在謝長廷委員（當時他在立法院教育委員會）的協助下，完成送審程序。小團體還積極參與各項有關幼教法的公聽會，藉機宣揚幼改會的理念，並與不同性質的幼教團體一再溝通協商，期望能形成共識，早日讓幼教法三讀通過。

雖然當時草擬的「幼教法修正版」著實也發揮了一些力量，有許多理念因此被接受、肯定或至少引起討論，遺憾的是幼教法對立法委員、大眾媒體並無選票的吸引力或立即性的利害關係，因此，雖然大家嘴巴上都說它是重要的（因為不敢說不重要？），但因為沒有急迫性，所以在八十四年上半年的立法院會期，始終未排上議程；而下半年，因為立法院通常是審預算不審法案，加上該年年底有立委選舉，所以幼教法修正草案又繼續被打入冷宮。隔年之後，「幼教法修正版」並未受到更多的關愛，一直到今年暑假，才突然在無人知曉的情況下修正通過，而當時小團體的「幼教法修正版」在最後究竟發揮多少作用，不得而知。

八十四年初，教育部出版了白皮書，於是小團體決議參與三月間民間所舉辦的教改白皮書研討會，針對幼教提出幼教政策的建言。做了以上這些事，似乎仍是非常不夠，小組成員於是積極向各有關單位申請專案，從事相關研究，以累積研究成果，提供教改會參考。此一期間，簡楚瑛、廖鳳瑞、林佩蓉、江麗莉均參與教改會委託的研究專案，包括幼教問題、幼師證照及幼師實習、幼教義務化的研究。另外一方面，則是踴躍參與教改會「教育大家談」的座談，並撰文刊登在教改通訊上，以期讓非幼教人士能更進一步了解幼教問題之所在。

同時，大家也形成共識，打算申請成為正式社團，以發展專業團體，才能走較長遠的路，也才能有系統地、累積一些人力、經濟資源及研究成果做更多的事。於是幼改會創始會員開始四處奔走，招募有志之士，同時召開一連串籌備會議，討論幼改會的定位、階

段性、發展目標及如何運作、發揮功能等等。終於在：

64.9 正式向內政部投遞申請資料

84.11.9 正式收到公文，核准本會籌設

85.4.14 正式召開成立大會，中華民國幼兒教育改革研究會於是誕生。

出版論文集的目的

幼改會創會元老暨第一屆理藍事們，希望幼改會每年的年會暨學術研討會能開創「不一樣」的特色，在屏師高敬文老師的建議下，決定以「幼師的專業成長、行動研究」爲主軸，長期推動幼教實務工作者進行行動研究，並發表論文，分享他們的專業成長經驗。

爲什麼要這樣做呢？

第一、它具有鼓舞幼兒園老師嘗試進行教學研究，因而改善教學、培養老師反省力、促成個人專業成長的功能。

一般現場老師都會視研究爲畏途，以爲那是少數人的專利。其實學界人上可以做研究，老師也可以試試看！老師或許會認爲，自己的「嘗試錯誤」經驗，非常瑣碎、卑微，難登大雅之堂，「不足與外人道也」。但是這種真實的「個人經驗」（personal experience）背後蘊含著許多目前漸受重視的「教師實際知識」（teacher's practical knowledge）。

因爲實務工作者比較沒有作研究或寫文章的訓練與經驗，如果聽到要跟所謂「專家學者」同台宣讀論文、研究報告，必然逃之夭夭。爲了鼓勵實務工作者站出來，貢獻自己的經驗與智慧，我們這些所謂的「學者專家」，皆隱身變爲「產婆」，幫助實務工作者「接生」──生產論文。

第二、它可成爲學術研究者進行「後設分析」的豐富資源，因而幫助我們形成理論、驗證理論或修正理論。

幼兒園老師公開披露自己專業發展的心路歷程或教學研究心得，可以幫助學術工作者形成理論、驗證理論或修正理論。而理論可以幫助實務工作者更進一步了解現象、解釋現象。唯有理論與實務兩者的相輔相成，才能找到更適合幼兒學習，更能幫助幼兒發展的方法，逐步建立幼兒教育專業的內涵。

第三、它具有凝聚「學術社群」的作用，因而促成幼教專業的發展。

幼教族群是弱勢，加上幼教環境條件不佳，從事幼教教學及研究工作，常有「寂寞」的感覺——常會感覺孤軍奮鬥、電力不足，如果能和同道分享個人經驗，相信比較能產生相互支持、相互聲援，「德不孤、必有鄰」的效果。

我們之所以有這樣的構想，是因為深深體察到：若想提昇幼教品質，建立幼教專業，實務工作者是關鍵人物。如果實務工作者真能從日常生活的例行活動中，產生「自覺」——找到自己的定位，肯定幼師的角色，洞悉幼教的意義；不斷「自省」——反芻自己的教學經驗，思索、檢討自己想做什麼、在做什麼，以及還能為自己及幼兒再做什麼；努力「自強」——找出自己的盲點與瓶頸，強化自己的專業知能，統整自己的新舊知識及經驗，相信必然能成為「專業」的幼師，建立幼兒教育專業的定位。

幼改會的期盼與傳承

七年多來，在創會元老、歷任理監事及許多志工的默默努力付出之下，幼改會才一步一腳印走出了原點，也許步伐還不是那麼穩健，也許影響力還不是那麼深遠，但至少它已經凝聚一群有熱情、有抱負、又願意付諸行動的人開始聚在一起開拓艱辛的幼教大工程。

我覺得參與的人都像是丟在水裡的石頭，雖然石頭有大有小，有不同質地、顏色、紋理、硬度，但都一樣會在水面上造成漣漪，

且漣漪會不斷擴大，無遠弗屆。盼望有更多學術或實務工作者都能加入這個團體，讓石頭所產生的漣漪效應，能持續擴大，發揮更大的作用力。而這本論文集也像是一顆大石頭，希望它的出版，也能在幼教界掀起漣漪效應，帶動整體幼教有更進一步的成長與發展。

林佩蓉

於 2002 年 12 月 18 日

廖 序

廖鳳瑞

國立台灣師範大學人類發展與家庭學系副教授

現任中華民國幼兒教育改革研究會常務理事

中華民國幼兒教育改革研究會第二任理事長

　　這本書的形成導因於幼兒教育改革研究會（以下簡稱「幼改會」）第一任理事長林佩蓉教授的想法，她一直認為現場幼教老師（包括幼稚園老師與托兒所的保育人員）的經驗是幼教專業非常重要的根基，因此，她希望能有一些書籍將這些經驗集結起來，一方面可達到經驗分享的功能，另一方面也可為幼教專業知識奠立一些基礎。因此，在幼改會理監事的同意下，我們從幼改會於民國八十六年、八十七年的論文發表會作品中，選出十三篇對幼教領域有意義、對幼教實務人員有幫助的論文，集結成冊，而我被指派為有關此書出版之聯絡人與負責人。

　　選出來的十三篇作品大部分是由現場的幼教老師或園所長所撰寫，陳述他們在現場工作上的經驗。在閱讀這些論文時，我們深深感受到幼教老師在字裡行間所傳遞出來的一個訊息：「理論與實務之間存在著不可跨越的鴻溝」。理論與實務間真的有這麼大的差異嗎？我們承認，這個差異確實存在，但是它並不是不可跨越的。而且，我認為現場老師在其教學的過程中，其實早就在實踐「理論」，只是他們可能不察覺自己在實踐理論，也可能不覺得自己的經驗或領悟稱得上「有理論」。我們因此有個想法，理論與實務之所以有差異的一個很重要的原因是，幼教老師比較缺乏從現場的經驗中跳脫出來，以後設的角度來檢視、察覺自己的經驗與想法的經驗，也

就是缺了一道「串連」經驗與其後意義的功夫。基於此，幼改會的理監事們認為或許我們能做的就是，為這些「現場故事」做一個實務與理論上的「串連」，我們稱之為「理論與實踐的對話」。因此，我們邀請了一些幼教學者專家針對現場老師的文章作一些理論的討論。但是，在此要強調的是，這裡所謂的「理論」，並非純指學術理論而言，我們承認也歡迎教師的「實際知識」（practical knowledge）或「內隱理論」（tacit theory），我們的重點是，老師要能知覺「理論」的存在，以及它（們）是如何影響著自己的決定與行動，進而影響自己的經驗與故事。

這本書從想法的形成到出版，經歷了四年的時間，當時的情景很多都已變換，因此，我們又邀請論文的作者在文章後描述一些自己的後續發展與狀況，成為該文的「後記」。從他們的「後記」中，我們看到了一些幼教現場現實的一面，以及幼教老師如何在這樣的現實中掙扎與成長（或退步）。我們將這些「現實」一併呈現，是希望能因此而引發幼教人士對這些現實的討論，希望從這些討論中找出因應之道，而不是將其作為「不能為」的藉口。

因此，這本書除了呈現現場幼教老師的故事外，我們希望能引發三個層次的對話，一是希冀從這樣的對話中，不僅現場教師可以「看見」自己的理論或自己行動後面的理論與意義（自己實務與自己理論的對話）；二是期望能協助幼教學者專家「看見」理論在現場的實踐（現場實務與學者理論的對話）；三是更希望這樣的對話能引發更多的對話，使得現場老師的故事不再只是個人的故事，而是大家的故事，進而成為建立我國幼教理論的故事（個人與幼教社群的對話）。

這本書的出版，除了感謝每一位作者願意分享他們的經驗外，也感謝他們願意將自己的一點點稿酬無條件送給幼改會，大家為幼教而貢獻之心昭然可見。其次，要感謝心理出版社的許麗玉總經理與吳道愉總編輯，他們不僅在幼改會首次詢問出版此書的可能性時，

慷慨的應允，完全不考慮這本書是否會有「利潤」，令我十分感動，更希望讓此書更有內容。接著因為我個人的問題，導致一段很長時間的等待（三年），我因此感謝每一位作者與心理出版社的耐心與包容。最後，更要感謝心理出版社的張毓如副總編輯與工作人員，為了讓此書能在幼改會九十一年度的年會與論文發表會中出現，卯足全力，讓這個「要求」被實現。僅希望此書的出版能在幼教界引起一些漣漪，讓更多的現場人員更願意出來分享他們的故事；更多的現場人員與學者專家共同合作，讓實踐與理論結合；更多的人從事有關幼教實務與理論的討論與對話，讓我們建立與擁有屬於我們自己文化的幼教理論！

廖鳳瑞

於 2002 年 12 月 6 日

目　錄

——來！說我們的故事：幼教師的專業成長

第 1 篇

教師專業成長

活水泉源—讀書會

新竹科學園區實驗中學附設幼稚園園長
張重文

前言

　　營養學上常談的是有哪些食物可以促進身體的新陳代謝、增進活力，使得老化速度減慢，愈來愈顯得年輕，而在教學生涯中也需要可以不斷激發活力，避免職業倦怠的活水泉源，以幫助老師歷久彌新，持續地發出光和熱。

　　我在幼教領域中服務有二十幾年了，但常忘了自己是即將退休的年齡，還跟孩子們一樣經常蹦蹦跳跳的，心理上一直覺得很年輕。幾年前曾經有位家長在孩子畢業前告訴我說：「當初看到老師的時候，覺得好像年紀大了點，後來慢慢發現你又蹦又跳的，精力充沛不輸給年輕的喲！」聽完之後，我心裡覺得滿高興的，但是又有點警惕。高興的是由於自己不斷追求成長，無形中表露的熱忱與活力，已經將外表的差距縮短；警惕的是要保持活力與進步就是要不斷地

求進步。讀書會正是促使自我成長的動力之一，本文就是要跟各位分享我參加讀書會的經驗與成長。

源起

在我的學校中常有機會與國小、國中、高中教職員一起開會、討論問題。從這些接觸中，我發現國、高中老師的思路非常敏銳，他們發表論點時常令人覺得很有道理；相對地，我自己卻往往無法表達得很清楚。例如，在討論全校教師參與導護工作之交通問題時，我提出一些理由，例如，幼稚園老師要陪孩子在教室、路線很複雜、家長隨時會來接孩子等。講完後，國中部的一位老師幫我綜合結論說：「你的意思就是幼稚園因為孩子小，老師不方便參與導護，對嗎？」這時我才警覺到自己說了半天並沒有把重點說清楚。另外一次與同學一起做暑假作業時，我也發現同樣的問題。別人只要進圖書館一次就能把作業做好，而我進出圖書館好幾次卻仍然無法做好作業。雖然很想改進，但卻不知道該怎麼辦？這時剛好新竹師院幼教中心舉辦了「超越教化的心靈讀書會」，我想或許讀書會共同討論的方式，可以幫助我發掘自己讀書方法上的缺失。於是就報名參加讀書會，希望能藉此機會解開我心中的疑惑，找到問題的癥結，做進一步的成長。

新竹師院幼教中心辦理的讀書會，是透過公文的方式通知各校報名的，以報名先後順序為原則，錄取名額限制在十名，並且要求報名的同學必須撰寫一份學習計畫書。讀書會每週一次討論（週二晚上6:30-9:30），預計共八週。由於我是第一次參加正式的讀書會，剛開始難免有些好奇心，但卻沒有把握自己是否能持續，畢竟對一個職業婦女來說，晚上出門是很困難的。不過，我想最多八週而已，不好玩就算了。沒想到，當我們第一次自我介紹時，我才發現成員

中竟然有遠從桃園來的幼稚園負責人（年輕的帥哥喲），還有曾至美國受過蒙氏教學訓練的老師；有的來自公立幼稚園，有的來自私立幼稚園，有的是研究生；有年長的、也有年輕的。其中有一半的成員都是結過婚有孩子的媽媽，工作忙碌之餘仍能挪出時間來參加，實在很不容易。看到這些人讓我覺得有點慚愧，因而激發了我持續到底的興趣與決心。

讀書會一開始是指定閱讀《超越教化的心靈》一書，由丁雪茵教授指導大家閱讀，為了幫助同學順利理解其中真正的含意，雪茵老師讓我們從較易懂的章節開始讀，一次一章，要求每一個人必須先在家裡閱讀過後，再到讀書會來討論心得。前三次的討論是由雪茵老師帶領討論，第四週她便鼓勵大家輪流當讀書會的主持人，希望利用這個機會讓大家學習控制時間、討論內容與發言，並學習維持討論的氣氛。

在我們討論到「學校教什麼」及「評量」等主題時，往往很容易脫離書中的理論，轉變成教學實務方面的研討。特別是對年輕的教師來說，他們在教學上有很多矛盾的地方想要釐清，這時我們幾位較資深的老師就會順理成章地成為解答者，提供一些教學經驗或建議。這種討論焦點的轉變聽起來好像沒有什麼不對，可是就「讀書」會的目的而言，似乎有些落差。討論焦點若只是放在教學技巧，可能使某些同學失去興趣（像我就沒有興趣）；另一方面，雪茵老師也希望教學實務方面的討論能扣緊書中的理論。日子久了，大家對於讀書會的焦點逐漸有默契，因此當大家的討論方向走偏時，就會有人把話題焦點重新拉回到書中的重點。這份默契讓讀書會的成員可以依照原來的目標來進行，也使得讀書會可以持續。

其次，指導教授的態度也是使讀書會持續的一個因素，雪茵老師開始就以讀書會的一份子自居，而非指導者。雖然大家都對她在指導方面的期盼很高，但是老師始終盡量維持一個參與者的角色，對於大家討論的問題也不以批評的態度來看，慢慢的大家可以放心

地在教授面前說話，有些緊張害羞的同學也開始發言，無形中大家逐漸形成互相批判的討論模式。

不知不覺中十週的討論很快地結束了，但是令人意外的是，大家都欲罷不能，因此主動邀請老師繼續指導。從此這個讀書會逐漸轉而成為一個自發性的社團，我們所探討的內容也從《超越教化的心靈》一書延伸到 Piaget 等人的理論。

歸結來看，我認為讀書會能繼續的主要原因有二：一、同學的背景多元化，可以在討論時產生不同的想法。二、教授的主導性不高，相對同學間的討論切磋就多了，自主性強、容易產生自信。因此到後來即便老師偶爾有事不能來，讀書會依然能進行。

成長的軌跡

一、從擔心到接納

由於我是資深老師，參加讀書會之初，我很擔心因為我與其他人在學經歷與背景上的差距而使我變成「陪讀」的角色。但是，另一方面我又告訴自己：「不參加怎麼知道是不是陪讀呢？」後來經過多次的研討，事實證明我當初的想法的確有點自以為是，因為從別人的發言中我也獲得許多反省的機會。

記得有一位任教於私立幼稚園的老師曾經分享她在美國學習蒙氏教學的經驗，她指出，中國同學往往會向美國老師要求減少作業份量或是考試範圍，這時美國老師就很不解地表示說，他的用意是為了幫助學生順利學到東西，而非刻意為難學生。我聽了有點慚愧，因為我在暑期進修時也常要求老師不要考試、作業少一點，其實仔細想想，最後吃虧的還是自己。

另外一次的體認是在我們討論 Piaget 理論時，一位男性幼稚園負責人提出他的心得，他並不完全同意 Piaget 用科學方法來研究人類認知發展的歷程，因爲科學也有不完善之處；同時對於經驗主義學派以感官內化來詮釋人類知識的獲得，他也覺得有不足之處。他認爲，只用感官來接受這個世界的訊息是不夠的，像光、聲音對人類來說就有它的極限，因此不足以詮釋認知。雖然這兩位同學都未受過「正規」的師範教育，但他們卻都能充分地表達自己的看法，提供另類思考，這點真的令我敬佩。有了這番體認後，我便慶幸自己當初沒有貿然拒絕參加讀書會，否則必然無法有往後更多的成長。回想起來，我從初期擔心別人學經歷不如我，到後來轉而產生敬佩之心，其實「接納」已無形中產生。

二、「接納」帶來的成長

　　在參加讀書會之初，我就期許自己少說話。並不是說話不好，而是我怕自己愛說話的習慣，會搶了別人說話的機會，如此一來我學習的機會必然相對減少。而從願意聽人講的心態開始，我發現自己情緒控制與接納的能力也在無形中提升了。

　　接納的態度也進一步幫助我在暑期進修課程期間的成長。以往我總是只選修自己喜歡的課程，不喜歡的課程就拒絕學習，常以「與教學無關」來說服自己畫地自限。參加讀書會之後，我發現自己對一些課程的態度漸漸由消極排斥轉爲積極學習。例如，我本來不想修「幼教與傳播」，後來因爲接納態度的提升而決定嘗試選修此門課程，因而使我有機會學習從行銷的角度思考公幼是否需要招生廣告的議題，從中獲得一些意想不到的收穫。另外，有一次班上同學因不滿某位老師的教室管理方式而拒絕學習，我卻嘗試接納這個老師，及時把握學習機會，將我教學上的問題提出，因此得以在這位老師的引導下，修正我錯誤的方向。以上兩個例子都是因「接納」

態度延伸而來的成長。

三、意義的思辨與反省能力的增強

舊有的「模式」常使人習以為常，久而久之往往也就不再思考它的意義。例如，最近學校要辦運動會，其中親子體操的籌畫仍依照以往的模式，由一位老師負責策畫，再由其他老師針對策畫的內容提出修正意見。在我們討論時，有一位老師認為計畫中所採用的音樂不是很恰當，而且設計的動作不適合幼兒在大場地實施。然而，儘管大家都認為他說得很有道理，但是卻沒有人提出有助於負責的老師修改計畫的建議。而這種研討模式在學校已經持續了很久，但是這次我靈機一動，建議大家一改以往的討論模式，不要只是提出抽象的看法，還要給與具體的建議。例如，如果認為音樂不夠活潑，那就主動提供活潑的錄音帶；認為動作不合適，就具體示範說明。事後回想起來，我之所以如此建議，應是讀過《超越教化的心靈》作者所提出的「理解」論點的影響。此外，由於我們在讀書會中常常不斷地討論，使我的思考與思辨的敏感度在無形中提升了。

另外，在讀書會某一次討論中，有人提到，有時候在教學結束後，會突然覺得自己的教學似乎沒有什麼意義，那次的討論讓我也有機會重新省思自己進行主題教學的意義。我發現主題網的中心目標不但可以使我們在活動設計時有明確的方向，還可以幫助自己思考為什麼要上這個主題。例如，記得剛來實驗中學附設幼稚園時，看到金山寺在一片科技廠房之中，又破又舊，顯得很奇怪。當時我心想，這個小破廟留著它幹嘛？應該把它拆了。如今因為要上「我的鄰居」這個課程而認識了金山寺，才知道金山寺的寶貝有哪些，有些當年用過的金爐、神像等，可能有一百多年的歷史，最近兩年卻開始遭毀損丟棄。我想，如果我們可以早一點認識這些古物的珍貴，或許可以提供寺方保護古蹟的觀念，使古蹟免於遭到毀棄的命

運。因此，我在編寫「我的鄰居——金山寺」的主題網時，就很明確地知道我的中心目標是「尊重」與「認識」，不論課程進行到哪一部分，我都能很有自信地說出我上這個主題的目的——因為它是我們最近的鄰居，所以認識並尊重它就顯得格外重要而有意義。透過讀書會的討論，我不再疑惑我為什麼要上這個主題了。

四、學習坦然面對不同觀點

在讀書會中，我是年齡最大、資歷最深的一位，所以多少有些老大的心態，這種心態卻在讀書會中受到打擊，因而逐漸調整。例如，在讀書會的第二學期中，有一次我們討論到 Piaget 理論與行為主義的觀點，大家各自發表想法。我就提出，看完書中的含意後，我特別重視的是它的過程帶給我的省思，尤其是反省自己的教學中是否應用到行為學派與 Piaget 的論點。沒有想到另一位同學卻有不同的看法，他表示，教學上的應用不是他所關心的焦點，在 Piaget 觀點與行為主義背後的理論基礎，才是他最想了解的。他指出，有一次考試時有一題問到「全部的珠子與紅色的珠子哪個多？」他弄不清楚這個問題的意思，因此想要從書中進一步深入了解。

當我一聽到別人提出不同的觀點時，覺得有點不自在，好像被人家打了一巴掌一樣。還好在那次討論之前我已有一些心理準備；另一方面，一學期下來，我看到讀書會的另一個同學常被批判得很激烈，但是這位同學都能以開放的心坦然接受批判，因而使自己得到很多的成長。於是我告訴自己，應該坦然接受別人不同的論點，千萬不要被激怒；況且其他同學提的論點，也只是他個人的想法，其他人也未必認同。如此告訴自己之後，那一點點的不自在也就消失了。那次的轉變，使我往後更能大方地發展自己的想法，較不會因為別人的幾句話而影響情緒。

閱讀內容的領悟與激發

　　除了讀書會討論形式的潛在影響之外，讀書會的討論內容也幫助我釐清、深入反思一些教育及教學上的問題。

一、關於「教什麼」？

　　做為教師首先面對的問題是「到底要教孩子什麼？」，這也是《超越教化的心靈》作者 Gardner 所提出的重要問題之一。難道幼稚園只是唱唱歌、吃點心，或是做做手工、玩遊戲而已？還是學電腦、學英文呢？以往我在設計課程時，都是想上什麼就上什麼，沒有整體的規畫，對於幼稚園連續二年的階段教育也沒有明確的目標。

　　記得邱志鵬教授曾經問過我：「你想要教出怎樣的孩子？」當時我並沒有深入思考，這次讀書會卻促使我再度認真地思考這個問題。我發現，缺乏長遠的目標是我目前教學問題的關鍵所在。正當讀書會促使我不斷地思考我的教育目標之時，有一位家長告訴我，她先生（一家電子公司的主管）成功的策略就是縝密的思考。聽說該公司的董事長罵人是出名的，但是這位家長卻從沒被罵過。這一點提醒了我，我的教育目標之一就是培養孩子敏銳的思考能力。於是我開始根據這個目標設計了一系列的課程。例如，從孩子身邊的人、事、物開始，往外延伸，有我的學校、我的鄰居、老樹之旅、吃在光復路、休閒活動、科技探索、米粉之鄉、創造性舞蹈等主題，藉由討論、推理、觀察等活動來增加孩子敏銳的思考。雖然課程的主題順序還有待商榷，但是對於我要「教什麼」，我已跨出一大步，有了較清楚的目標。

二、對師徒制的省思

　　傳統的師徒制已被學校教育取代，目前教育的現象是，學生很難從老師身上學到課堂以外的東西，例如情操、態度、價值觀等。好像老師在課堂上將有限的知識傳授完，就已達到教學目標。Gardner卻強調師徒制的重要性，這個論點幫助我反省自己是否在教學過程中將正面的價值觀、態度等傳遞給孩子？我是否針對孩子的個別需求盡量給與滿足？這些都是今後我在教學上需要改進的。

　　此外，身為母親，師徒制的論點也讓我更深入地省思自己的孩子所受的教育。Gardner指出，以往師父帶徒弟都有很明確的教育目標，而這個目標也是社會所需要的，然而現在學校的教育常使學生「不知為何而學」。身為家長的我，回家就問正就讀於高中的小女，看她是否知道她為何要學習學校所教的課程，結果正如 Gardner 所說的——學校教育中學生所學的與社會脫節。小女表示，同學都不知道學數學、國文有什麼用。我想：「如果不知為何而學，那麼學習的效果不就大打折扣啦！」由於學校位於高科技電子產業的社區，我想，如果能參觀電子業的製造過程與工作型態，加上主題式作業，應可以幫助孩子統整所學，並了解學校所學與未來社會生活的連結。於是，我向女兒學校的教務主任提出讓學校與社區生活結合的構想，他雖然認同我的想法，但是因人力及經費上的限制，無法實現這個計畫。

　　但我並不因此放棄，為了幫助女兒，我特地為她安排與電子公司老闆面談的機會，讓孩子親自看到、聽到一個成功的企業家所需具備的能力。面談之後，小女告訴我說，現在她才知道數學原來是訓練邏輯思考的重要科目。她也了解到，雖然目前上課的學科內容好像與生活脫節，但未來在工作上需要應用邏輯思考時，卻助益很大，因此一定要好好地學才行。聽完了這句話，我已確定她會認真

地學習了。

三、打破對分類遊戲的刻板印象

　　以往我在玩分類遊戲時，通常是以玩具來做素材，而且習慣以顏色、形狀等來分類；但是有一次我在上「數」的課程，幫助學生學習分類概念時，我想到了《超越教化的心靈》作者所提的刻板印象。如前所述，我們常以為分類的類別只有形狀及顏色二種，Gardner的論點卻提醒我努力突破舊有教學中的刻板印象。以下即是我試圖排除刻板印象的實例。

　　有一次，我嘗試讓師生共同在校園內的小樹林裡撿樹葉來玩分類遊戲，分類的條件是「有相同的地方」即可。剛開始玩這個遊戲時，孩子還不太清楚，但是玩過一、兩次之後，他們就慢慢了解了。一開始，他們會撿一些葉子，然後告訴我說這些數目不等的葉子相同的地方是顏色；慢慢地，經過探索、討論，孩子們開始說出更多有趣的相同點，例如：有些葉子都是鋸齒狀的、有些都是枯了的、有些都是樹上掉下來的、有些都是地上撿的、葉子都需要喝水等。從如此的開放討論中，使孩子們對分類概念有更深入的理解。這樣的教學不但擺脫了舊有的模式，也激發孩子許多創意。

　　當我引導孩子的方式一改變，似乎很順利地就呈現了不同的分類內容，使得教學活動能進入更有意義的層面，這即是受Gardner論點的激發所帶來的成長。

四、對於評量方式的再思與理解

　　「教育改革中最大的問題在於評量。」這是 Gardner 在《超越教化的心靈》一書中提出的，因為學校的評量大都停留在紙筆測驗的階段，往往忽略了其他的評量方式。但是，我們到底要評量什麼

呢？老師到底在課程中給了孩子什麼？什麼東西才值得評量？最重要的是，在評量學生之前，老師是否也該自我評量呢？這些都是我們在討論中所引發的重要問題，也引發我思考並修正自己以往不足之處。於是在緊接著的那個學期開學前，我便針對幾方面著手改進──包括教育目標的長期規畫、教學的準備、親職教育等。在教育目標方面，我事先規畫好未來兩年的課程；教材準備方向則著重在教學資源的蒐集；親職教育方面則規畫出班級雙週刊，希望藉由事前的規畫準備，讓教學更精緻化。

讀書會討論到的另一個問題是，用什麼方法評量才有意義？讀書會同學蒐集了各自在學校所使用的評量表蒐集，其中大致可以分成二大類：一類是條列式評量。例如，在「水」的單元中，評量項目是「能知道水的三種變化」，評量結果則是「很好」、「好」、「待加強」三種等級中選擇一項來勾選。另一類是軼事評量，也就是敘述孩子活動中的過程評量。表面上大家都「知道」後者比較適合幼兒階段的評量，但我卻發現自己並不知道「為什麼」。可能老師以前也講過，但我並沒有真的體會。經過讀書會的討論、比較、分析以後，我終於「理解」兩者之間的優、缺點。以條列式評量為例，前面提到水的三種變化，即使孩子真的能說出三種變化的答案，孩子是否真的理解呢？如果答案不正確，就表示孩子不懂嗎？假如換一種評量方式問問題，如：「水放在冰箱冷凍庫會怎麼樣？」「媽媽煮開水時，會發生什麼現象？」相信就容易回答了。因此條列式評量不僅在問題的內涵與技巧上有待商榷，同時評量結果也無法呈現孩子的態度、情緒等。相反的，這卻是軼事評量的優點。不過，從另一個角度檢視表列式評量，它也不是一無是處，至少它提供老師有關量的部分做為參考。將這兩者的優缺點弄清楚了以後，在選擇評量方式時就更能切合實際的需要了。如果現在有人問我為什麼軼事評量比較適合幼兒階段的評量，相信我必然可以解釋得非常清楚了。

五、對於獎勵與自主性發展的反省

在幼稚園教了二十幾年，我最常提到的是「孩子最需要獎勵」的理念，而且我深信獎勵是有百益而無一害的行為。但是當讀書會討論到 Piaget 的自主性與他律的理論時，我才驚訝地發覺，過多的獎勵孩子對自主性的發展可能是有妨礙的。這種與先前認知差異性極大的論點，令我印象深刻，同時也使我提醒自己在教學活動中盡量注意獎勵不要過於頻繁。

此外，記得在讀書會討論到這個問題的那段時間，有一天我班上的孩子在畫「好朋友的畫像」，有一位孩子帶著她的作品來找我說：「老師我畫錯了。」仔細一看，原來是紙上只呈現了二個圈圈。孩子立刻接著說：「老師對不起！」頓時 Piaget 的自主性理念在我腦中浮現而過，迫使我進一步思考該如何處理這個問題，才不影響孩子自主性的發展。很快地，我意識到我的不悅不是因為孩子畫得不好，而是因為浪費了一張圖畫紙。所以，我將這個想法告訴孩子，孩子也很能理解地又回去繼續完成作品。從這件事情的處理中，我發現師生雙方都能心平氣和地談而不動氣，才能推動孩子再繼續未完成的作品。這對我而言就是一種成長。雖然 Piaget 的自主性內涵與這個事件並不是那麼直接相關，但卻是因為它我才有了不一樣的想法。

結語

由於我們暑期進修的功課實在太繁重，讀書會在暑假暫停。但是，不同於以往的是，我發現我的學習態度比以前要認真，對於不喜歡的課程也能耐著性子聽下去，因此收穫良多。在撰寫這篇報告

時，正是暑修結束之際，讀書會也重新出發，從 Gardner 進入 Piaget 的理論世界，我帶著滿足的心情迎接學校新學期的來臨，這種經驗與感受已經好久沒有出現了。參加讀書會所獲得的「領悟」，打破了我以往很多的設限，促使我在暑修階段中再成長。回頭想想，如果當初沒有參加，就不會有這樣豐富的收穫了。因此，「想要參加才會獲得進步」的觀念，不僅成為我個人的信念，同時也是我在培養孩子時所堅持努力的方向，與大家共同勉之，並期待另一個階段的成長能再與大家分享。

後記

起先我對說成長的故事並沒有興趣，因為我常說這一類的故事，久了就覺得應該換年輕人來說了。所以，當我在讀書會中得知幼改會的邀稿訊息時，並沒有任何的動作。直到我在暑修的二位同學告訴我，他們考上公幼時原本是抱著滿懷的熱忱，卻在短短不到兩個月之間，教育想法與實際教學產生極大的衝突，這才激起我想說的念頭。幼教已經是個弱勢團體，別人怎麼看幼教人並不重要，重要的是幼教人應當努力做好自己應該做的事。因此，現在的心情已由不想而轉為想要回饋了。

另外，在積極的撰稿過程中，又獲得了許多意外的省思與發現。首先，我發現當我嘗試回想一些讀書會曾經發生的故事時，我只能記得粗略的概念，詳細過程與討論內容卻無法完整地敘述，因此撰寫時有許多困擾。這是因為在讀書會討論的過程中，我沒有記錄的習慣，等到需要時才知道不足，卻已經來不及了。其次，從撰寫的反省與統整過程中，我發現自己的一些潛能學習是透過讀書會的互動而慢慢形成的。如果不是因為寫這篇文字稿的過程中激發我深入省思，我可能不會那麼快就理解到——在讀書會中除了書中的影響

外，其實同學之間的互動也是進步的原動力，例如態度、敏感度、思考模式等的彼此影響。再者，我也發現電腦打字能力的重要性。暑修時我交的作業都是手稿，實在不太美觀，當時老師建議我用電腦，但我一點也不能接受，主要是因為我思考比打字的速度要快。但是，經過這次前後重寫了四次、最後正式出版前又修改一次的經驗之後，我終於了解到老師建議的話有重新考慮的必要，我想這種切身的感受也是另一個成長的動機吧！

2

讓成長的動力持續下去

國立新竹師範學院幼兒教育學系副教授
丁雪茵

耶穌說：「人若喝我所賜的水就永遠不渴，
我所賜的水，要在他裡頭成為泉源，直湧到永生。」
（新約聖經，約翰福音四章第十四節）

緣起

當初會成立讀書會，是因為當年身兼幼教中心主任，「必須」辦理一些在職進修活動。由於有些老師向我反應，認為研習會的時間太短，而且每次參加的研習主題內容彼此之間沒有連貫性，因此很難有較深入、長期的學習累積。基於此，除了辦理一些介紹新教學法或幼教新知的研習會之外，我決定試一試辦理較長期、且以小團體為主的教師成長團體。此計畫順利地獲得教育部的支持，於是從八十七年三月至五月開始進行三個幼教師專業成長團體，每週一

次研討，共八週，其中兩個團體是針對教學實務的研討團體，另一個就是張重文老師（〈活水泉源〉一文的作者）所參加、由我主持的《超越教化的心靈》讀書會。

傳統在職進修模式的限制

　　在職教師的專業成長是教育界最近非常關注的焦點之一，通常最常見的形式就是採用短期在職進修班或研習會的模式。不論是短期密集進修班或是研習會，一般都是由師資培育機構（授課教師）預先決定教材或研習內容，以上對下的「推廣」模式進行，每班人數約四十人，研習會的參加者甚至可能多達一百多人，主講者與參加者的互動非常有限，傾向單向的溝通，因此研習內容很難與教師個人的成長需求做緊密的結合，研習的效果自然也受到影響。就如一位老師所說的，「一般的研習內容常常不是參加者想要攝取的，但卻礙於規定而必須參加」（讀書會心得）。

　　此外，大部分的研習會時間都很有限，有的只是一場演講，有的雖然長達一兩天，其內容也是數場演講結合，每場演講的時間非常有限，因此內容大多是著重於可以短時間之內傳授的教學實務技巧（簡楚瑛，民86）。短期研習的模式雖然可以很有「效率」地傳授一些教學技巧或知識，但是往往無法深入探討教學模式背後所立基的理論基礎。教師雖然學到教學的「新方法」，卻很難掌握方法背後的「原理」，對於自己原來的教學或根深柢固的教育理念並沒有進一步的反省機會。因此回到教學現場後，大多數的老師只能將學到的教材教法以「外加」的方式加入自己原來的教學模式中，而且由於不懂教材與教法背後的原理原則，因此很難將所學加以延伸或創新，也很容易在短期內又有「江郎才盡」的感受。

另一種選擇：讀書會

雖然短期研習模式對於新教學法的推廣有其不可抹滅的功能，但是其中「上對下」的單向推廣模式，很難使研習內容與教師個人的教學經驗做有效的連結，也容易忽略教師的專業主體性。就如杜威（姜文閔譯，民81）批判傳統教育時所說的，「特定的經驗雖然可能在一個特殊領域內增加一個人機械式的技能，然而，這樣將會使他陷入陳規舊套，其結果也會縮小經驗繼續增長的範圍（p.16）。」傳統短期的研習會模式似乎也有類似的困境，從經驗的「連續性」與「開展性」來看，其教育功能實在有限。

此外，有些學者（如簡楚瑛，民86；陳淑敏，民86）發現，在傳統的「上對下」研習模式中，參與研習的教師被預設為被動的知識「吸收者」或「消費者」與教學的「執行者」，教師只是學校知識的「傳授工具」，而非知識「建構者」。這些基本假設實與教育改革的方向互相牴觸。基於建構論，教育改革中強調個體在知識建構過程中的主體性；加上民主潮流的影響，教育改革的第一個主要訴求便是「鬆綁」，希望減少中央的控制，落實學校及老師的專業自主。

然而，「單純取消外部的控制不能保證產生自我控制」（杜威，民81），目前教育改革遇到的一個重要瓶頸就是，以往傳統教育所培育出來的老師已經習慣完全接受「上面」（教育部）所編的教師手冊，不太會思考「為什麼」教材要這樣編、教學要那樣教。許多老師的教育理念仍停留在知識的灌輸或傳授，視自己為知識的「傳授者」，而學生則為知識的「吸收者」。由於這些基本假設已經根深柢固，因此突然「鬆綁」反而使學校與老師都無所適從。儘管教改會到各地開了幾場研習會「宣導」教育改革的理念，仍然無法打

破老師長久以來所建立的想法與做法，更不用談建立新的教育了。

　　從教育改革的失敗經驗來看，如果真要落實教育改革，我們勢必要尋求其他的方式來幫助老師培養其專業自主能力，以期達到根本理念的深層改變，使新的教育理念取代傳統教育理念，進而影響其教學實務的改變。至於如何提升教師專業自主與省思能力？有鑑於傳統「短小精簡」研習模式的限制，我認為採取長期、互動討論的「讀書會」方式或許更可以幫助老師。因為個人的理念不是一朝一夕形成，自然也很難在短時間內改變，因此需要長時間的討論。而且，從建構主義的觀點來看，透過不斷地對話辯證、接觸不同觀點，應該可以幫助個人逐漸意識到自己的深層假設，學習跳脫主觀觀點或理念，如此才有進一步反省與改變的可能。此外，透過「讀書」可以進入作者的觀點，使老師們對於教育改革背後所蘊含的理論基礎有更深入理解，藉此拓展老師的視框與對教育的整體關懷，學習進一步從整體的教育目的來思考個人在教育界的定位與理念。

　　基於以上的種種益處，雖然讀書會以小團體方式進行，只有少數人有機會參加，我仍然決定嘗試看看。沒想到這一開始，就得到很好的回響，最後還欲罷不能，直到張重文老師撰寫〈活水泉源〉一文，讀書會已經進行兩個學期，而我撰寫此文之時，這個讀書會也已經滿二歲半了。

讀書會的發展階段

　　雖然我深信透過讀書會的討論模式，應該能提升教師深入省思與批判的能力，但是對於它到底對老師會有什麼樣的幫助、其學習效果會不會持久等問題，我並沒有把握。因此，這個讀書會能持續至今，是我當初沒有預想到的。每個老師的成長故事都令我驚喜，似乎讀書會同時滿足了他們個人不同的成長需求。因此當幼改會舉

辦八十八年年會時，我便極力鼓勵讀書會的成員們投稿分享他們從讀書會所激發的成長歷程，希望他們在讀書會的經驗能夠鼓勵更多的人參與、組織讀書會，張重文老師的文章就在這種情況下誕生。

回顧讀書會的發展，大致可以區分為幾個階段，前八週屬於第一階段──正式討論期。這階段由教育部補助經費，討論內容以Gardner 所著《超越教化的心靈》一書為主，有讀書的進度表，我的主持角色與責任有其「法定」地位。第九週開始轉入第二階段──延伸討論期（為期四週），這個階段是應成員要求而延伸的，可以說是讀書會自發性正式凸顯的開始。由於在書中Gardner 批判傳統「評量」的問題，但卻沒有明確的解決辦法，這對於必須面對實務問題的老師來說，似乎無法解答心中的困惑。因此在討論完整本書之後，將討論主題延伸到「評量」的實務問題，我請各個老師分享自己在幼稚園實施的評量方法，探討、分析各種評量方法的優缺點，並從Gardner 的觀點反省批判各種評量方式。雖然最後沒有一個定論，但是討論中的多元觀點卻讓老師有機會看到自己的盲點。

延伸討論期可以說是這個讀書會的高潮，這可能也是促使這個讀書會可以繼續發展的關鍵因素。八十七年六月底學期結束時，大家決定下學期仍要繼續這個讀書會。隔了一個暑假之後，讀書會開始邁入第三階段──自發期，讀書會成員自己決定讀書的方向，再由我建議書籍，我在討論中的主持角色漸漸退出，但是只要我無法出席，聚會就會暫停一次。在這個時期中值得一提的是，我極力鼓勵成員跨出自己的成長小圈圈，參與十一月的幼改會研討會，結果有三位老師一起去參加，這是他們第一次參與以幼稚園教師為主體的幼兒教育研討會。張重文老師經過那次幼改會發表之後，信心大增，向外奉獻的熱情也被激發出來。成員們開始研擬寒假到社區舉辦幼教座談會的計畫，一方面希望有個機會督促自己將讀書會所學做一個統整，一方面也希望藉此將幼兒教育的理念散播出去。雖然這個「偉大的」理想最後因大家寒假時間無法配合而無疾而終，但

是此舉對於原本沒有自信、不會引經據典、不知如何教育家長、自認統整溝通能力不足的成員來說，已是一大突破，也顯示出成員們在讀書會一年來的成長，尤其是自信心上的成長。這一個高潮也使得讀書會於八十八年初逐漸邁向第四階段——穩定發展期。此時，我即使不能出席，讀書會仍可以照常聚會。

讀書會為何能持續？

綜觀這個讀書會，可以發現有幾個特色可能就是有助於讀書會持續至今的重要因素。以下將一一說明。

一、成員方面

(一)成員本身的「讀書」動機強

成員的動機與承諾是任何一個團體長期發展的基礎，在我們的讀書會中，雖然大家都處於不同的專業發展階段，但是我發現大家都有一個共同的渴望，就是想突破一些現況或瓶頸，想要有一些改變。從訪談中，我發現成員們參加的動機包括提升統整能力、幫助自己引經據典、提升自己溝通表達的能力、學習與家長溝通開放教育的理念、刺激多元化與反省性思考、分享教學經驗等。而其中最一致的就是「想讀書」。也就是說，基本上大家已經認同「讀書」對於成長是有幫助的。這一點共識與讀書會本身的目標相當一致，因此即使在過程中偶爾離題分享其他事情，最後主軸終究會回到「讀書」。

至於為何讀書會成員在成長動機上如此一致，我認為可能與剛開始的報名程序有關。由於讀書會名額限制在十名以內，而且希望

成員可以長期參加，因此，為了挑選到真正學習動機強的老師，也為了避免太多人報名造成行政上的困擾，我在簡章上規定報名者必須繳交學習計畫書，說明參與讀書會的動機與對讀書會的期待。此舉果然嚇走很多有點想參加、但卻不清楚自己成長需求的人。最後總共只有十一人報名參加，除了二名（一名園長與一名負責人）沒有寫計畫書之外，其餘均有繳交計畫書。其中一名「想在讀書會多交朋友」的園長在參與第一次的介紹之後就沒有再出現。這兩年半以來，有些人因故而退出，也有人聞風而來加入，成員差不多都維持在八人上下。成員中有三個人是已經持續參加兩年半，其他約有五人是至少參加一年以上。

㈡成員全程參與的承諾高

我們的讀書會與一般自發性讀書會有一點很大的不同，就是早期強制參與的約束。由於讀書會只有少數人可以參加，雖然剛開始經費是由教育部補助，成員是免費參加，我仍希望每個人都能珍惜這個機會。為了避免「浪費」資源，也為了避免成員們進進出出影響讀書會的經營，我在報名簡章中就明確規定：「只要缺席一次，就由候補人遞補」。在第一階段的八週中，果然沒有一個人缺席。長期穩定的出席有助於成員之間發展穩定的信任關係，也可以確保成員在讀書進度與討論上的連續性，使得我們的討論得以不斷深入，為讀書會的品質與凝聚力奠下良好的基礎。

㈢成員背景多元（觀點多元刺激認知不平衡）

雖然我們沒有刻意選擇參加者的背景，但是我們發現參加讀書會的成員背景非常多元化。包含不同性別（一位男性）、不同園所（公立、私立）、不同教學模式（開放式、傳統單元、蒙式）、不同角色（幼稚園負責人、老師、研究生、大學教授）、不同年齡與年資（從剛畢業一年到二十年經驗的老師）、不同學經歷（一般大

學畢業生、幼二專暑修幼教系、幼教系畢業生、美國蒙式訓練合格教師、博士等）。

　　每個人一開始所關心的焦點都不太一樣，從幼稚園經營管理、教學實務、到個人生涯發展問題等都有。所幸大家有一個共同的目標——就是希望藉著「讀書」來成長。由於背景的多元性，使得每次的討論都會出現不同觀點，討論顯得生動活潑，又能幫助個人擴展思考角度。

二、情境方面

(一)選書原則：經驗的連續性、從實務到理論、由淺入深

　　讀書會的特色就是以書為主軸，由於書的章節可以作為明確的討論中心主題，且作為安排進度的依據，因此使得讀書會的討論方向能夠集中而深入。但是選書也是讀書會成功與否的重要關鍵，杜威（姜文閩譯，民 81）與 Cazden（蔡敏玲、彭海燕譯，民 87）都提出，教材與學習者之間的「連結」與否會影響學習興趣、成效與理解。讀書會所讀的書必須能與成員的經驗有某種程度的相關，才能引發成員持續的閱讀興趣。幸運的是，我們的讀書會成員比起一般社區讀書會成員的同質性還高一點，因為大家都是幼稚園老師或負責人，基本上大家對於這個讀書會的期待都是「專業上的成長」，因此截至目前為止，大家選擇閱讀的書均仍屬於教育專業領域的書籍。雖然通常都是由我先推薦幾本我讀過的書籍，但是仍經過成員們投票做最後決定。既是教育專業的書籍，基本上就比較符合杜威（姜文閩譯，民 81）的「經驗連續性」標準，因為成員們在閱讀與討論時，比較能夠把幼教現場的實務與書中的理論做連結。

　　但是，理論如果太深也會影響此種連結，也就是會影響閱讀與討論的學習成果。因此我選書時遵循的一個原則就是：由實務到理

論，由淺入深。舉例來說，為了兼顧引發老師的興趣及深入理論探討，第一階段我們選擇閱讀《超越教化的心靈》一書。大多數老師表示看過該書，但是「翻閱後沒有共鳴，覺得讀不動」（教師訪談），顯示該書與老師經驗相關，但是有一點理論深度，需要經過一番討論才能深入理解。該書第一部分是心理學理論，第二部分是對當前學校教育的批判反省，第三部分是作者根據理論提出解決之道。為了避免讓成員們有挫折感，我決定讓大家從與現場老師經驗距離最近的第二部分——當前學校教育的反省開始閱讀，等到讀出感覺來，再進入較艱深的理論層次，最後再讀作者提出的解決之道。

往後的階段也是遵循此一原則，隨著討論，讀書會成員的理論性思考能力漸漸提升，我們所選讀的書也愈傾向純理論性的書籍。從 Piaget 理論相關的研究論文、Piaget 訪談錄、Vygotsky 的《社會中的心智》、到 Dewey 的《兒童與課程》及《經驗與教育》，成員們對於理論性的探討已經習以為常，也不再害怕閱讀理論性的書籍。

(二)場地

物理環境往往會在無形中暗示著適當的互動模式，因此場地的選擇對於讀書會討論互動也有關鍵性的影響。如 Cazden（蔡敏玲、彭海燕譯，民 87）所言，要引發交互討論就必須讓成員們彼此可以看到彼此。這個讀書會一直都是在新竹師範學院幼教系的研討室進行，因此大環境中充滿「專業」與「讀書」的氣氛。研討室中沒有茶水或食物，圍成一圈的研討桌擺設使得每一個人可以看到彼此，沒有明顯區隔的主席位置；而且辦公室座椅舒適，距離適中不擁擠，非常適合這個讀書會的討論。

三、討論過程

㈠我的角色

　　要引發真正的討論，就必須讓大家都站在平等的地位上。從一開始，我就告訴讀書會的成員，我也是一個參與者，不要期望我像上課一樣講課，我跟大家一樣，一起來讀書，成員們不要期待我有正確答案，因為每個人都可以有每個人的觀點，沒有一個觀點是絕對正確的。我也強調，我的專長偏重理論，各位老師的專長偏重實務，希望透過對話討論，理論與實務可以緊密結合。

　　此外，我在討論過程中所扮演的角色職責包括掌握討論大方向、詮釋說明理論內容、澄清成員的論點、幫助彼此了解、調和緊張氣氛、確定彼此尊重、綜合結論等。偶爾有人提出問題但得不到回應，我就會將問題保留至適當的時機再提出繼續討論，以確保每個人的問題都能受到尊重。

㈡主席輪流制

　　為了使主席與成員間的權力階層趨於更平等的地位，前幾週我做了主領討論的示範之後，便開始分配各成員輪流帶領討論。此舉不但使我與老師的地位更趨於平等，使老師參與度更深，而且也讓各個成員藉此機會學習抓住討論內容重點，學習歸納，並掌控整個討論的進行。

㈢真正的討論

　　Cazden（蔡敏玲、彭海燕譯，民87）認為「真正的討論」發生之時往往才是學生學習的「心智高點」（p.102），而真正的討論有幾項特徵：學生於討論中探索想法，學生說話比老師多，學生自己

決定何時說話，學生彼此之間直接對話。從這幾個特徵來看，讀書會確實時常發生「真正的討論」，而且其比例隨著讀書會的發展而愈來愈多。雖然在第一階段初期我的主導性仍然很強，但是，如上所述，我刻意地逐漸減少我的權威角色。除了表明我的基本理念——平等的討論參與者，也藉著成員輪流當主席的方式縮短我們的權力差距。此外，當有人問我問題，或是遇到疑惑以目光期待我回答時，我就會把問題拋給全體成員，盡量把我的想法保留到最後再分享。此外，討論過程中我也常運用 Cazden 所說的一些技巧，如：宣布式言論、重述成員的想法、邀請進一步闡釋、沈默與等待等。從成員之間交叉討論的增加來看，我已經成功地建立一個「真正的討論」的空間。到了讀書會的穩定發展階段時，我甚至可以在整個討論過程中不發一語。（詳細的討論互動過程與知識建構，我將另外為文論述）

㈣彈性的進度

在討論過程中，有時候會產生與主題相關的實務問題，或是有時候有成員正面臨個人專業生涯上的瓶頸，或是遇到育兒問題等，只要成員之中沒有人反對，通常我們也會容許某種程度的離題。雖然離題的討論必然會影響原來既定的討論進度，但是適度的彈性卻使讀書會在適當的時機可以與個人經驗做連結，這時個人經驗的分享不但可以滿足、支持個人的需求，也使讀書會成員之間更了解彼此。

㈤自主的學習

內在動機是學習的主要動力，如杜威（姜文閔譯，民 81）所言，傳統教育失敗的其中一點就是沒有考量到學生的學習動機，也沒有讓學生參與學習目的的決定過程。失去內在學習動機的個體容易失去方向，不知為何而學，因而影響學習成效。為了讓老師真正

體會讀書是為了自己的成長，除了第一階段（前八週）有不准缺席制度及預定完成的讀書進度之外，後續的讀書會雖然也安排預定的閱讀討論進度，卻沒有進度的絕對壓力。此外，除了第一學期結束時要求老師寫一篇簡短的成長心得之外，完全沒有任何作業壓力，討論過程也不強迫每一個人都要發言。成員唯一的責任就是按照閱讀進度準備，在輪到當主席時準備引導問題。即使沒有讀書，或是沒準備好，也不會有任何處罰，只有自然後果。有沒有讀書在討論時就可以看出來，有備而來的人自然能夠比較深入地探討相關的問題，收穫自然也比較多。在沒有外加的壓力之下，成員們可以依自己的內在動力來維持讀書的興趣。

四、讀書之外

㈠信任關係

在讀書會第一階段中，各成員參與發言的程度不一。有些人一開始就發言特別踴躍，另一些人在初期則傾向聆聽，等待數週之後才開始發言。信任關係是分享的安全基礎，因此，我在最初也不強求每一個人都要發言。過了數週，待成員彼此之間逐漸熟悉，漸漸發展出信任關係之後，每個人的討論參與自然逐漸提升，分享的內容也自然更深入。

不過，在讀書會第二階段中，有一位新加入的老師因為園長懷疑他在讀書會抱怨園方，因此中途停止參加。幸好這個事件對於其他成員並沒有太大的影響，只是讓大家更明確地約法三章，謹守保密的原則，不可以將個人在讀書會所分享的難題作為茶餘飯後的閒話。

㈡良好的討論態度

　　成員的討論態度往往會彼此影響，我雖然沒有直接的教導，但是在過程中我試圖以身作則，先降低自己的權威，強調各個成員的平等地位，在過程中積極地聆聽每一個人的發言，肯定每一個人的觀點。此外，讀書會中唯一的男性，也是唯一遠從桃園來參加的幼稚園負責人為所有成員提供了一個很好的楷模。由於他沒有任何教育專業背景，剛開始時對於幼教所知非常有限，但是他仍不怕提出「笨」問題。記得他第一次參加讀書會時，有一位老師介紹自己是在美國接受「蒙式」教學訓練，他就立刻發問：「什麼是蒙式？」當時全場轟然大笑，但是他卻不因此退縮，仍虛心學習。此外，在讀書會初期討論中，由於他的角色是幼稚園負責人，常以經營者的觀點出發，因此常常受到其他老師的質疑、甚至敵對的態度，他常自我解嘲說：「我是來被釘在牆壁上的。」但是他知道這些都是學習的機會，因此也不以為意，反而視之為正向的學習經驗。久而久之，大家反而受到他這種不恥下問、勇於接受批判的精神所影響，也開始學習接納、尊重、彼此批判、就事論事的討論態度，因而為讀書會的批判討論奠下良好的基礎。漸漸地，大家在讀書會中均能暢所欲言、無所畏懼；即使彼此意見不同，仍能彼此尊重，維持同學之誼。這一點張重文老師在文中也有提到。

㈢批判卻不論斷

　　讀書會中另一個與態度有關的是，我雖然鼓勵批判思考，且時常引導成員以作者的角度批判當前的教育，但是我也一再強調《聖經》所說的「不論斷他人」。傳統的教育雖然在今日似乎有其改變的必要，但是並不能否定它在歷史發展上的階段性意義。從文化的角度來看，各種文化有其「差異」，但是無法以同一個標準來判定哪一個「最好」。教育也是文化的一個面向，教育的目的與方法與

其所存在的文化價值取向密切相關。同樣地,延伸到個人層面上,老師的教學法與家長的教養方式都與其成長的文化背景有關,因此當我們以不同的觀點批判時,仍應該了解我們的觀點也是蘊含個人價值觀的。我們可以嘗試說服別人接受我們的理念與價值觀,但是我們不應當「論斷」別人是好是壞。這一個原則似乎也有助於成員之間的彼此尊重,而且也使讀書會得以維持專業的討論批判,避免淪為「埋怨批評、閒言閒語」的小團體。

㈣情感上的支持

最後一點,也是我認為最重要的,就是讀書會成員之間的同儕情感關係。剛開始時成員彼此之間的課外交流很少,大多數成員散會後就回家,少數一、二個人常在讀書會結束後跟我私下討論問題。後來成員間彼此熟悉之後,彼此的交流也多了起來,到了第二階段延伸期時,關係網漸漸從以我為中心的輻射狀發展成為交互穿插的網狀關係。大家除了在讀書會上討論之外,也開始個別的私下討論交流,甚至到彼此幼稚園參觀學習。大家感覺像一群同舟共濟、共同為幼教打拚的幼教夥伴,在愛中彼此建立、彼此支持。我認為這種情感上的支持關係是任何一個成功的團體所必須具備的。

五、明確的方向與自由的組織

綜觀整個讀書會的發展,我發現這個讀書會的組織與一般坊間的讀書會主要有兩點差異,也因此比一般讀書會容易維持。第一、這個讀書會是由師院幼教中心開始主辦,專業成長的目標明確,因此成員們對於讀書會的期待非常一致,也比較不會出現一般讀書會可能遭遇的共識危機。第二、林美琴(民87)的《讀冊做伙行——讀書會完全手冊》中提到,組成讀書會時,可以分派成員分工負責行政、財務與場地等事項,以平均分攤每個成員的權利與義務。我

們的讀書會卻完全沒有這種正式組織，成員們對於組織的生存可以說完全沒有義務與責任（唯一的責任就是出席）。我們的班長是自願的，只是為了大家有個聯絡中心、請假方便。其餘完全免費、免操心。場地由我負責借用，固定於新竹師院聚會；飲料自備；書自己買；我除了第一階段正式讀書會之外，也是以參與者的身分參加，沒有額外的主持費，相對地也沒有主持的責任與壓力。每一個人都是憑自己的意願參加，唯一最大的責任就是讀書。也許就是因為這種沒有外在組織壓力的情況下，使得每個參與者更能清楚自己的內在動機，「自主性」也因而得以充分發展。

到底哪些方面成長了？

如杜威（姜文閔譯，民 81）所言，活動的自由是為了帶來判斷的自由，允許自發性活動才有機會培養出學習者的自主判斷能力。讀書會的自由分享與討論的方式允許成員們帶入自己的經驗與觀點，成員們從彼此多元觀點的衝擊中激發反省思考的能力。綜合成員的成長心得來看，除了理解書中的知識之外，批判省思能力、包容力、溝通表達能力、自信心、分析歸納能力、情感上的支持、甚至於領導能力等，都是他們參與讀書會的收穫。

一、潛在能力的成長

有些成長面向並不是明顯可見的，曾經有一位教授問我，張重文老師到底哪一方面成長了，為什麼她的教學似乎沒有什麼明顯的改變？我的回答是：雖然張老師不一定因為一年的讀書會討論而改變她原來的教學方法，但是至少她已經知道，她的方法與理念並不是唯一的。或許她「目前」「選擇」「暫時」維持原來的教學模式，

她的選擇也是經過比較、思考各種教育的可能性與結果之後的「有意識」的決定。換句話說，至少，張老師已經知道她自己在做什麼及爲何要這麼做；同時，她卻也開放改變的可能性，未來她仍願意以開放的心接觸不同理念的刺激，繼續重新建構自己的理念與成長。

這種「自我意識」、「反省思辨能力」、以及「開放態度」的成長，雖然不像教學技巧一樣明顯可見，卻是一位「專業自主」的老師所必須具備的，而且這些成長將有助於老師擴展其未來專業成長的經驗。換句話說，讀書會已經達到「賦予能力」（empowerment）的目的，其教育價值不言而喻。

二、專業生涯的轉變

除了潛在能力的提升之外，有些專業生涯的轉變卻是明顯可見。成員中有一位曾受美國蒙特梭利教育機構訓練合格、卻沒有國內教師合格證的老師，記得她在剛參加讀書會的時候，正在猶豫要不要繼續留在幼教界。自從參加讀書會之後，她從對師院的態度由不屑轉而願意考幼教學分班，如今讀完幼教學分班之後又進一步考上幼教研究所。另外一位原本毫無幼教專業背景的男性幼稚園負責人則在參加讀書會一學期之後，決定大幅改革自己的幼稚園，重新招募一批教育理念相同的老師，並重新修訂福利與考核，與老師建立更平等的專業同儕關係。此外，他本身也開始參與老師的教學討論與親職教育，甚至親自學習當安親班的老師。至於張重文老師，雖然一年後離開讀書會，但是她已經將讀書會的成長模式延伸到自己的幼稚園當中，成功地帶出一個教學成長團體，每週定期教學研討，引起同事們很好的回響，預期這個教學研討團體將會持續下去。此外，她仍不斷地追求個人成長，還更進一步地延伸觸角，不但在校內一次演講中，自信地向小學老師介紹她在幼稚園的主題教學模式，還到交通大學旁聽管理方面的課程，並於今年考上新竹師院國研所

的在職碩士學位班。

三、理論與實務的對話與結合

　　最後，身為讀書會的成員之一的我，當然也獲得很多的成長，我所相信的理論從討論分享中有了更多的實務支持與印證。當成員們告訴我「理論真的是有用的」時，我真的是非常高興。長久以來，雖然師資培育過程都有理論上的學習，但是老師們往往在進入現場受到實務問題的衝擊之後，就認為理論一無是處，甚至造成現實與理想、實務界與學界彼此對立的現象。可是從讀書會成員的成長來看，理論確實可以幫助實務工作者從不同的角度更深入思考教育的終極目的與價值。相對地，從各個成員的實務分享當中，也幫助我更深入體認實務經驗的重要性。在讀書會當中，理論界與實務界有了充分的對話機會，達到互補式的完美結合。

四、教育熱忱的提升

　　最後，我認為非常珍貴的是，全體讀書會成員們對於教育整體的認同感與關懷度也在無形中提高，而且關懷的層面從自己的專業成長擴大到幼教界、甚至整體教育的改革。成員們開始願意參與各種專業團體（如：幼改會、國際兒童教育協會）與教改相關的公聽會（如：幼稚教育法與幼稚園課程標準修訂等公聽會），其中一位老師還開始準備籌組幼教教師會。成員們的定位在無形中已經從「幼教老師」轉而成為「教育人」，而幼教對於個人的意義也從「職業」轉而成為一種值得終身投入的「志業」。

張老師的再成長

如同張重文老師在〈活水泉源〉一文中提到,她前後修改了四次,寫文章的過程對於我跟她來說,又是異於讀書會的另一次成長。記得第一稿的時候我就花了四小時的時間仔細閱讀,並思考如何協助她修改。我發現她比較能意識到讀書會帶給她的「內容知識」或「思考」上的成長,至於引發這些成長的「過程」或「機制」,她無法明確地表達。於是,透過一次又一次的溝通討論,我嘗試引導她思考自己在每一個成長過程中的歷程,並鼓勵她具體地說明在參加讀書會「之前」與「之後」的個人在思考與教學有何轉變,最後終於將讀書會潛在過程的影響提升到她的意識層面。

經過四次修改,當她完成她的故事時,我發現她已經又有了另一層面的成長——不但對於讀書會的進行方式,已有了更深一層的體認,在表達與文章組織能力上更是有明顯的突破。這一點對於她後來在學校帶領教學研討團體,以及對外演講的組織能力,應該是有很大的幫助。

跟大家搏感情:「愛」使我們相聚在一起

雖然表面上帶領讀書會有一些技巧可循,但是說實話,我並沒有刻意地經營這個讀書會。我只知道,人與人之間必須靠真誠的「愛」來維繫。就如張老師所說的:

「我發現讀書會的一個重要精神就是『誠意』。是老師你先願意『付出』,然後大家才會有回應。簡單地說,就是你在『跟

大家搏感情啦』（閩南語）。」（電話分享，890629）

　　雖然在前面我分析了這個讀書會的幾個特色，但是我相信每個成員對待彼此的「真誠」才是維繫這個讀書會的最重要因素。

　　這一路走來，我也曾因教學工作繁重而想停止讀書會，但是當我每次看到遠從桃園、香山、苗栗而來的成員，以及他們成長的滿足感，我就又打消念頭。我想，上帝既然把我擺在這個位置，我就盡力把它做好吧！

　　最後，我要感謝所有讀書會成員們給我的回饋，更要感謝上帝。因為祂，才使我有緣認識這一群熱誠的幼教夥伴；也因為祂，我才有「愛」的能力與智慧來經營這個讀書會。因著祂的愛，這個讀書會才能像「活水泉源」一樣，讓成長的動力持續下去。

　　「我若有先知的講道之能，也明白各樣的奧祕、各樣的知識，而且有全備的信，叫我能夠移山，卻沒有愛，我就算不得什麼。」

（新約聖經，歌林多前書十三章第二節）

參考文獻

簡楚瑛（民 86）：幼教老師在職進修的現況與展望。新幼教，14期，16-19頁。

陳淑敏（民 86）：從建構主義的教學理論談教師專業成長：以義大利雷吉歐市立幼教系統為例。新幼教，14 期，7-11頁。

蔡敏玲、彭海燕譯（民 87）：教室言談：教與學的語言。台北市：心理。

杜威（姜文閩譯，民 81）：經驗與教育。台北市：五南。

林美琴（民 87）：讀冊做伙行——讀書會完全手冊。台北：洪健全
　　教育文化基金會。

林美琴（民 86）：讀書會發展的困境與解決方法。台北市立圖書館
　　管訊，15 卷，1 期，32-37 頁。

3

成長出自內在的力量——
教學日誌的撰寫

台北市博嘉國小附設幼稚園老師
林一鳳

　　八十二年八月，我甫自師專幼教師科畢業，便來到國立台灣師範大學附設幼稚園（以下簡稱「師大附幼」）開始我的幼教實務工作。從事幼教至今已有四年的時間，其中三年在師大附幼，一年在公幼，在這四年中，教學日誌撰寫一直是幫助我成長的重要方法；而隨著自己教學經驗的改變，教學日誌也歷經了多次不同的撰寫方式，所帶給我的意義也有不同。在撰寫的初期，我只是單純地記錄活動的內容，難以顧及幼兒的反應及改變；漸漸的，才能從持續的記錄中，發覺自己教學的優缺點及開始學會觀察幼兒的活動情形；最後才能慢慢嘗試理論與實務的連結，並藉由持續的撰寫讓自己摸索出較合適自己，又可幫助自己成長的教室日誌寫法。以下便分別敘述每一階段我在教學日誌撰寫方式改變的動機、過程與結果。

第一階段（82年8月～83年4月）：初任教職，為寫而寫

　　撰寫日誌一直是師大附幼老師必做的功課，一班兩位老師，採取每人輪寫一週的方式，初入師大附幼任教的我當然也不能免俗。此時教學日誌撰寫的內容包括：單元名稱、日期、出缺席人數、天氣、教學流程、活動項目、活動目標、活動過程與內容及實施的結果與檢討。其中在「活動過程與內容」一欄中，老師記錄的是活動大綱。例如：（82.9.24）

1.故事：小飛俠去旅行
2.討論良好的飲食習慣及早睡早起的重要性。
3.角落活動：
　　玩具角：樂高積木造形
　　圖書角：看圖說故事
　　工作角：大、中、小的○、△、□黏貼

　　在上例的日誌中，其中在「活動過程與內容」一欄中，記錄的是當天教學活動的大綱；而在「實施結果與檢討」一欄中，則是記錄活動的情形及孩子的活動概況。例如：「幼兒大多能以數片形狀板拼湊圖形，並且命名，但所拼之物仍很抽象……」（82.12.27）「在角落時，孩子能玩得很好……」「今天再次介紹鈕扣拼排的玩法，與以前的分類遊戲不同，頗能引起幼兒的興趣」（83.1.13）。在這樣的記錄中，雖可知道每天大致的教學流程，但無法看到活動內容中老師所用的引導語及對整個活動的檢討，對於幼兒的活動情形及反應的描述也僅是「很好」、「今天的活動孩子很喜歡」等較表面的記錄。

起初，園長對於這樣的記錄，會在批閱後蓋上園長印章，代表已經批閱過了，但對於有些較詳細的記錄，園長會有回應，例如：82.10.18 我在教學日誌中記錄著：

孩子大多能分辨出大小，但對大小差距不大時，仍會混淆。在引起動機時，若能較戲劇性的帶入布偶，相信會使活動更生動些。

（園長回應：這就是發展的奧妙啊！）

分組活動提供師生間更深入的討論及更密切的接觸、了解與關注。在數字與實物的配對活動中，八位幼兒中有五位能辨認到四。摺疊手帕的八位幼兒，有七位能角對角的疊在一起；衣飾組與夾衣夾的幼兒亦都愉快參與，承接上星期的分組活動，讓我更了解孩子的喜好與能力。

（園長回應：細心的觀察，很好！）

　　除了這種讚賞及肯定的回饋外，有時園長也在日誌中指導我，協助我面臨的教學問題，例如：

83.1.10

今日進行角落時，我先將材料置於桌上，請孩子自由選角，但大多數的孩子都只就眼前的玩具玩了起來，少有移動。為了使孩子多選擇，明日將改變方式試試！

（園長回應：以後可試將材料置於櫃子（開放式）內，讓幼兒自行選擇取用，但可能要先介紹裡面有些什麼東西，收拾的常規也要教好。）

　　有時，園長則是以清晰的第三者角度，來看待教室中的問題，

也提醒我用其他的角度來審視教室事件。例如：

83.3.24

> 今天玩具角建構了大型的停車場和動物游泳池，頗具「規模」，玩得認真又投入。而娃娃家則是全教室最吵的一角，多次提醒也不見改善，見他們「老闆」、「小姐」的呼來喚去，不忍叫他們，又惟恐吵得別的角落不得安寧，正在慢慢地輔導中。
>
> （園長回應：有時孩子的吵鬧也是一種投入的表現，先看看其他角落的孩子是否真的受到干擾了？如果沒有，而每個角落的孩子都很專注在自己的活動，倒也不必太在意孩子們快樂的噪音。）

雖然當時園長已在日誌中給我多方面的鼓勵與指導，然而此階段寫日誌對我的意義，只是完成一件工作而已。可能是因為我是生手老師，注意力焦點大多集中在每天的教學工作及周遭的人事關係中，對於日誌的撰寫，只是希望盡量把表格填滿，足以交差便罷。每次拿回園長批閱後的日誌，無論評語如何，我大多不以為意，看過就算，並未再做任何思考。在這個階段，撰寫日誌對我而言，只是為寫而寫！

第二階段（83年4月～83年6月）：詳細敘述

在此階段，我仍與合班老師輪流，每人撰寫一星期的日誌。持續寫了一學期多以來，也不覺有何不妥，偶爾園長對日誌所記錄的內容稍有質疑，在批閱時，打上了問號，我也不以為意。直到83年4月11日至4月16日那週的日誌，園長在批閱後，給了我多達七個

問號及六個「指示」，例如：

83.4.11

師生共同整理教室，並爲花草澆水，討論已枯萎的豆子枯萎的
原因。
（園長：「小朋友的發展大概如何？」）

83.4.15

角落活動～
娃娃角：護士餵藥
玩具角：大城堡（堆積木）
圖書角：玩偶聊天
工作角：黏土工、自由畫（剪貼）
（園長：「都是哪些人？在玩什麼角落？」「內容大致如何？」）

83.4.16

幼兒帶來的蠶寶寶已破繭而出，孩子看著牠吃桑葉，吐絲結繭
變成蛾……今天以圖片和幼兒再度討論蠶的生長歷程。
（園長：「不知小朋友的反應及興趣如何？」）

83.4.14

娃娃角：扮演美人魚與新娘子
語文角：故事欣賞；小紅帽

玩具角：蓋麥帥公路（有欄杆，行道樹）

益智角：拼拼排（動物圖片接連遊戲）

工作角：將色紙剪貼於圖畫紙上，再以蠟筆繪圖。

（園長：「似乎角落活動與主題無關？也與當天的故事無關？不知在角落裡放置材料時的情況？角落活動很可以作為主題／故事的延伸，幼兒的經驗才會深刻。」）

　　當時自己拿回這份日誌，仍不以為意，但後來合班的老師看了以後說：「園長對你的問號好像特別多哦？別人好像沒這麼多！」才引起了我的驚訝與害怕，我才開始正視自己的日誌是否出了什麼問題。

　　原來我寫日誌一直都是自己閉門造車，根本沒想過別人是怎麼寫的，後來得知園內鄭老師「長篇大論」式的寫法，園長批閱時的問號最少，反而得到的評語是「good」、「能注意孩子的反應，很好」，於是便去借閱。讀後發現鄭老師是將活動如何進行、師生的重要對話、孩子的反應及活動後的結果，盡可能的寫出來。我便做效這樣的方式寫了下一週的日誌，並將日誌上的「活動過程與內容」及「實施結果與檢討」兩欄合併一起寫，從一早幼兒來園至離園，包括孩子說了什麼、師生的對話、孩子的活動情形等，盡量地寫上去。以下舉日誌中的片段作為例子：

83.4.28

玩具角：子皓和星睿蓋了一個好大的廚房，用一個大圓積木當瓦斯爐。

子皓告訴我：「媽媽在裡面洗菜，所以沒看見媽媽。」

我說：「哇！這外面有好多動物哦！」

子皓又說：「才不是動物！是小 baby 玩的房間啦!」

原來子皓是用小動物代表小 baby。（83.4.28）

83.4.25

圖書角中有凱威媽媽來參與，使得孩子愉快地投入，她介紹橘子由綠變紅的過程，表情投入，幼兒與凱威媽媽也顯得非常融洽。凱威也選了圖書角，但他仍和平時一樣作息，在角落中和幼兒討論交談，完全沒有邦順的現象。最後在分享時，怡琳還撒嬌地坐在凱威媽媽腿上，凱威簡直「視而不見」，讓我們驚訝不已。

83.4.29

益智角：益智角的孩子又投入喜愛的角，在單元中，益智角的材料更換的較少，但仍是天天客滿，所以以漸進的方式，引導幼兒注意別的物品。雖然此角的物品與單元較無關，但明顯是孩子興趣的中心，尊重幼兒選此角的自由，我想是可以的。
（園長回應：也可考慮增加該角的人數，但要同時注意材料之增加。）

這樣的寫法，園長在批閱時竟無任何一個問號，取而代之的是「觀察很仔細，可知對幼兒的注意與關心，good」（83.4.25），而在此週日誌最後園長寫道：

「一鳳：進步很多，因為從日誌中看得出對每一位幼兒的關注及對自己教學的內容檢討，很好！」

我當時非常開心，但並不是因爲感受到自己進步了，而是慶幸

自己不再寫得那麼糟！由於得到這個增強，從此我的日誌便如「放映影片」一般，每天詳述當天的活動情形。

隔週後，又輪到我寫日誌時（83年5月9日～14日），我用詳述的方式記錄教學內容，例如：

85.5.14

> 玩具角：蓋動物的家，聖樺和宗德蓋了一個密閉的動物園，而將動物排在屋頂上。我說：「動物都在屋頂上休息啊！」聖樺說：「這樣別人不知道這是大象的家。」而邦順一個人蓋了一座瘦高的建築物，我讚賞他說：「邦順，你蓋得很特別喲！」邦順說：「我蓋的是高樓大廈，要給動物住的，因為房子太小住不下，所以要蓋很高。」我聽了，很驚訝，也很佩服，因為他的想法是我從未想到的。
>
> （園長：可以延伸讓他思考出什麼樣的大動物需要住高房子，也可以延伸去「做」或「畫」出那些動物。）

在此週最後園長的回饋是：

> 「一鳳：教學日誌撰寫得非常好，每一個角落的活動及小朋友的情況一一呈現，也是一種觀察記錄，日後可以一一比較幼兒活動的成長及改變。其間對自己的檢討也很好，有時還可以視幼兒活動的『情節』再加些道具，延伸他們的經驗。」

兩週下來，慢慢抓住敘寫的方式，記錄也變得愈來愈詳細。例如：

83.5.25

玩具角：奕緣在玩具角堆積木，她向我介紹她堆蓋的積木說：「這是蝙蝠俠住的房子，因為蝙蝠沒有家！」等不及我回答，姚翰就說：「蝙蝠俠的家在洞裡面！我幫你做一個蝙蝠俠！」於是姚翰以積木幫他做一個蝙蝠俠放在房子裡。

圖書角：子皓和邦順在圖書角裡看動物卡片，一面看，一面討論動物的習性。這個星期以來，常可發現他二人在圖書角看書、討論；在選角時，兩人都是「形影不離」，吃飯、吃點心，兩人也會坐在一起。下午，他倆又在圖書角將卡片覆蓋在地毯上，兩人在輪流收卡片，並念著動物的名字，最後邦順將手上的卡片數數，竟可對應點數到 13，子皓的卡片是 12 張。於是子皓說：「你多我一張，一張給我！」於是邦順「心甘情願」地給他一張，雖是在圖書角，孩子的自發學習是多方面的，有認知（認卡片背面的字）、點數、序列和社會互動，同時，孩子是快樂的！

（園長：很高興看到這樣的分享。）

此週（83 年 5 月 23 日～28 日），園長的回饋是：

「一鳳：教學日誌整理得非常好，小孩子的表現、成長都歷歷在眼前，更可看到老師教學、引導的成功，繼續努力！」

由於這三次具體的鼓勵，讓我覺得園長不再質疑我的教學，因為園長在日誌上畫上太多的問號，彷彿是否定了我的教學及教學能力。然而，我後來才慢慢了解到，園長在日誌中批閱的「？」只是認為日誌中該部分敘述不夠清楚，希望老師做更詳細的說明，目的是了解教學及活動情形，而非質疑教學。我對園長打問號的誤解造成我寫日誌時的擔心及緊張，卻也由於這樣的擔心與緊張，讓我產生快速改變敘寫日誌方式的動機；雖然這個改變的來源是外在的因

素（園長的回應及同事的提醒），但這個改變也讓我覺得與友伴分享日誌的內容及看法是相當重要的，因為不僅可分享彼此的寫法，更可交換心得，並可從友伴不同的觀點中，得到更多的回饋，促使自己更進步。

第三階段（83 年 9 月～84 年 9 月）：觀察與省思

此時我到師大附幼已是第二年，我已經能抓住寫教學日誌的要點，且因我採用敘述性的寫法，在日誌中要記下與孩子的對話及活動情形，常感覺原有表格的「活動欄」不夠寫，因此我自己將「活動目標」一欄也用來記錄活動情形，且我的字體更是愈寫愈小，才能容納更多的內容。在此階段，我除了記錄當日的活動情形外，也會思考今天的活動是否適合幼兒的興趣及發展，再擬定次日教學進行的方向，有時甚至在日誌中自我激勵。例如：

> 植物主題進行二週以來，除觀察外，其餘的活動，我覺得太偏重認知（對教學活動的反省），例如：認識根莖葉植物名稱等，再者孩子近來對樂器非常喜愛，還會自己組團唱歌、伴奏。所以下星期開始，我們將試著讓孩子繼續觀察植物、樂曲欣賞、敲打節奏樂器、扮演活動分頭進行和擬定教學進行的方向。嘗試這麼做，我認為比較適合孩子，因為是從孩子的表現及興趣得來的構想，但實施起來，對我又是一大挑戰，例如：如何給與各組充分的引導？是否有能力同時注意到每位幼兒的發展經驗？我想：我們不正也是和孩子一樣，在嘗試和探索中學習嗎？我們自認給了孩子自由探索的空間，而我們在探索這樣的方式適合嗎？迄今為止，我是深具信心的（對自我激勵）。

這樣的撰寫方式，彷彿讓我在晚上寫日誌時再次回到教學現場（因詳述事實），但卻沒有了教學現場中的諸多干擾，使我可從容的再思考當日教學的優缺點，能更深入地思考教學的前因後果及教學的脈絡，也因此更能清楚地反省自己的教學，找到教學進行的方向。

當時各班的老師大多採用敘述性的方式，使得原本的日誌表格不僅不敷使用，且根本不能配合記錄的內容。於是，師大附幼由老師們研究、設計了新表格。新的表格，除了「教學流程」一欄外，其餘便是「活動過程與檢討」，這樣的格式提供老師非常大的空間，不再局限撰寫的內容，老師可以選擇自己覺得有意義或重要的事件，記下活動事實或感想，甚至在空白處畫下圖解或黏上作品；寫一張不夠的話，還有續頁可暢所欲言。

或許由於日誌的樣式更便於記錄，再加上當時我記錄的技巧更為成熟，且孩子的活動也因年齡及教學方式的改變而愈豐富，所以我當時每日的記錄甚至多達三、四張，有時更附上活動照片或孩子的作品（與園長一起分享，讓她也感受教室的歡樂）。到此時，日誌的內容已寫到鉅細靡遺的地步了！

在此階段中，由於要在日誌中詳述孩子的活動及反應，我學會深入的觀察，這使我從生手老師，慢慢懂得孩子的一言一行，懂得如何輕扣孩子的真實世界；我也從記錄中，發覺孩子可愛、活潑的真味。例如：

84.3.8

討論戰鬥機為什麼頭那麼尖，不像客機的「頭」比較圓？大部分幼兒帶回來的答案是：尖尖的，戰鬥機才衝得快。
至澔：「頭尖尖的，人說的話就會傳播出去，別人才聽得到！」
怡琳：「客機是載客人的，戰鬥機是載子彈的，尖尖的地方，

可以讓子彈射出去。」

昊熹：「戰鬥機飛得很快，遇到山時，可以用尖尖的鑽過去。」

思翰的答案本來是：「可以衝得快」（爸爸說的），但聽了別的孩子說完後，他又說了：「尖尖的地方可以搔敵人的飛機讓他覺得很癢，就會搖搖擺擺的掉下來，那他就輸了！」

在幼教現場工作，我天天沈浸在孩子的笑語裡；然而，當我把孩子的對話及看法記錄下來，更幫助我了解幼兒。由於每位幼兒對同一件事情的看法及理解都不同，也提醒了我要以更寬廣的心及開放的態度來面對孩子，接納孩子不同的差異。也因為如此詳細的記錄，使我更能掌握幼兒發展的情形。

這個階段的日誌內容因此鉅細靡遺，大至孩子的團體討論、角落活動情形、孩子的對話、甚至建構作品的專注情形，小至孩子跑跳時的表情、堆積木的先後順序，都是我記錄的內容。八十四年三月九日。園長在日誌上寫著：

「一鳳，日誌寫得很好，我沒有太多建議了。」

也由於要有詳盡的記錄，因此，雖然在記錄中享受了解孩子的甘味，但卻也苦於每日下班之後兩至三小時，甚至更久時間的記錄。雖是一班二位老師，每人輪寫一週教學日誌，總覺得輪到自己寫的那週便苦不堪言。於是八十四年五月十五日開始，我和合班的老師便開始每人輪寫一天，如此一來，每隔一天寫日誌，不至於覺得有連續一週的辛苦及壓力。

第四階段（84 年 9 月～85 年 1 月）：停滯→再生期

由於記錄至為詳細，漸感日誌猶如流水帳一般，不僅耗時，我也漸感厭煩。便有時只記錄當天的活動情形，心裡卻沒有特別的感

動，省思的部分也慢慢減少了，所以寫來就更覺得索然無味。有時都很強迫自己，每日都寫一點省思及檢討。這個強迫的結果，使我又好像落入「為寫而寫」的階段，但與以往不同的是，我現在寫的較多、較快，對幼兒的活動敘述的也更詳盡。在自覺停滯厭煩時，我強迫自己去省思孩子的活動，得到園長的回應，並會在我的省思旁提出她的見解。例如：

84.9.19

男生拼出來的，總少不了戰艦、機器人，而怡劭、乃蓉、怡錦總拼些花、皇冠……，常提醒自己不要誤導孩子不正確的性別觀念，不正確的角色認同，但男女生的表現確有差異，這些差異應不是與生俱來，而大多是社會化的過程才是吧！？

（園長：其實這是一個很好的研究題目：孩子為什麼會「自然」地有性別刻板行為？Piaget 說這是發展的特性，Vygotsky 說是社會文化歷史所致，嗯，有沒有興趣研究？這使我想到，佳美幼稚園利用「團體創作」時間讓大家一起做東西，是不是一種減少性別刻板行為的方法。）

又例如：

84.9.25

亦安、阿寶和凱威一起整理散落且大小不一的圖畫作品，當他們整理好時，他們交給我一疊八開的作品，另一疊 A4 的作品，另有五張沒有姓名的作品。這對大班的孩子而言，雖非難事，但使我想到的是，平時我們老師就是如此整理他們的作品，孩子都一一看在眼裡，使我想到教學不只是平時和幼兒的討論及引導，教師的處事態度也深深影響幼兒（在不知不覺中），這

可否稱爲「教師氣質」？

（園長：這就是「潛在課程」！）

經由園長幾次這樣的提示後，使我感覺到其實孩子的活動背後，可能都有其理論，然而，我在進行教學活動時，卻不知活動後所隱含的意義。這個想法引起我很大的興趣，讓我想去探討每日的教學與幼教理論是相符的呢？或是相違的呢？抑或是發現理論所不足的呢？適巧這學期又有師院的洪老師來到我班上做「反省性教學」方面的研究，他也鼓勵我在實務經驗上，探討其理論背景。於是這股「園長點醒」、「自求改變」、「同伴激勵」的力量，引起我開始嘗試將每天的教學活動記下後，再思考活動背後所隱藏的教育理論的動機。

但在此階段，我的功力無法對每一宗實務的記錄，聯想出實務背後的理論何在，心中感到相當焦慮。於是，每日寫日誌時，我便開始查書（以《發展心理學》、《教育心理學》、《小腦海中的世界》、《現代心理學》、《幼稚園的遊戲課程》等書爲主），希望能在書中找到有關今日活動的理論基礎；因此，每天寫日誌的時間更長了，約花了四至五小時來撰寫一份日誌，以下便是一份這樣的日誌（一小部分）：

85.1.24

小班以來很多常規都是以兒歌及故事做媒介，讓幼兒能更主動愉快地遵守。（書上說：用故事來解決孩子的行爲問題是「人本主義」的展現？）

但我這樣的努力都沒有得到很清楚的回應，園長對前述日誌的回應是：「先想一想，何謂人本主義呢？尊重、信任幼兒有理性，

有追求向善向美的能力及本性，更有獨特性，然後你再看看，以故事來解決，是不是呢？」

看了園長的回應以後，我只覺更模糊。而且因每天花費太多的時間，又成效不彰，我很快便放棄這種較「激進」的方式。

然而這階段的經驗，也讓我自己真實地體認到理論基礎不夠紮實。因為我發現，我並非在教學或撰寫日誌時，自然聯想到理論的部分，而是拿著當日的「活動事實」，去查書對照某理論是否提出此類事實，所以我遍尋群書，卻一再觸礁；後來我才漸漸感覺到，理論是一種精神或原則，而我對理論的精神及要義大多無法正確及有效的掌握，以至於造成解釋上的困難。這階段的挫敗經驗，鼓舞了我再進修研究所的決心，因為對教學活動的進行若有所感，可是又無法說出其理論依據，確實讓自己有遺憾。

第五階段（85 年 2 月～85 年 6 月）

放棄了強迫自己在日誌裡聯結理論與實務後，突然覺得寫日誌輕鬆了起來。

但是因為曾有這個聯結理論與實務的經驗，卻也讓我每次在寫日誌時，除了省思教學的優劣、流程、時間安排外，又多了一個考慮層面：「這個教學活動代表了什麼意義？孩子學到了什麼？」因此，每日反省的方向不再只有自己的感覺或自己對教學的想法，而還會「有意識」地去思考教學活動中幼兒的反應、教師的用語等所代表的意義。或許是長期的持續記錄，使我觀察的敏感度愈來愈高，所以日誌中對孩子活動的敘述及對話，我現在都能很快地分析出意義，並做出必要反應。例如：

85 年 4 月 12 日小朋友計算全班人數的情形：

老師：「今天來了多少人？」

鼎杰：「28 人，因為 10 加 10 是 20，剩下 2 人加 6 是 8。20 再
　　　加 8，就是 28。」

（他是先將 11 拆成 10 加 1，再將整數 10 相加成 20，其餘不滿
10 個的，再做相加。討論時，我真的非常感動聽到這種答案，
我覺得他對數的合成與分解相當的了解，也令我想到小一的數
學，就是以這種方式練習加法。例如：7＋8＝15，先將數圈
出 10，再算餘數。）

子皓：「我是算 28 人，我用 2、4、6……18、19、20、21、22
　　　……28。」

（他是用兩個一數的方式，但到 18 時，他就無法往下數，而改
用一個一數的方式，只要幫他接好，因他不能接著算到 20，應
是表示他還無法領會那麼多，我想看看他多嘗試之後，是否有
進步。）

　　在此階段，日誌的撰寫不僅幫助我再次思考教學內容，也讓我
更仔細地思考孩子活動後的意義，也許這樣的思考不見得能觸及理
論的原理原則，但卻讓我能對孩子腦海裡的世界有深一層的認識。
有時寫教學日誌，也能讓我真切地感受到孩子所呈現最真實的一面，
例如：

請幼兒分享「今天的愉快或不愉快的事！」

鼎杰：「我今天剪『囍』剪得很漂亮，我很高興，所以沒有不
　　　愉快的事。」

怡琳：「我今天中午打翻炒飯，不過收收就好了，還是很高
　　　興。」

聖樺：「今天在外面玩，跑太快撞到人不好，但是畫了兩張圖
　　　很開心。」

多位孩子說完後，我說：「你們知不知道林老師今天有哪些事開心，哪些不開心？」

思翰：「我們在外面亂衝亂跑，你怕我們跌倒所以不開心；但是我畫圖時，你說我畫的很好，所以你就很開心。」

姚翰：「你鼻子不通，去看病，不舒服就會不開心。」

後來鼎杰還教我：「鼻子不通要多喝水，多休息！」

姚翰：「老師，你要擤鼻涕時，要擤右邊的鼻孔，要按住左邊的鼻孔；要擤左邊的鼻孔時候，要按住右邊的鼻孔。」

說著，說著，他順手擤了起來，擤的臉上都是，因為他沒有用衛生紙。真是的！不過很感謝他。

　　由於對孩子真實世界的接觸，讓我更能見識到人性最真實、純真的一面。這點對我有很大的啟示，因為以前的我非常倔強，從不願輕易流露出自己軟弱的一面，但看孩子時而讚賞自己，卻也輕鬆地說出自己所做的錯事或糗事，且依然流露出自信與快樂，這點真是我遠遠不及的。而這個體認，也須歸功於寫日誌時的發現，便心有所感的在日誌中寫下：

讓人學會讚賞自己，也是一件很好的事；

能隨時鼓勵自己的人，必也會是快樂的人。

我覺得這是現代人很需要的能力。（85 年 5 月 20 日）

第六階段（85 年 7 月～86 年 2 月）：為自己而寫

　　進入教學工作的第四個年頭，我考上了國小附幼。初到新環境，幸好合班的老師，也同意試用師大附幼所實施的「萌發式的課程」。

我仍不放棄撰寫教學日誌，只是不再有人回應，以至於日誌寫得零零落落。

因為當時我寫日誌心中若有所感時，想到沒人會批閱，寫得好或不好，甚至有沒有寫，都沒人在乎，我便「一天捕魚、三天曬網」。寫好時，也沒有以往的成就感；但是沒寫時，心裡都會覺得有事情沒做完的不安心感覺。而且我發覺一旦當天沒寫日誌，自己便不會省思當日活動中特殊或有意義的事件，有時甚至隔天便忘了昨日的活動情形，每每自責不已。這段日子，是我寫日誌最苦悶的時候。

後來，我想與其放棄，不如尋找一位一起成長的夥伴，而最好的人選當然是合班的老師，因為我們面對的是同一群幼兒，方便我們討論教學或幼兒的情況。

有了這個念頭，我首先將自己寫的日誌，請我的合班老師批閱（她也是園長），再說明日誌可以幫助我思考教學及觀察孩子。我也影印了「成長出自內在力量」（廖鳳瑞，民 83）的資料讓她參考，遊說她和我一起寫詳細的日誌。她起初相當猶豫，因為如此龐雜的記錄，確實不易。我便建議她每天從一件最重要的事情開始記起，再寫下自己的感覺……。（後來我發現，我的建議便是「成長出自內在力量」文章中的內容，然而，當以前我拿到這份資料時，並不認為這是一種什麼特別的做法，仍是逕自摸索屬於自己的寫法。而今卻赫然發覺，自己兜了一圈，所得出的方法便是該文章中所建議的方法：「記下每日的重要事件，再加以省思」，甚至還指導他人用此法嘗試，這個發現讓我很驚訝。）陳老師見我離開師大附幼還如此堅持此種方式以「維持成長」，也希望能改變自己，因此也開始撰寫教學日誌；甚至半夜哄兒子入睡後，稍作休息，便起身嘗試撰寫！她的第一篇日誌，便有許多為自己加油的話，很令我感動。

陳老師第一學期零零散散地寫了幾篇，但在第二學期開始，即主動提出要開始嘗試此種敘述性的寫法。我原本擔心她會因撰寫太

耗時而作罷，沒想到有時寫得欲罷不能，還要克制自己「不要寫下去，以免沒完沒了！」她盡心及努力的程度，比我更有甚之。

從她撰寫日誌的動機與歷程，也讓我深深感受到她本身追求成長的內在力量。但我也發覺，她也與我當初一樣，將我送給她的資料（「成長出自內在力量」）置於一旁，而自行摸索屬於自己的日誌寫法與記錄方式。這個發現讓我思考：她會不會也和我一樣會歷經「為寫而寫」到「為自己而寫」的階段？

現在（86年9月迄今）只要有空時，我們便互相檢討與討論彼此在日誌上的內容與想法。短短一年的時間已讓我們由初識到熟悉，進而擁有相當好的默契，教學理念也能漸趨一致。我想，這個收穫也須歸功於日誌，因為在日誌裡，我們詳細及理性地陳述了彼此的觀念及想法，使我們能很快地了解對方。然而，以撰寫日誌來促進成長並非一蹴可幾，誠心的思考及持續的撰寫才能留下成長的痕跡，所以，個人內在的成長動力真的非常重要。

結語

一、教學日誌中促進成長的因素

我撰寫日誌迄今已進入第五個年頭，雖然當初是從為完成一件工作的角度出發，但至今我深深感受到它雖是在苦中完成（撰寫時），然而它也提供了完整的記錄，讓自己能在翻開日誌時，再回首自己的教學，欣見自己一路走來的成長與改變。在最後，我想就我在撰寫教學日誌的過程中，促成我成長的幾個因素加以歸納：

㈠園長的回應

　　將日誌交給園長，原本只是一件例行性的工作，但園長不僅逐字閱讀，更不吝於寫下自己的看法，她的回應有些是對我的鼓勵與肯定（如：「謝謝你豐富、精彩、深入的教學日誌，我知道一定花了你們很多時間，但我真的從這樣的記錄裡看到簡短記錄裡所沒有的『生命』、『快樂』及『豐盛』」），有時是質疑我的教學方式或對幼兒的看法，也有時是提示我用不同的角度來思考教室中的事件。看到記錄中孩子有很好的表現，園長也會開心地寫下：「哇！孩子的觀察真仔細！」（85 年 5 月 31 日）有時園長也視記錄的內容，提示我相關的理論或資料，促進我做更多的思考。

　　我想園長從我詳細的記錄中，也與我一起感受教室的脈動，所以才能將她自己的專業知能以最淺顯簡短的文字分享給我，使我感受到自己的教學及想法，仍有許多改變的可能，所以，園長的回應是我追求改變、進步的主要動機。

㈡友伴的激勵與分享

　　寫日誌是一件耗時、且需獨立完成的工作，每每埋頭一寫，便是兩、三個小時，且都是利用下班後的時間寫。後來經由同事間的分享與討論，才知道大家都是一樣的辛苦，求的是在幼教的專業領域中能因為這樣的投入，而使自己更深入、更專業。有了這樣的共識，我們老師之間便會相互勉勵，每每寫煩了、寫累了或寫的惰性大發時，同伴間也能感同身受，卻又能及時相互激勵，使寫日誌的動力能再持續下去。

　　再又因每位老師的專長及寫作方式的不同，日誌便呈現不同的風貌，例如：喜愛美術的老師，可能較常以繪畫的方式描述幼兒的作品，以圖解的方式呈現幼兒製作及思考的過程；而擅長拍照的老師，可能採用拍照的方式，記錄幼兒的作品；而我通常以文字記錄

來呈現較多。他人的方式便對我有所啟示,使我在寫膩了時,也可嘗試用不同的方法來試試。

　　藉由同伴的相互提攜及砥礪,使我覺得辛苦成長的路上,我並不孤單,這個「艱苦的路上,有人同行」的感覺,幫助我在寫日誌的成長路,走得更穩健。

(三)對自我的期許

　　我自高職幼保科畢業,繼續進修幼專及大學幼教系,喜歡與孩子在一起,也以自己的工作為傲,並期許自己能擁有真正的專業能力,隨時保持求進步、有成長的精神。就是這份對自我的期許,使我在寫倦了、偷懶了時,內心會產生極不安心的感覺,而能持續寫教學日誌,並從中省思、成長。

二、教學日誌帶給我的收穫

　　教學日誌耗時費工,做起來本不是一件輕鬆的事,尤其又要審視,甚至批判自己的教學缺點,更不是件易事。然而,長期的撰寫經驗,使我有許多意外的收穫:

(一)記錄使我更了解孩子

　　在「為寫而寫」的階段,總有一個感覺,就是「到底要記什麼呢?」,所以只好記得什麼就寫下什麼。可是,這種態度常使一拿到日誌表格時,腦中一片空白或是不知從何記起。我發覺自己容易受孩子間有趣的對話所吸引,所以,在記錄中便呈現了較多這方面的資料。這個過程卻讓我意外的發現,孩子的思考邏輯及對事物的反應與我們大人大不相同,而促使我更仔細去觀察幼兒對話之外的表情與動作,進而觀察幼兒對事物的反應態度、處理方式等。所以,原本是為記錄而觀察,而後來是變成觀察到許多的幼兒軼事而予以

記錄。但無論是原先為記錄而觀察或後來的為觀察而記錄,都幫助我更了解幼兒。

㈡幫助思考自己教學的優缺點

在每日的教學工作結束後,撰寫教學日誌時,回想一天的教學及教室活動情形往往都會有一種感覺:「如果當時我先介紹角落,或許會讓孩子玩得更投入?」、「如果我今天用別的方式去引導,再加入某些材料,孩子的活動或許會更豐富?」但是這樣的思考及反省並不會憑空而來,而是在記錄時,因為誠心及慎重的思考,又回想一天的流程及孩子的反應,才能沈澱出自己的看法來。

或許是在教學現場,教師須對幼兒的情形做立刻的反應,有時無法那麼專業且恰當,而透過撰寫日誌時,安靜且無干擾的狀況下,老師較有充裕的時間去思考教學情境中的各種不同做法。在做這樣的思考時,我也發覺自己即使擁有專業的想法及做法,但在教學的現場,仍可能受情境、心情或幼兒的反應干擾,而做出非專業的判斷,而這份理念及實務上做法的差距,也常有賴撰寫日誌時,自己去發現並做適當的調整,敦促自己再有類似的情況,須以較專業的態度來反應。如此久而久之,使自己的專業素養與實際行為相連結,因此寫日誌可幫助自己觀察自己的教學行為及教學品質,整合自己的教學理念及態度。

㈢促進理論與實務的銜接

初任教職時,常會感覺理論與實務工作是不相關的,覺得理論在實務上根本派不上用場。但練就詳細及完整的記錄功夫後,使我累積了對教學與幼兒較深入且完整的看法,再加上園長一次次的提示教學活動後的意義及可能呈現的理論,使我漸感理論並不是那麼空洞與遙不可及。於是,到後來,在寫完完整的記錄後,總會促使我去思考:「這樣的活動及幼兒的反應呈現出什麼意義?」、「有

無什麼理論支持我的想法及做法？」進而想把理論實踐在教學中，或是去確定了解理論的精神，以作為指導教學的原則；後來我也才慢慢體會到，理論也是從實務中累積而來。詳細而持續的撰寫日誌，幫助我實踐理論、了解理論，也建立自己的理論。

㈣幫助我回顧自己的成長歷程

記憶會因時間而模糊，而每次翻閱日誌時，都可清晰地看出自己當時的想法、做法，對事物的觀點及內心的感動、歡樂或失望；也了解自己在幼教的路上一路走來，期間有園長的用心批閱與懇切的指導；有融合同伴的想法、看法、寫法而成的點點滴滴之教學活動；更有許多孩子的笑話，及我對自己的批判、期許。回顧來時路，用自己的青春，將孩子一個個帶大、送走，留下這一大疊的記錄紙，不僅將四年多的教學化成了文字縮影，也看到自己在幼教成長的路上，一步步跌跌撞撞走來的痕跡，這樣的記錄保存了我的幼教成長過程。

後記

雖然持續撰寫教學日誌已四年多，但每每都會回憶起自己所寫的日誌內容中，總有許多對孩子、對教學甚至對自己的驚喜和感動。所以，以為將寫日誌的感想陳述出來是一件容易的事。接著和廖鳳瑞老師討論幾次後，心中更是若有所感，頓覺文思泉湧，有許多的點子可寫。豈知動筆寫了數段文字想作為開頭，最後竟無一適用，沒想到要把心中的想法轉述成文字，對我而言，是件這麼痛苦又困難的事。就在多次的塗塗改改之後，完成了報告。真不敢相信自己竟可以做得到，雖然這個寫作過程非常痛苦，但看見自己努力的成果，其實也為自己喝采，因為我從中獲得前所未有的成就感，這是

撰寫這篇報告的第一個收穫。

在撰寫過程中，翻閱著自己以前所寫的日誌，一邊回想以往，一邊試圖找出自己改變的脈絡，我才赫然發覺到自己寫日誌時一步一步走來，原來有著多次的轉變；然而，這些轉變並非一蹴可幾，其間有園長、同伴、孩子、家長的鼓勵與協助，才讓我有今天的日誌撰寫技巧。也由於做了這樣完整的回顧，幫助我用第三者的角度來發現自己寫日誌的改變，更試圖找出更適合自己的撰寫方法，此為撰寫這份報告的第二個收穫。

再次細讀自己寫的日誌，發現自己當時在日誌中提出了許多對幼兒、對教學的看法及處理方式，但這些看法和解釋都是一些暫時性的解釋及可能性的解決方案，然而卻又發現自己並未將這些省思完全在日誌後的教學中付諸行動，此點發現或可作為我自己日後教學的參考，這點為第三個收穫。

現在，仍是覺得自己心裡滿滿的，只是，要用文字表達出來，對我而言，仍是一件困難的事。且在這個寫作的過程中，發覺所呈現的都是屬於我個人的經驗或感覺，根本不足以對外人道；然而我竟有這麼寶貴的機會可以讓我嘗試，在此特別感謝大會的安排，更感謝廖鳳瑞老師的悉心指導，讓我得以在幼教工作現場外，還有另一個不同層面的嘗試，也為我日後的幼教工作開創了一個新方向。

尾聲？新生？

這篇文章發表後，很榮幸接受國語日報幼教版主編方家瑜小姐的邀請，將此篇論文以連載的方式在國語日報刊出七週。就在文章全部刊完後，方小姐特別致電了解讀者的回響如何？方小姐也特別提到：「真的很佩服你這麼有毅力寫日誌，我想你以後有小孩後，就很難有時間這樣寫下去了。」而今回憶起來，覺得她說的話貼切

極了。由於之前長期的撰寫，我的日誌已有自己的一套寫作模式，此後改變最大的，皆起因於我想找到一個既經濟又有效的撰寫方式。因爲依照我的日誌的寫法，每天平均得花上一到二個小時的時間，在一班兩位老師三十位孩子的編制下，實在很難在上班時間內挪出時間撰寫。下班後，隨著自己其他進修計畫的安排，我便常在想：如何有效的利用時間寫日誌以達到進修成長的目的？是不是有更使時間經濟些的寫法？也就是讓日誌寫得又快又有效。然而，這條探索之路並不好走……

一、披荊斬棘：教學兼任行政，分身乏術

確實，撰寫日誌需要花費許多時間，博嘉附幼全園只有一班，編制二位教師，兼任園務行政、教學保育、總務等工作。從活動計畫到點心安排、從環境規畫到材料採買……兩位老師皆須參與其中。在幼稚園的時間，幾乎無法挪出些許空檔，只有在孩子午休的時候才能稍加思索：今天一天中，有哪些事是最重要的、是一定要記下的呢？經過短暫的思考後，我便找出三件事記下來〈而且我規定自己只找出三件事〉，在回家的路上或吃晚餐時，則對自己所列的大綱稍加思考其教學流程，通常如此就會有些許感想或問題出現，回家後才將這些省思記下來，如此就快多了！如今回想起來，這個過程倒是幫助我迅速地從一日的繁忙工作理出些頭緒來，找出一日中教學的核心所在，及對我影響較深的教學活動有哪些？做爲明日教學活動的延伸依據。

二、另闢新逕：學電腦結合寫日誌

一開始，我將日誌的省思部分帶回家寫，再加上想學電腦，於是想出一個兩全其美的方法：練習用電腦打字的方式來寫日誌。沒

想到打字的速度總是跟不上腦中的思緒，一個晚上下來才打了幾個字，卻已是頭昏眼花，而日誌卻沒完成，於是草草結束，以面對第二天的開始。有時打字打累了，索性列印出來，用筆寫完後半部分。一陣子下來，我的日誌「簡短」了不少。

俗諺有云：「業精於勤，荒於嬉」，沒想到我的日誌在「簡短」後就再難以「冗長」。之後，我將「每日三件事」寫完後，僅挑其中一件事回應，如此，日誌才能以電腦打字的方式完成。至此，我的日誌可說是已嚴重「變形」，大多是綱要式的記錄。我也曾為自己寫得不夠詳盡的行為難過，但也總是安慰自己，「雖然寫的不多，我還是很認真的寫呀！而且我把寫日誌的時間挪出來學電腦了呀！寫的多不見得就代表寫的不好呀！」就在如此「一分做事」、「三分安慰自己」、「五分放大成就」的情況下，繼續寫著我的教學日誌。

三、生活環境的改變

結婚後，夫家離學校很遠，每天得花近四個小時飽受塞車之苦，回家後要再掙點時間來，也愈來愈不容易。再加上懷孕後，集中注意力對我而言好像越來越難，常常許多事情東拼西湊合不成，也對不上原來的模樣。大家都戲稱我得了「沒頭沒腦症候群」。於是，我任由自己的思緒亂飛並充分休息。之後又因為想參加研究所考試，而將下班後的時間又做了額外的安排與規畫。如此一來，我幾乎無法在下班後撰寫教學日誌，有時一個星期過去了，我只寫下了日期、教學流程或粗糙的教學大綱，有時甚至是尚未寫完的一個教學事件或一句話……

四、另一種成長：初為人母

考上研究所，初為研究生，同時也初為人母。白天上班，晚上上課，夜裡摟著稚嫩愛子，生活過得繁忙且緊湊。但我仍利用中午午休陪伴幼兒入睡之際及下午幼兒的點心時間，迅速地寫下今日的活動大事。我認為：不管寫得再少，都是我們走過的足跡，不管寫得再粗淺，他日回首時，皆是甜蜜的果實。

我仍在想：一定有一個又經濟、又有效的撰寫日誌的方法，我還在找，如果有先進及幼教夥伴發現了，一定得讓我知道。

結論

爭取時間或許是我的日誌慢慢「退化」的元兇，但不可諱言的，是自我的懈怠及生活焦點的轉變（如婚後生活型態的改變、懷孕生子的身心變化、參加進修的時間分散等），皆是造成我的日誌慢慢轉型的因素之一。有時會想：我的日誌撰寫過程彷彿一朵長在溫室的花，顯得非常脆弱而難以持續生命，如今雖有枯萎之勢，但畢竟曾經燦爛美麗，帶給我感動與喜樂，而以一個更簡潔的型態存在著。希望我能持續給與關注，讓我的日誌能「歷經寒冬」而重獲新生。

我想：每個人歷經不同的成長階段，都有其不同的責任、壓力與生活任務，而每一階段的老師也應有其不同的成長方式與使自己教得更愉快的方法。從我初為人師至今已進入教學的第七年，教學日誌一直是幫助我成長的重要方法，尤其是對自己教學過程的自我剖析及思考、教學內容的選擇及安排、學生的成長記錄與個別了解，都有很大的助益。除此之外，最大的收穫莫過於讓自己的教學生涯不留白。而讓自己成長的方式也絕非只有教學日誌一途，然而，卻

只有自己才知道什麼成長方式對自己最有效。個人內在的力量才是成長最大的動力來源。

　　時下流行一句話：「凡走過必留下痕跡」，透過日誌的撰寫，每個老師在回首來時路時，相信都是既豐富又精采。

4

兒童劇團生涯與幼教老師成長

台北市大直國小附設幼稚園老師

王雅貞

源起

還在大學做夢的時候，每每逮到認識的學姐，總愛追著問人家
教了幾年的幼稚園。只要回答五年，我便肅然起敬；若是十年以上，
我更是五體投地，打從心底尊敬她。而今，教學已屆兩年的我，逐
漸習慣……，喔！不！是適應了這與時間賽跑的生涯。

過完多采多姿的高中生活，腦中充斥高中老師們給我的夢想：
從此將擁有廣闊的校園（因高中實在太小了）、豐富的社團生活、
自由自在的學習環境。滿懷希望的我，一頭栽進師院幼兒教育系，
開始了掙扎的大一生涯。看著學校稀少的學生人數（比高中少了好
幾倍），我的社團夢第一個破碎，只好成為「海鷗社」的忠實黨員，
四海遨遊。正當我到處遊蕩時，彭秋梅老師為我點燃了生命中的一
盞燈。

那時鞋子兒童實驗劇團正委託汪敏蘭老師（內湖成長兒童學園園長）製作一部偶戲「石寶兒」，汪園長則因製作需要，尋求老同事彭老師代為徵召我們這一票學生軍。我就在好奇、新鮮的心態下，投入了這一個工作。

　　開始時，我只當這是玩票性質，抱著嘗試的心理玩一玩，誰知，卻展開了從未預期過的表演生涯。從民國八十一年起迄八十六年五個年頭，前後參與過十餘部戲的幕前幕後工作，帶給我許多寶貴的人生經驗。再加上這段期間橫跨學生與教學兩個人生階段，心中常有許多感想、衝突，礙於個人的惰性，從未行諸於文。此次感謝林佩蓉老師的支持與壓迫（喔！開玩笑），讓我終於有勇氣提起筆，小小地回顧這段歷史。

　　基本上，我正面肯定加入兒童戲劇活動對我幼稚園教學的影響。因為早在當學生實習時，我便清楚地感受到兒童劇團的經驗，使我不怕幼兒給的許多狀況；而成為一個新手老師時，我又由於之前比別人多了許多與幼兒接觸的機會，心中亦有許多腹案，可補足教案未完成的部分。但也由於許多個人因素，要陳述這段期間的經驗時，腦海首先浮現的，卻是這期間所經歷的各項心理掙扎。

　　民國八十一年一開始加入「石寶兒」的道具製作時，本來總共有三個同學投入，後來汪老師建議我們亦加入演出工作，才能擁有一個完整的歷程。等到「石寶兒」演出前，只剩下我和羅佳禾兩個人了。好不容易完成了「石寶兒」的演出，鞋子劇團製作人鄭淑芸又找我們二人投入另一齣戲「誰為我洗去跳蚤」的工作。

　　從「石寶兒」到「跳蚤」，對我是一大挑戰。因「石寶兒」是純粹的偶戲，演出時我並不需要直接面對觀眾，但「跳蚤」卻是真人的實地演出。不必直接面對觀眾的偶戲，對我而言，是一場美麗的幻想，我可以將自己完全隱藏在幕後，不必在人群面前表演。在「石寶兒」中，透過手指的運用及聲音的變化，我由一個平凡的學生轉化為一個個不同的角色。觀眾看到的雖是角色，但或多或少有

部分真實的我存在於其中。平時我不敢表現、不敢宣洩的情緒，可以盡情地投射於角色中，也因此提供當時的我，一個感情洩洪的管道，但，一旦要以真人演出時，許多問題便浮上檯面。

現在分析起來，就有如新手老師面對學生時，因心理緊張，憂慮自己的能力是否足夠掌握課堂、對自己的信心不足等，導致原有能力無法發揮一般。由於我本來就對自己的肢體動作不具信心，一上台就有那種手足無措的感覺。請注意：「手足無措」，並不只是一個形容詞，而是我在台上的真正感受。在舞台上講話時，清楚地知道自己的手腳僵硬，猶豫著該移動腳步、還是伸手舉高等。那時真想一走了之，逃避這令我不知如何是好的情況。

可是演出迫在眉睫，臨時換角會造成其他人許多困擾，我只有硬著頭皮把「跳蚤」這部戲演完。幸運的是真人演出的部分，只占了少部分，故我承受得起那時的壓力，終於，我撐完了。戲，落幕了；但心中的掙扎，卻悄悄地躍上心頭。「為什麼要接戲」的問句不斷地浮現腦海，當時沒想出什麼理由，只因為「好玩」、「新奇」、「成就感」，所以我接下了一部又一部的戲。

細數這五年，發生了許多有趣的事情，對我造成了巨大影響，大略地把它們分成兩個部分。其一是正向影響，其二則是心中的憂慮。

壹、正向影響

參與兒童戲劇的演出經驗，對現為人師的我提供了許多的協助。剛踏入戲劇領域時，從沒想過會有這種影響，原本自信心不足的我，在舞台上獲得了足夠的成就感，提升了自信；原本封閉的生活圈，因四處演出，認識不同的朋友，生活領域得以開展，單純的思考模式亦隨外在環境改變而複雜化。擅長操縱各式偶戲，更成為我在教

學上的利器。

一、破除個人的極限

基本上，要成為一個稱職的幼稚園老師，那得是個全才，十八般武藝樣樣精通。可是這樣的人能有幾個？通常對自己較不擅長的部分，或自認不足的領域，採取忽略或少去發揮的態度，久而久之，用進廢退，不在話下。

從來不知道自己的聲音可以做出這麼多的變化，尤其在「蛀牙蟲流浪記」中的「鑽牙機」一角，沒有台詞，只能以模擬機器運轉的聲音，傳達喜怒哀樂。剛開始時，這是個大挑戰，漸漸地卻變成我的享受。「蛀牙蟲」這部戲常受到邀演，故演出頻率頗高。每演出一次，就更能了解角色一層，也因此將這齣戲愈演愈好玩。忘了是誰說的，自信的女人最美。對自己了解愈多，愈能增加自己的自信心。對於自己聲音的運用感到遊刃有餘，小孩常被我的故事吸引，可說是這個緣故之一吧！

雖然肢體運用是我最弱的一環，但長期訓練下來，也有一定的進步。其中令人印象深刻的一個活動是：放鬆自己、交給別人的互推活動。在帶領活動前，我一直無法放鬆自己，且抓不到竅門。等到真正在帶活動時，小朋友一邊玩一邊抱怨同伴都沒有放鬆，不好玩。眼看著就要輪到我了，我告訴自己：我是老師，一定要完成活動。於是我完全放開自我，小朋友立刻專注於活動中，沒有人分心、四處觀望了。這應該是我有意識以來，首次在別人面前完全開放，畢竟「信任別人」對我來說，並不容易做到。

二、增加專長，培養多樣的操偶能力

台灣的基礎教育屬於通才教育，上了大學後，我仍不知自己的

興趣何在，就讀科系也是分數選填的結果。大一時，就像個遊魂，不知心之所向，選擇了重考一途。基本上，這是個十分衝動的決定，因為那時已是四月底，再兩個月就完成了大一的學分，可是我仍做了這樣的決定。雖然事後證明，我只不過是繞了一大圈又回到原來的路上，但起碼我可以對自己說：我為自己多做了一個選擇。雖再度回到幼教系，但我的生命已經過另一番洗禮。因此，我將重心投入劇團，期待生命中的另類火花。

現在的我可以很確定地說：「喔！我的專長是偶戲。」仔細想想，我還真的玩過不少類型的偶：「蛀牙蟲」、「天上的寶石」的布袋偶；「誰為我洗去跳蚤」的廢物創意偶；「夜婆婆」（已忘了劇名）的傀儡偶；「兩個朋友」的杖頭偶；「大頭目說故事」的執頭偶；「彈珠的巫婆奶奶」，一個沒有關節的執頭偶；「小傑克與大巨人」的巨型撐頭人偶及新型的執頭偶等等。即使現在丟給我一個新偶，我大概都能分析出它動作的要素，進而賦與它生命，演上一段。應用在教學上，十分得心應手，有時小孩帶的玩偶，或做出的東西，我可以快速地賦與角色生命及聲音，並與之對話，尤其在生活常規、動機引起的部分，特別好用。

在劇團學到另一項技術是：化妝。這算不算專長呢？其實不太算，因為我的技巧還很差。不過，剛開始連上粉底都要問別人：有沒有打勻、夠不夠？到如今，基本步驟都可以自己來，雖然差強人意，但只需要同伴再幫我一下，就可以見人了喔！

三、增加自信，接納自己的優點與缺點

每回欣賞表演時，看到抬頭挺胸的演員，心中升起無限欽佩之意，尤其是舞蹈表演者，對自己的一伸手一投足，都在掌握之中，製造出的畫面是那麼美麗，身體所呈現的線條令人著迷。回頭看自己，喔！慘不忍睹！其實最令我感動的，是自他們身上所散發出的

自信，原本自怨自艾的我，在朋友的一句話裡，得到了另一啓示。她說：要叫舞者在台上開口，是一件多困難的事啊！對喔！天生我材必有用，或許我的肢體動作不如別人好，但我的聲音表情也是足以自誇的，再加上操偶技術，嗯！自信心指數上升。

其實每個人都有其獨特之處，剛進入幼教老師的領域，或許有許多不適應處，也許來自工作上的回饋，無法滿足自己的成就感，但演出時，得到的是觀眾直截了當的反應、喝采，感覺十分充實。有許多人捨不掉舞台表演工作是有原因的。在現今冷漠的社會中，常無法自人際關係中獲得足夠的安全感，但觀眾所給的反應是最誠實的，所有付出的努力可以收到相對的鼓舞，支持自己。尤其在生活中，常常在內心中會有另一個我，要跳出來大聲嘶吼，但限於環境，到了嘴邊的話，又硬生生地塞回肚子裡，那種挫折感特深，運用偶戲的發洩，可以得到許多慰藉。

在五年之後，我開始接受自己的優缺點，例如美勞方面比較能利用廢物創作，精美手工部分則需加強；與小孩溝通良好，與家長聯繫方面則需加強等。認清優缺點，不因之自大或自卑或僅會羨慕別人，針對弱點加強、學習同儕的優點。也許我永遠達不到別人的百分百，但卻可以達到自己的百分百。

四、自表演活動中獲得成就感

人活在世界上，是需要掌聲的，只不過來源與程度多寡差異罷了！當幼兒園老師時，較易產生挫折感：(1)每年迎接新的小孩，所有的常規得重新訓練；時間匆促，好不容易基本能力差不多了，他們就要上小學了，感覺就被打斷了。雖然說還是會看到小孩的成長，但就是覺得少了那麼一點。(2)社會地位低，雖然自我認爲「專業」，但一般大眾對幼兒教育的印象還是停留在吃吃、喝喝、玩玩、睡睡的階段，甚至不將之視爲教育的一環，時時打擊著我們的奉獻，畢

竟我只是個平凡的人，不能完全跳脫外界的影響。(3)工作瑣碎。這是個人因素吧！每天面對的是剪剪貼貼，芝麻綠豆大的生活細節，會令我失去耐心。

　　當工作上的回饋不足時，令人感到生活目的迷失，對自己感到不滿。還好，演出讓我得到另一層的成就感。站在舞台，我收到的喝采是誠實且立即回收的。如果今天我表演失常，觀眾反應即有所保留，或許有些同情的掌聲，但我可以了解自己的問題在哪裡，下一次又是個全新的開始。如果我表演得投入，觀眾的喝采即無保留，我的付出在這一刻收到了完整的回饋，那種成就感是旁人無法體會的，所有的辛苦都得到實質的回報。這種感受與幼兒園老師的感受相距實在是太遠了。而我就在舞台上，得到了成就感，來補足教學生涯中的不踏實。

五、擺脫僵化的思考模式

　　資訊爆炸的社會中，許多觀念日新月異，但不變的是幼兒階段的孩子仍須學習生活的自理能力、人際溝通的技巧，幼兒園老師每天面對的孩子問題，並沒有比五年前改變多少。社會步調如此迅速，但一走進校園，似乎是進入另一個時空，慢步前進。

　　在八十五年某一個演出時的閒聊中，A 朋友述說他的感受：B君一看就知道是個幼兒園老師。工作滿一年的我急著問他：「那我呢？」A 君覺得還不像。追問他是何種特質使他認定某人為幼兒園老師時，他也說不出個所以然。這個問答在我心中掀起一陣漣漪。直到今天，每隔一陣子，我便問自己：我像幼兒園老師嗎？我已陷入了某個小框框嗎？害怕自己制式化。有時會很慶幸自己參加了劇團，起碼有一些與工作截然不同的生活。

　　由於演出的緣故，常會到台灣各地，雖然不是深入了解，但起碼走出平日生活的路線。在「大頭目說故事」的演出前，我和阿芸

參加了白河平埔族嚎海祭典的鄉野調查。「鄉野調查」是我的字典裡沒有的辭彙，懵懵懂懂地加入。過程中，看到了有心人為原住民文化所做的貢獻，心裡有部分的感動；也看到了不願承認自己血緣、不知所謂為何的觀光式祭典，心裡有部分唏噓。

幼稚園的工作是個十分單純的環境，工作對象是孩子、家長、同事，無形中形成了一個小圓圈，因為單純，彼此氣質相近，相處時容易形成固定模式，久而久之，便由單純轉為「蠢」了。記得以前總愛取笑男生，當兵理了頭髮後，智商便低了百分之八十，雖然有點誇張，但因當兵後，接受「是」或「非」的思考模式一久，思考速度真的會變慢。而這種模式和我的工作有點異曲同工之妙。

在劇團裡，我遇到了許多與教育圈不同的人，平時談論的話題即有很大的差別。「隔行如隔山」確實如此，連行話都不相同。大致說來，幼兒園內的交談較嚴肅，劇團的交談則包羅萬象、百無禁忌。不同的談話內容，關心焦點會刺激我的思考，原來有另一群人會以不同出發點、不同立場來思考相同的一件事。仔細想想，並不是只有幼稚園有這一種問題，各行各業均同，長期與同一類型的人相處，彼此潛移默化，對工作推行上有一定的助益，相對地亦容易陷入某一窠臼，擁有共同盲點，故需外來的刺激，才能有更上一層樓的機會。慶幸自己擁有雙份工作，且都是自己的興趣所在。

六、認識不同的孩子，反省孩子思考的角度

看戲時，孩子會流露出最真實的情感，而我則享受著被真情所包圍的喜悅。有一次演出「蛀牙蟲」時，遇到一個十分清秀靈氣的小女孩，大約三、四歲吧！謝幕時，用充滿著淚水的一雙大眼睛，排隊等著和我們握手。好不容易輪到她，我卻看到她的淚水無聲地滑落，儼然瓊瑤式美女的哭法，十分惹人愛憐。她的母親向我解釋，小女孩平時即是如此，心軟、易受環境影響，看到劇中角色從此要

去流浪，不知所往，故為「蛀牙蟲」而擔心。最後小女孩抱著「蛀牙蟲」，無聲地哭泣後，母親抱著小女孩悄然離去，而我的心也為之感動。

演過二、三十場的「蛀牙蟲」，這是第一次遇到如此傷心的反應，同樣的戲，也碰過小孩反應，是要用殺蟲劑殺死蛀牙蟲：二者相較之下，猶如天堂與地獄。其實這兩種小孩均十分投入劇情中，只不過是站在不同的立場來表達內心的感覺。孩子的反應雖可說是大同小異，但此「異」可有大學問在其中喔！看完戲後，大部分幼兒園階段的小孩，都會為「蛀牙蟲」擔心將來的生活，但也不願意「蛀牙蟲」住進自己的嘴巴，回去後，天天乖乖刷牙。甚至有一位媽媽來看別的戲，告訴我們她的孩子看完「蛀牙蟲」後，每天刷上四、五次的牙！也有小孩覺得，蛀牙蟲太壞了應該殺掉，去流浪是應得的報應。前者認同蛀牙蟲，後者認同劇中牙疼的小孩。看過這些小孩的反應，再回到自己的教室裡，每當快要失去耐心時，會冷靜地想想，這是他們的正常反應，重拾笑顏再次奮鬥。

七、體會幼兒的情感世界

上幼兒園與看戲劇表演一樣，同是幼兒一段美好的生活經驗。但老師安排的環境、活動偏重幼兒學習的引發，而戲劇表演則偏重其娛樂性。為了達到某些活動目標，老師會忽略幼兒的情緒反應而使活動進行順暢。

但一齣戲要讓人感動，首先要使觀眾認同角色，進而挑釁觀眾，讓他們隨劇情而心情起伏不定。通常孩子最能認同的角色是小孩、英雄，例如「哪吒」就是他們崇拜的對象。兒童劇的對象是小孩，故事主角亦多是小孩或小孩能認同的角色，故事內容也需與孩子的經驗有重疊，故知道小孩的想法、思考走向是一件重要的工作。每當揣摩一個角色時，要想清楚每句話的動機為何？在何種情緒做出

某動作，小孩會有何反應？聽得懂嗎？認同嗎？

　　站在小孩的立場觀察世界，感受到他們的善良造成大人的幸福。很多時候小孩是在滿足大人，他們輕易地看透大人現在需要何種反應，而給與適當反應，我們常說這是「職業觀眾」，所有戲中的設計點，他們都給與熱烈的支持，讓站在台上的演員得到足夠的成就感，回家後，獲得安詳美滿的一夜。如果你有些自卑，請演出一個可憐的角色，小孩將會奉上充足的同情心、滿滿的憐惜之情，讓你浸淫在真實、美好的感情世界裡。

　　孩子是最會取悅大人的天使！演戲時，為了表演所需，不得不仔細思考，反而提供了自己設身處地體會孩子真實情感的機會。小孩自有一套思考模式，有些是大人很難想像的，他們天真地相信許多事：虛構的角色生命、故事發生的情節、模仿角色作為等等，令所有大人一再地利用故事、戲劇的魅力來哄騙小孩相信、認同我們希望小孩遵守的規則。有時候我們會僅憑直覺做事，很多事、很多小孩的反應，被身為教師的我視為理所當然，而不曾推敲其內在動機為何，因為我有些麻木了吧！雖然這有些不近人情，但如果不停下手邊的工作，沈靜思考，孩子的需求輕易地就被忽略了。

八、開放自己心胸，理解自己的極限

　　雖然我當幼兒園老師只有短短兩年，但從平時與同學、學姊妹的交談中發現，教久了，許多老師的視野容易變窄，彼此相處易起摩擦。我覺得這是因為大家每天面對的都是生活中瑣瑣碎碎的細節的緣故。小至地上的一張衛生紙、喝水、輕輕關門的生活習慣，都是教學的重點，久而久之，老師自己的生活焦點亦會縮小。即使參加研習，同伴仍是同一群人，談論重點類似，如何能逃出這一個框框呢？其實不是只有參加劇團可以放寬自己的心胸，而是要擴展自己的生活領域，多看看世界上發生了哪些事；休閒時間培養第二專

長；認識不同領域的朋友；談論不同話題；由不同的立場看待事物；
聽聽不同的聲音，都會使自己的心胸開闊。

九、應變能力的增強

　　演員和老師有某種程度的相似，老師依據學生上課的反應，給
與加深或延伸的活動；演員則是依照觀眾的反應，表演不同的情緒。
同樣的雙向溝通，在現場考驗著老師或演員的臨時反應，尤其是新
手老師或新手演員。剛開始演戲時，只會背台詞、照本宣科，最怕
遇到與觀眾互動的戲了。兒童劇中常設計讓孩子參與的部分，因為
孩子注意力集中時間短，讓他們不只接受外來刺激，同時也經歷一
點內在思考。面對這樣的挑戰，真的有點吃不消。因為當觀眾現場
拋問題後，必須忘記自己原本的反應，我只能用劇中角色的個性、
特質來回答。但一個新手，上台緊張、怕忘詞、怕忘了走位……已
經夠六神無主了，雖然耳邊有聽到觀眾的聲音，卻完全不知他們所
言何物，當然無法攫取適當的資訊來發展劇情。

　　現在的我，已經跳脫了這一段尷尬期，回頭想想當新手演員和
新手老師的求生時期，有點小小地慶幸自己是先當新手演員，再當
新手老師的。為了演出，我曾付出心力去了解小孩喜歡、討厭的事
物，學習小孩思考的模式，試著由小孩的角度去看這個世界；為了
戲劇效果，做出較誇張的動作，說出令人發噱的童稚言語。當上老
師，時時刻刻想的是自己的言行是否會影響幼兒、是否由教育立場
出發、會不會形成語言暴力等……，反而限制住自己的創造力，亦
容易忽略小孩的內在動機。但先前三、四年的磨練，已經深植我心，
幾十場的演出，亦使我的臨場反應增加許多，小孩拋過來的問題，
已不會使我手足無措，而能兵來將擋、水來土掩。

貳、心中的憂慮

一、時間的衝突

　　每個月只有三十一日，每天也只有二十四個小時，總覺得時間不夠用，平時排戲每週只有二至三次，身體仍能適應，感覺就像去運動一樣。但若是演出前幾週密集排戲，一週排個五、六天，身體可就相當吃不消了！白天幼兒園的工作一樣也不能少，晚上再繼續操練，就像一枝蠟燭兩頭燒，不僅是身體負荷不了，精神上的壓力更是沈重。以前學生時代，不會有這樣的狀況，畢竟學生有蹺課的權利，真的不行時，隔天會少上四節課，晚上排戲依然生龍活虎。但現在，唉！不可同日而語囉！教師何來蹺班之權利，只有硬著頭皮上戰場。

　　八十六年的五、六、七月是我的黑暗期，由於偶劇節，共有三部戲同時上檔，同時又是幼兒園的畢業季節，兩頭加起來真是忙得天昏地暗。七月份雖然劇團忙，還好學校已放假，否則可能支撐不下去。六月，現在想起來，都不知自己是如何熬過去的？星期一至星期五晚上三部戲輪排，星期六、日則是舊戲的中南部演出，最誇張的是因為人員的重複、撞期，只好安排有一天下午五點至七點排「天上的寶石」，七點至八點排「蛀牙蟲流浪記」，八點至十點排「小傑克與大巨人」，學校四點半下班，騎車至劇團剛好五點，剛剛好，一點時間都沒浪費，哇！好充實的一天啊！

　　那時，幾乎處在體力透支的狀況下，回到家收拾收拾倒頭就睡。學校常利用午睡時間開各項會議：教學研討會、園務會議等，我常開著開著，不自覺就打起瞌睡來，同事也睜一隻眼、閉一隻眼沒把

我搖醒；有時雖然沒睡著，眼睛睜得大大的，但會議結束後，對自己曾說過什麼話沒啥概念，開會內容呢也「莫宰羊」。現在想起來，真覺得對不起這一年的小孩，因為我不是以最佳狀況來迎接他們的每一天。經過暑假的休養生息，我下了一個決定，九月開學面對的是一群新生，我要將自己的心力付諸於他們身上，協助他們愉快地適應學校生活，故不接任何戲！這是我對自己的承諾，將自己的時間、體力調配至適當狀況。

二、個性不合適

其實我並不是個十分擅長表演的人，因為我的本性十分內向，人際關係亦非擅長，在劇團中常屬於「隱性」的人。不只是在劇團吧！任何一個團體中，總有人一站起來就鶴立雞群，或是才華出眾，或是善與人相交，圓滑應事。雖然扮演角色只是表演的一部分，不一定與演員本身個性相同，但我們仍以自己的生活經驗出發：可能自己曾做過、可能周遭有這樣的人事發生，可能蒐集相關資訊，協助了解角色的內在動機、想法等。記得有一次，與同伴演出對手戲，她覺得我的回應方式不對，我們兩人應是一國的（扮演小學生），可是我表現得不像這樣。於是她告訴我，也許可以表現成彼此的笑鬧，而非真的生氣。

這一段不過一分鐘的戲，回家後卻讓我思考很久。我原就知道自己並不太合群，甚至稍具攻擊性，但卻從未如此具體地感受到自己的攻擊性，遇到別人丟過來的刺激，常不自覺地反擊。也許對自己不覺得是傷害，卻因此傷害對方而不自覺。而且戲劇演出，屬於完全的人與人之間互動，不只是演員與觀眾間互動，更重要的是排練過程中，演員與演員之間、演員與導演間的互動模式，都會影響整個舞台的呈現。在一個陌生的群體裡，我不是很快就能與大夥兒打成一片的人，如果遇到不熟悉類型的人，我的尷尬期會更長。可

是排戲時間有限，怎能容許我以這種烏龜速度去認識別人，偏偏這類表現又會影響我在舞台上的反應。

　　在舞台上的表演不夠搶眼、專業，下了舞台與同伴又不屬於同一圈的人，換成是我，大概也不會想用這種演員吧！這種自知之明常讓我感到痛苦，可是又無力改變什麼，自己對情感的表達能力，又不是能說改就改，只好勸自己：放輕鬆，人本來就不完美，不必強求什麼，慢慢改變自己即可！

　　在幼兒教師與兒童劇團演員，這兩個看似相異卻有相似的世界裡，我享受也掙扎於其中。平心而論，跨越了學生與老師兩個階段，劇場生活帶給幼兒教師的我許多幫助：初入幼兒教師之門，幸運地因演出經驗之賜，快速通過求生期；時常扮演幼兒角色，揣摩幼兒心態，故能迅速了解幼兒需求；接觸與幼教界不同領域的圈子，擴展生活並使自己思考更廣泛。

　　如果時光倒流到民國八十一年，我仍然會選擇這一條路，一路上遇到的好人們，衷心感謝你：雖然你不一定知道我的感激，我也不知道如何表達才最恰當，但我會永遠把它放在心裡，將之傳遞到我手中的每一個小孩身上。做個「隱形人」也沒什麼不好啊！

5

教師團體討論與幼師個人
專業成長

台北市公辦民營吉利托兒所所長
柯秋桂

壹、導言

　　回顧十四年來在「成長」工作的歷程裡，遊走在教師與行政主管的角色中，筆者深深地覺得，能與夥伴們一起投入、一起成長，是我們大夥兒能在幼教專業路上走得深遠，且有生命力的最大原因，而期間園內「教師討論」則扮演著重要的角色。透過它，我們共同澄清問題、激發思考，進而凝聚共識與相互支持。然而團體討論的成效，是與帶導者的帶領技巧，以及參與成員的興趣和想法息息相關的。

　　在這份報告中，探案例分析的方式，選出民國八十三年一月二十一日園內「角落教學的探討」教學討論為說明樣本，將成長園多年來透過團體討論，協助教師專業成長的面貌勾勒出來；並解析民

國八十六年十月五日成長討論小組專為這份報告所進行的「成長兒童學園的教師團體討論」的討論內容，除了提出成長兒童學園教師討論中的種種現象外，還包括參與者間的互動態度、帶導者的帶領技巧說明，以及對教師個人專業成長的影響。

貳、教師團體討論案例分析：角落教學的探討㈠ ——說明成長園團體討論結構的安排

成長兒童學園在學期中，各園皆有自己的定期教學討論（每週一次），但是在每學期結束的教師工作週，園內總會舉行一次全園教師的研討會，此一案例「角落教學的探討㈠」即是民國八十三年一月二十日園內所舉行的全園教師研討會（9:00 - 17:00）。下面就策畫動機、討論進行流程、討論歷程解析及研討會中觀察員的觀察與會後發現等部分說明之。

一、策畫動機

當年該研討會是由筆者策畫的，之所以選擇該研討主題，主要是因為觀察到當時園內教師對成長兒童學園實施多年之角落教學的精神、意義、功能與運作提出了許多的疑惑，教師們在角落課程的設計與運作上有困難，諸如「孩子的學習如何深入」、「課程該如何延伸」、「班級課程如何與角落課程銜接」、「各角落如何銜接」、「各角落如何兼顧各年齡發展的需要」、「該不該介入幼兒的自由活動中？」、「如何介入？」等等的困惑。成長園的角落教學乃採全園一起選角落——大學習區學習方式。為了凝聚全園教師對角落教學的共識，筆者與成長園教學設計原創者倪鳴香老師商量，希望能針對上述所提的這些現象，在研討會中進行探討。在雙方溝通下，我們決定以園內角落教學實況錄影的片段作為該研討會的起

點引子。

二、討論進行流程

(一)事前的準備

1. 拍攝並剪輯園內角落教學的現況錄影帶，內容有孩子操作狀況、師生互動的歷程，全程約三十分鐘。
2. 蒐集相關問題：為了讓教師在研討會前也思考該主題，筆者請教師先思考，並把想要討論的問題寫下來。
3. 場地布置：布置一個舒服、適合討論的空間，有軟墊、靠墊，可以圍成一個半圓，讓彼此能看得見彼此。
4. 材料準備：全開淺色壁報紙（十張～十五張，事先張貼於牆上）、色筆（三種以上顏色）、錄音機、空白錄音帶、電池、便條紙等。

(二)流程

1. 進入活動前的暖身：觀賞角落教學片段錄影帶。
2. 找尋討論焦點：蒐集問題，列出參與者對主題的關注與困惑；形成討論的議題核心。
3. 進行討論活動：帶導者先就「角落教學」的緣起說明，而後進行討論。
4. 整理討論過程。

三、討論歷程分析

(一)進入活動前的暖身

觀賞角落教學錄影帶（全程約三十分鐘），並在播放時，由畫

面中的老師負責說明該角落當時活動的情形，並請在場所有老師將心中的疑問記錄下來，以備後面討論。這樣的暖身為的是幫助老師漸漸進入將要討論的情境。

(二)找尋討論焦點

請老師將心中疑問寫在便條紙上，並請有興趣的教師就所蒐集到的問題，彼此間的關係加以歸納，並以圖形、文字說明（請參見附錄(一)，頁 106-108）。而後，請所有老師投票表決，確定今天的討論議題，當天的討論核心為「角落教學中的教師角色」。

找尋討論焦點是為了確定所討論的議題，是大部分成員所關注的問題，以便當天的教學討論對大夥有意義。

(三)進行討論活動

帶導者先引言簡述，幼稚園的緣起及角落教學在台灣初期推廣的情形，讓與會的老師們對「角落教學」的形成過程有較深的認識。而後，帶導者請提出相關問題的老師，圍坐在內圈進行討論，其他老師則圍坐於外圈觀察傾聽。分組進行是因為當天參與人數較多，若要進行團體討論，其效果可能不如只讓提出該問題的老師們來進行更恰當；也就是說，讓討論的人數不超過十人，討論效果較佳，而每位參與者也都能有機會發言，討論焦點較集中，討論的內容也就能更深入地進行。至於坐在外圈的老師，則練習觀察與傾聽（並在討論結束前分享自己的觀察與感想），在團體討論中「聽」也是很重要的，能傾聽的老師其實也是其中的參與者。因此分組只是其中一種可進行的方式。

這樣的討論，不只可以將老師已經具備的知識，透過互動討論的過程表現出來，並且能經由腦力激盪的過程激發出新的想法與概念，或者讓已有的實務經驗轉化為原理原則（生活經驗概念化、抽象化）。現將當天討論的內容摘要整理如下：

1. 角落規畫（哪些角落）以什麼為依據？

角落（學習區）的向度與內容是依幼兒身心發展的需要與興趣來規畫，除了幾個必要的學習角落外（如：益智、美勞、娃娃家、積木、科學、語文圖書……），有些角落可隨孩子、老師的興趣與生活經驗來增設（如：變化角、泥巴坑、隱藏洞……）。另外，學園的空間、教師的能力及園長的理念，也是規畫角落時須認真思考的。以成長內湖園為例，由於有老師對音樂、舞蹈有興趣，園內又設有韻律教室，而園長更認為中國人的文化裡不太運用身體，須多一些音樂律動的活動，因而「音樂舞蹈角」自然而然地出現在該園所。角落（學習區）的規畫與運作可滿足幼兒透過自我探索，發展自己的興趣、潛能，可協助教師有機會去了解孩子的個別差異，並針對個別差異有效及深入地輔導與激發。〈註：成長的角落教學是採中大班幼兒混齡──約三班，七十位幼兒，共同學習方式。每一個角落（或稱學習區）由一位老師負責，與一般綜合角落的學習方式不同──此乃因應園內空間環境而運作出的形式。〉

2. 角落課程如何設計與規畫

角落課程的設計須考慮下列幾個要素：

(1)各角落獨特的目標與功能。每一角落因其目標及提供的材料不同，提供給孩子的經驗及能力即不同。

積木角：立體建構能力、方位、形狀概念能力的養成。

娃娃家：增進幼兒對周遭人、事、物敏銳的觀察力及扮演能力。

美勞角：增進幼兒使用各種工具及素材的能力；並培養其對美的欣賞能力。

益智角：增進幼兒數概念及邏輯思考能力及圖形辨識能力。

語文角：培養幼兒閱讀的興趣及語文表達、傾聽能力。

(2)配合幼兒發展上的能力與需要，針對不同年齡層的孩子，各角落所提供的材料、工具及活動內容則有所不同。如：益智角的拼圖活動，針對大班幼兒可能提供一百片以內拼圖，小班幼兒

則以二十五片以內的拼圖為佳；美勞角工具提供，大班可提供美工刀、尖頭剪刀……等工具，小班則不適合。

(3)配合相關「主題」延伸活動，因著各班級的「主題」，有些老師會將相關的活動內容（材料與工具）擺入角落內，如此孩子的經驗與興趣得以延伸與統整。另外，老師也可因孩子在角落顯現出的興趣，延伸發展成「主題」教學活動。

　　由上述可知，角落活動的整體規畫方向與素材、工具的提供，是角落老師針對各角落目標、功能來設計，而角落的延展則依著孩子活動過程中的興趣、發現或各班級的活動內容來發展。因此角落的內容並不完全與各班級的教學完全相關，但互有交互影響的關係。如此既可統整孩子的學習經驗（班級教學——角落教學），又可兼顧孩子個別探索學習的需求。

3.角落教學時老師的角色定位，角色比重分配及各角色的功能？

　　角落教學中，老師的角色有指導者、參與者、協助者、觀察記錄者及材料的提供者……。各角色的比重則因時間不同而有不同。

　　學期初——指導角色的份量比較重。教師須指導孩子認識並學習各角落的規則，及各類工具、材料的正確使用方式。

　　學期中以後——協助者、參與者與指導者的角色交互出現。當孩子開始自我探索、自主學習時，常會碰到困難。如：無法使用某些工具、選擇的材料不適合，或有構思、想法，卻不知如何著手……。有些孩子碰到困難會自行尋求解決；但大部分的孩子，則須成人在此「關鍵」時刻給與適當的引導、激發與協助（如：深入的討論、問題的發現與解決、材料工具的提供及相關圖片書籍的提供及相關能力的指導……），否則，孩子將因挫折而容易中途放棄。孩子興趣與能力的養成，常常有賴於其興趣萌芽時教師適時的引導、協助與激發。另外，教師如朋友般和孩子一起玩，也能引發孩子學習的興趣，並在碰到困難時願意與教師一起堅持完成！

4.角落教學中,老師可不可以介入?

角落時間雖然是以孩子為主體,但老師仍扮演著材料的選擇與環境布置的角色。另外從學習的觀點來看,人的學習有些是自發性的學習,有些則是經由模仿而來;因而老師無可避免需扮演輔導者、協助者及指導者的角色──協助、引導孩子因著自己的發現與興趣做深入的探索與學習。不過,有時老師的介入對孩子的學習可能是一種壓力,反而會影響阻礙孩子自發性的學習。老師如何激發孩子在自我探索中發現事務彼此間的關係,並做相關的探索與嘗試……,應是老師教學上最大的挑戰。

5.所謂「深入學習」指的是什麼?是否意味著老師一定要介入?

所謂的「深入學習」,指的是幼兒在學習的歷程中能依自己的興趣發現深入地探索,更是思考方式(內在認知結構)的改變及心靈感受的體驗。在幼兒探索過程中,教師在適當的時機協助幼兒──或許是材料的提供,或許是經驗聯想的刺激,或是經由討論協助幼兒去發現、整理。不過,介入的方式則依幼兒的特質而有不同:有些幼兒學習的主動性較低、挫折忍受度較低(或堅持度較低),需要成人較多的協助與支持;有些幼兒自主性強,嘗試性夠,老師應少一些介入,可以適時提供幼兒所需的資訊材料,而給與他更多發現、整理、歸納的機會。但無論老師介入多少,教師都須盡可能對每個幼兒的學習狀況、學習風格有深入的了解,如此,才能針對幼兒的個別差異給與適時提供。另外,對材料的熟悉與如何延伸,也是老師必備的技能。

㈣整理討論過程

帶導者就討論內容加以整理,並針對角落中的「教師角色」觀察記錄及經驗者……等做說明。(請見附錄( ),頁 118-120)

四、研討會中觀察員的觀察與會後發現

在討論的過程中，可以看出每位參與成員都很投入，從他們所提的問題，可以看出他們目前深受困擾的點——有些是自己無法澄清的疑惑，有些是對同事的質疑，有的甚至是對園方信念或做法上的挑戰！

在當時園內教師們正困惑於「什麼才叫開放」、「『開放』的尺度應該有多大」、「老師該不該介入孩子自由活動中」、「學習與遊戲的關係」……等問題，我們正處於困惑→再確定的階段中，尋找全園共識，是大夥當時心中的期盼（此時期老師一方面非常重視孩子自我探索的歷程，相信孩子有主動學習的慾望，因此在屬於孩子自由探索自主學習的角落時間，深怕自己的「教」與「介入」會壓抑、阻礙他們由內而外的獨特性及潛能發展；一方面又困惑、擔心自己不適時介入與要求，可能會導致孩子過度放任，消極不想學習的態度……？）。

在討論的過程中，當主要問題「該不該教？」「什麼叫做教？」的困惑出現時，帶導者拿出一塊地毯邀請現場持不同教育觀的老師分別以動作說明「她如何引導孩子」。結果發現：參與老師不約而同地做出相同的反應，讓大家領悟到：原來老師們都示範了「動作」，只是彼此對「教」的定義、方法、要求的尺度不同而已。經由此，我們發現在沒有語言說明的過程中，那長久以來在談角落教學中「教」的問題，就不再那麼「困惑」、「對立」了。

在團體討論的過程中，常常會有類似上述的情況，有時更是陷於某幾個人間的語言辯論中，讓其他成員深感不耐，此時帶導者的帶領技巧就是團體討論成功與否的重要關鍵，就此本文的後段將有深入的探討與說明。

在研討會後，教學現場中，園內教師不再那麼陷於「教」與「不

教」的矛盾中。教師之間有關「老師該不該介入」……等的語言也較少出現。老師們較能清楚地掌握教師的角色與應該用力的點。另外,在研討會結束後,針對園內第一、二年新進老師的需求,我們又另在學期中(84/04/23)舉行了「角落教學的探討㈠」,由園內資深老師分組帶領討論。

參、成長兒童學園的教師團體討論

為了書寫這份報告,民國八十六年十月五日,筆者邀集了成長兒童學園前後期的五位老師林冠良(民國 72 年進成長)、張美鈴(76)、李貞儀(81)、蔡昀螢(84)、劉淑芬(85)等,共同來參與成長兒童學園的教師討論會,並邀請倪鳴香老師來帶導。討論的流程與上個案例相似。在第一階段,我們針對團體成員中所提出的「何謂學術論文」進行討論。在觀念討論達到飽合後,我們進入第二階段,帶導者邀請所有在場參與的老師提出針對「成長兒童學園教師團體討論」的所有可能議題(內容請參見附錄二),而後就幾個老師們最感興趣的議題進行討論。最後,帶導者邀請每位參與的老師分享個人在成長的教師團體討論中之經驗,以及對個人的專業成長的影響。

教師團體討論進行的成效如何,與帶導者的帶領技巧、參與成員的互助關係、參與態度及其他相關技巧的運用有很大的關係,現就當天討論的內容與筆者多年的心得整理分述於下:

一、帶導者的角色掌握與帶領技巧

帶導者是團體討論的掌舵者,討論如何進行、氣氛如何蘊釀、結論如何形成……,與帶導者的帶領風格與技巧、角色掌握……息

息相關，要進行好團體討論，帶導者必須：

㈠針對議題性質釐清「帶導者」的角色定位

　　有些討論需產生共識，需要有結論；有些討論則只是爲了激發彼此想法，刺激多元思考，它是不需要有結論的。不同議題因性質需求不同，帶導者所扮演的角色就不同，因此有時帶導者只須引發議題協助大夥兒做腦力激盪，無須介入過多；有時討論的結果須形成共識，且討論的議題又較具「爭議性」，此時帶導者的角色就顯得格外重要而吃力了。另外，帶導者是否有主控權（此處的主控權較多指的是會議討論的引導權，而非討論結果的決定權）、主控尺度的掌握如何……？是帶導者在會議進行中須不斷思考的。

㈡了解參與成員的個性、想法與表達風格

　　在討論過程中，參與成員的個性、想法與表達風格會直接影響討論的氣氛與結果，有的成員表達時拐彎抹角、迂迴曲折，有些成員則直接而銳利；有的人對自己的想法清楚而明確，有的人則模糊而矛盾；有的人重感受，有的人重理性思考……。爲了使討論能作多元、深入的澄清與辯證，引導者最好能了解每位參與成員的個性、表達風格，適時地運用適當的討論技巧，如此才能引領與會成員表達出自己真正的想法，並學習「聽」到別人的想法，進行有效討論而達到真正溝通的效果。

㈢事先對討論的議題有充分的準備與了解

　　帶導者對議題要事先做準備，必要時要做「說明」協助成員了解，以方便討論。如：此次的討論以「角落教學」爲主題，帶導者在討論開始前即針對「角落教學」的緣起與精神做一說明，而後才針對主題做深入討論。

㈣靈活地運用團體討論帶領技巧

在團體討論的過程中，因個人想法、價值觀及所欲討論的興趣焦點不同，而使討論常有偏離主題或焦點模糊的現象。另外，成員的情緒、態度也會受彼此語言互動影響，而流於情緒的爭論。如何有效地進行討論，是帶導者重要的課題。帶導者了解討論當下可能的困境與現象後，可適時運用下列各種討論技巧，引導參與者做更深入有效討論：

1. 蒐集問題→確定討論議題

在討論一開始，可先邀請成員針對主題提出欲討論的問題，藉此蒐集過程中，可以促使成員慢慢地進入議題的焦點，而後經過團體確定討論議題，如此可以協助帶導者了解大部分成員的興趣、關心點，並將討論的焦點集中，而使議題的討論能更深入。

2. 發問問題

當成員對議題不夠了解，討論陷於漫談無法聚焦時，透過發問問題可以促使成員深入思考，澄清自己的想法，也可以幫助帶導者了解成員的經驗、立場。如：

「你認為『角落教學』的意義是什麼？」

「你所謂老師的介入，『介入』指的是什麼？」

「我們常談孩子的興趣，你如何知道這是大部分孩子的興趣？」

3. 傾聽

所謂的「傾聽」是指聽到表達者想要表達的真正意思，但大部分的人常受自己主觀的影響，往往只聽到自己想聽的部分，甚至加上自己的想法加以詮釋，因而聽不到對方真正的想法。若要討論真正達到多元角度的深入探討，帶領者須具備「傾聽」的能力，如此才能協助成員有機會「表達」自己想法，並「聽」到別人不同的看法。

4.澄清

在討論的過程中，有些人的表達清晰易懂，有些人則模糊不清，甚至有時連說話者本身都不太清楚自己所欲陳述的焦點，帶導者可透過「澄清」的技巧，協助說話者整理自己的想法，並使其他參與者也能清楚地了解。

「你的意思是不是……」

「你問這個問題的用意是……」

「我可以這麼說嗎，你剛才的意思是……」

5.說明→再次說明

在討論過程中，帶導者有時必須針對討論的議題或自己的立場或想法、做法加以「說明」。「說明」就是將議題相關資料整理說明，或是把語言背後層次的東西說出來。若說明後，參與成員仍有特殊反應時，為了避免捲入情緒，帶導者可以再做第二層次說明。如：某些成員對某個議題有強烈興趣或對帶導者的處理方式有不同看法，帶導者可針對此做說明：

「這個部分的相關資料不夠，我們無法討論，我在處理上有一層困難……」

6.順水推舟

當討論的主題偏離，焦點模糊或陷入僵局時，帶導者可就參與者當下的「語言」或「觀點」，順勢地「導入」或「拉開」議題。如：

「嗯！這個想法很有趣：我們針對這個想法來討論，誰有不同的看法……」

7.迴避、忽略

討論進行時，有時議題或涉及個人隱私，或不適合當下處理，帶導者可利用「迴避」、「忽略」的技巧轉移討論的焦點。「迴避」、「忽略」的技巧，有時是種忽略不回應的方式，有時是刻意轉移話題，使討論無法繼續。

8.暫時擱置

在討論的過程中，有時討論會陷於僵局，或參與者彼此對立或討論混亂無法澄清。帶導者可適時運用「暫時擱置」的技巧。暫時擱置並不表示逃避不處理，帶導者可視「時機」再作討論。如：

「很抱歉，這個部分因資料不夠，我暫時無法處理，等我們弄清楚再討論……」

「嗯～你的想法很有趣，不過跟現在的討論不太相關，等一下我們再就這個想法做討論……」

9.反問

在討論進行中，某些成員容易出現批評、質疑或反對的語氣，帶導者可運用「反問」的技巧，這不但可以讓說話者再一次澄清說明自己的想法，也可讓參與成員不任意批評，並促使他們提供不同的想法與方法。如：

「你的意見很好，可不可以請你再具體地說明。」

「你的想法滿有趣的，可不可以請你再清楚地說一下……」

10.表示支持、興趣

在團體討論時，發言權常常會被某幾個人「占據」，有些成員雖不常說話卻常有不同的觀點或特別的想法，帶導者可適時表示支持、興趣，以激發他們表達。如：

「我上次似乎聽到你有不同的想法，你要不要說說看你的想法。」

「滿有意思的，可不可以請你再多說些。」

11.主動邀請

當討論偏離主題或陷入沈默、僵局時，帶導者可主動邀請某一參與者提出他的想法、看法（就此可知主導者必須對參與成員的想法、個性有清楚了解，如此將有助於討論）。

如：「芝，對這個議題，你的想法呢？」

12.尋求支援

在討論進行中，某些參與成員會堅持自己的想法，而讓帶導者深感威脅，或讓其他參與者不知如何因應。帶導者可視時機尋求在場其他成員的支援。如：

「嗯，我聽到你的想法了，請問其他人有沒有不同的意見？」

13.沈默

在團體討論進行時，有時會出現成員默不出聲的狀況，帶導者可視情況等待。適時的「沈默」往往有助於成員們深刻地思考。

14.整理

團體討論進行時，討論的焦點會模糊或偏離，帶導者可適時整理討論內容。一方面可協助成員整理思緒，一方面也可讓成員更清楚當下的討論焦點而繼續深入討論。

15.運用具體的方式澄清抽象的概念

抽象的概念最難了解而且容易引起爭辯，帶導者可藉「具體」的方式（如實物、動作……）讓成員們了解。如：參考附錄(一)角落教學探討，運用「地毯」的示範來陳述「教」的概念。

16.運用「圖象」說明複雜的關係與概念

透過文字有時無法說明複雜的關係與概念，帶導者可試著用「圖解」來表示其間的關係協助成員了解。圖象給人很多想像的空間，也更有力量。如：在此討論中，帶導者運用圖解說明角落運作時三個要素（孩子、老師、材料）形成的互動關係（請見附錄(一)，頁118）。

17.分組討論

團體討論時因討論人數過多，往往無法達到討論的效果，帶導者可運用分組討論的方式進行。

二、參與成員的互動與討論態度

　　在團體討論中，參與成員最直接接觸的是彼此的肢體、表情、語氣和態度……，如果以此來解讀對方的想法，就很容易引起誤會而達不到溝通的效果。然而這些都只是成員的外表行為，隱藏在這下面，不容易看得見的是成員內在的動機想法、價值觀、思考風格與習慣……，這些才是影響成員溝通表達的重要因素。參與者若能彼此深入了解，就比較不會「預設立場」或以「想當然耳」來解讀對方的語言、行為。為了達到有效的溝通，參與成員如果能抱持良好的討論態度，則會讓團體討論氣氛更安全而開放。

㈠心存善意，常以「正向」、「同理」的態度來「了解」、「支持」

　　每個人的語言背後是複雜而神祕的，每一句話的後面常常有很多的解釋與意義，如果參與的成員不能心存善意設身處地去解讀別人所說出來的話，則經常會產生很多的誤解與爭執，而很難達到討論、溝通的效果。

㈡開闊心胸，接納不同的想法與看法

　　團體討論的目的是為了讓參與的成員對於所討論的東西能有更深、更廣的了解與認識。堅持自己的想法與價值觀而不容許修正，就失去討論的意義與功能。開闊的心胸不僅能讓團體討論順利地進行，也能讓自己因彼此經驗的交流而成長！

三、討論用語的運用

　　在人與人相互的溝通中，有說話的，有聽話的，也有旁聽的，

有的人不管事關不關己，都會有意見，有人想說卻說不清楚，不知道該怎麼說。楊茂秀老師在他的《討論手冊》一書中，曾經提到在討論時，好像有一個語言的交通規則，他稱之為「路權的語式」，其中的討論用語可以幫助我們與別人溝通（楊茂秀，民 81）。下面，是討論溝通時常見的幾種情況，帶導者或參與者可以運用一些討論用語，真正地表達自己的意見、想法，而又不會讓別人不舒服，影響討論溝通的效果。

- 當你不了解對方的意思時，可以直接地問：
  「對不起，我不太懂你的意思，可以請你再說一次嗎？」
  「你的意見很有意思，不過我還是有些不明白，可不可以請你再說一次？」
- 如果你想進一步推論對方的意思時，你可以先表達你的肯定，再做說明。
  「你的意見很有意思，我可不可以進一步這樣推論……」
- 當你不贊同對方的意見時，可以說出自己的擔心困擾：
  「我知道你的意思了，不過我覺得不太妥，我有下面的擔心……，」
  或者你也可以更直接地說：
  「我認為你的講法有點怪！」接著把你覺得怪的理由說出來。
- 當你贊同對方的意見，但又有一些意見想補充時：
  「我滿贊同你的看法，另外我覺得還可以……」
- 當對方給你很多不切實際、無法執行的建議時，你可以直接地邀請他給建議：
  「你的意見很有趣，可不可以再具體地說我們可以怎麼做？」
- 當你想尋求別人的意見時：
  「剛剛說的是我個人的看法，歡迎你們能多提供意見！」
- 當別人對你做無理的「評斷」或「要求」時，你可以要求他具體說明：

「謝謝你的建議，能不能請你再具體說明。」——有些人喜歡習慣性地評斷別人，當你要求他具體說明時他就會因說不出來，而不再任意地評斷。

• 當別人誤解你的意思時，你可以直接地表達：

「謝謝你的補充說明，不過，我想說的是……」

• 當別人給你很好的意見時，你也可以欣然地表達你的感謝：

「謝謝你的意見，下一次我會做調整……」

四、書寫文字的技巧運用

書寫文字可以是指成員自己做的筆記，也可以是指會場上由帶導者或一位記錄者就發言者所言，當場整理、歸納，書寫於大張書面紙上的記錄；在此所指的書寫文字為後者。在團體討論中運用書寫文字的技巧是楊茂秀老師帶入成長園的。楊老師對成長園的教師團體討論型式有很大的幫忙與影響，透過「書寫文字」不但可以澄清發言者真正的意思，還可以幫助團體凝聚焦點，共同思考。但書寫文字也有它的限制，由於書寫的速度比說話的速度慢，書寫者有時也會有遺漏重要訊息或產生誤導的現象。

記錄者在書寫文字時，往往會碰到發言者「表達不清楚」或「不知如何表達」的情況，帶導者可邀請發言者再說一次：「對不起，我沒聽懂你的意思，請你再說一次好嗎？」或者，帶導者也可以試著協助發言者澄清：「你的意思是不是說……」「對你剛剛說的，我可以這麼寫嗎……」透過這樣的過程，所有參與成員都能了解發言者意思了。

另外，書寫文字的練習，也可以是園方培訓老師的方法之一。透過書寫文字，可以增進老師的傾聽能力，也可以讓資深教師更加了解新老師的疑惑與經驗，無形中，這也是融合新舊老師的一種方法。

五、影響團體討論的其他因素

㈠討論議題的性質

團體討論是為了激發老師們多元思考，有時更是凝聚共識的方法。但並不是每一種議題都適合開放給團體討論。有些議題是有關學園的辦學理念（如角落教學的存廢）或行政上的決策（如：全日班的設計、全園的招生人數等），有其精神信仰或實務上的考慮，類似此議題就不適合開放全部老師討論，以免因草率的討論與決定而無法執行，讓成員有「議而不決」、「決而不行」或「假民主」的不滿（上述的議題並不是完全不能討論，只是參與討論的成員必須對此議題有深層的認識才能做深入討論）。

㈡參與成員的專業知能背景

團體討論時，針對議題及討論層次的深入性，有時可依討論成員的專業知能層次而做分組。如此可避免某些成員無法理解或某些資深教師對議題無法聚焦深入，而感到不耐的狀況產生。

㈢參與成員人數多寡

團體討論的人數以八～十二人為宜。討論人數過多，不只會影響每個人發言機會，更會讓討論的焦點不容易集中。討論人數過少時，則彼此激盪機會相對減少，可供辯證反思的機會，相對地也就變小了。

㈣討論時間的掌握與次數、頻率

討論時間過長或頻率「過高」，往往會讓成員們因體力、精神無法集中而感到不耐煩，這不僅會影響成員的參與意願，也會影

討論的品質。相對地若討論的時間過短，無法做深入的討論，一樣也達不到團體討論的效果。理想的團體討論時間（一般議題）大約在二到三小時左右。若因議題須做長時間的討論，則須安排其中的動靜流程，以免成員身心過度負荷。在成長園類似此大型的研討會一學期約一到二次，大致上安排在暑假或連續假期前，讓老師有重新調節身體的時間。一般教學團體討論會每週進行一次，時間長度約二小時左右。

肆、教師團體討論與幼教師個人專業成長

教師團體討論會帶動教師個人成長，教師個人成長則促使機構（幼兒園）成長。在教師團體討論分享中，老師們提到團體討論不僅能激發老師在幼教專業上理念性與實務性的學習，同時也能幫助個人在個性上的成長。對幼兒園而言，團體討論也是培訓新進老師、凝聚全園共識的方法……。現將老師們針對「教師團體討論對他們專業的成長」分享，整理摘要於下：

芹

十多年前個人從比較沒有幼教理念背景的幼兒園進到成長，透過成長的教師團體討論，給了我很大的幫助。在團體討論裡，可以接觸、吸取很多幼教理念。我們常常就現場實務事件進行討論，如：課程的設計、材料的準備、流程的討論、孩子的反應……，這樣的學習是兼具理念性與實務性的學習，培養了很多能力，如：傾聽能力、表達能力、與孩子和家長的溝通能力、幼兒行為處理能力，以及主持會議的能力……等。在團體討論裡，我們各自表達自己的想法，彼此做一些誤會澄清，也練習聽到別人的聲音，因為這樣，大

家就可以討論、運作出一個比較適合孩子跟我們的成長園。

芝

在剛進成長時，對於教學討論，個人是又怕又愛的。怕的是自己也必須在很多人面前表達自己的想法和看法；愛的是透過團體討論，我們可以澄清很多疑惑，更有全園一家的感受。團體討論幫助我：

- 澄清疑惑，更有力氣去執行

  在教學現場上有很多疑惑，常常會讓我不知如何是好，透過團體討論，可以幫助我澄清，而更有力氣去執行。

- 比較能聽到別人的意思，感受到別人的感受

  在團體討論或日常溝通裡，比較不會預設立場地猜測別人的想法。

- 在學習上可以「搭便車」

  可以從彼此經驗、觀念、互動的撞擊中，讓自己思考得更深更廣。

- 幫助自己更自在更成熟

  在團體討論時，為了溝通，不得不開放自己。有時在表達自己的觀念時，事實上是把自己的「不足」顯露出來，甚至在某些時候別人會碰到自己內心中最弱的部分。譬如：承認自己是「滿權威的」或「滿自大的」。這樣的過程其實是很扎心、很痛的，尤其是當自己又自認自己是滿開放的主管時。在團體討論裡因為開放而不得不接納、調整自己，接納自己後，似乎也讓自己更自在了。

- 凝聚共識，激發力量而讓全園是一家的感覺

仔

個人覺得大概有兩個層面是比較深刻的：

- 比較落實地去看理論「實踐」的部分

  因為我是一個很有組織性、重理論的人，我太相信我所相信的東西，可是當我做不到時，我很需要一些撞擊；透過團體討論，我可以聽到很多不同的聲音，幫助我重新去看自己、去看自己曾經相信的東西，這讓我比較能落實地去看，關懷理論「實踐」的部分。譬如：開放式教育到底對於我所生存的時空來說，就文化差異上（東西文化差異、台灣北中南部文化差異或工作者生活上、背景上的差異），在實施上是否有所不同？不同為何？

- 對我個性上的幫助

  我知道自己一直是個爭議性人物，我的語言備受爭議，在團體討論裡，我一直非常投入，通常不去管我的角色、立場，只要在專業上該怎麼做，我就覺得應當……。在頭幾年的會議裡，我常會看到我的語言所造成的震撼……可是當我的角色改變時，我是行政主管又是帶導者時，傷人的減少了，受傷的反而增加了。當別人碰到我最在意的東西時，我會感到消化不良……。

  對我來說，「立場的超脫」是我目前最該學習，也是最不容易做到的事。現在我正在學習，不管我是帶導者或是參與成員，當別人撞到我內在深層的東西時，我能夠用什麼樣的方式，不帶情緒；就算有情緒，至少在語言上不帶負向的東西，這樣就不會去破壞整個團體討論。在成長園的教師團體討論裡，我個人覺得自己經歷了三個非常明顯的階段。

  在剛開始時，我非常非常地喜歡團體討論，在其中我試著在理論和技巧之間找到一些關連性；但是在某個時間，我又非常痛恨團體討論，這可能與議題的選擇、帶導者帶領的風格與能力有關，我覺得當時團體討論沒有凝聚共識，反而造成分崩離析的感覺。

  現階段的我，團體討論對我在思想上有更深層的澄清。

蘭

　　我個人喜歡深入地思考問題，問題愈深入，我就愈能深入；但是在學園裡面，每週的會議時間常常只是行政的討論報告，無法就教學做深入的討論。感覺上對自己的助益很少，另外，在討論氣氛上，也是我滿重視的。在剛進園時，我不知道怎麼開口討論，不知道該不該問，我花了很長的一段時間去適應。在開始時，我比較是觀察者的角色，我觀察到有些人因為別人的言語而受傷。我會比較期盼大家是用溫和的方式來表達，這樣應該更能達到團體討論的效果。我覺得園裡面每個人的關係是很重要的，雖然有時常講要對事不對人，但是在過程中，我們已經在對人而不只是對事，這是我的感受。另外，團體討論的議題也很重要，有些行政的事務並不適合在團體討論時進行，因為團體討論最好是拿來做教學課程或個案的討論。

梅

　　在今天的團體討論中，我有幾個發現：

- 有新、有舊的成員的團體討論可能會有些不同的撞擊，新舊成員對團討或許也賦予不同的期望。

  如何讓新舊間銜接好，讓團體討論效果發揮更大，是個頗須考量斟酌之處。

- 有些議題不太適合用團討的方式來進行！

  成長教師團體討論對我的影響：

  在成長的團體討論中，對自己觀念價值觀的釐清、分析；對自己的潛意識的預設、成見，有更進一步的發覺！在團體討論中，自己有思辨的機會，有進一步了解、探究自己的空間！

自己彈性變得更大也更有機會檢視自己的東西！在團體討論的當下，更清楚地看到、意識到自己「說話」的動機或用意——是說服、了解、溝通，還是投射⋯⋯。然而也清楚看到自己的口語表達方式是否恰當，及團討情緒上來時，對自己與他人造成的影響！

　　我們雖面對的是幼兒教育，但往往釐清之後要面對的是我們的想法、看法、行為⋯⋯等！然而在團體討論中，這些東西常常會被慢慢地剖析出來，討論到最後常常要在眾人前面對自己的限制、習慣、觀念、心態，甚至是自己整個成長的背景、經驗等⋯⋯，這需要勇氣、也需要這個團體是個健康、成熟的團體⋯⋯開放自己，並且團體中的成員彼此不猜忌、不帶任何對自己或他人的預設、成見來討論，才容易有所收穫。

菊

　　在我進入團討的第一年，我非常在意的是團體的氣氛，由於在團體中的成員並不是十分熟悉了解，因此當團體的氣氛不夠和諧或不夠互相關照、不夠坦白時，我就會十分不能接受；但在兩年後，或許是想法已改變，或許是團體成員已變，倒是沒那麼在乎了！我在團體討論的過程中，經驗到的是教學經驗的分享、教學理念上的澄清。雖然有時，教學經驗的分享並不一定可以豐富我的教學經驗，但卻可以豐富我對教學的看法（例如，看到或聽到某些老師的教學方式很有意思，讓我覺得教學可以如此有趣，雖然不一定做得到那樣的教學效果，但是卻增廣了見聞）；而教學理念上的澄清，雖然理念上不見得完全澄清，但有時在團體討論中聽到別的老師的教學理念，可以刺激自己去思考自己對待孩子的方式或教學的內容。

　　在此次的分享討論中，可以看出因老師的年資、教學經歷、閱歷的不同，他們在教師團體討論中所關注的焦點、參與的角色與態度，及團討對他們的專業成長影響就會有所不同。一、二年教學經

驗的老師，他們比較關切教學現場的實務問題，如：課程的設計與執行、孩子行為的處理與家長的溝通能力……等。在參與團體討論時，一開始，他們也常常是觀察者的角色，面對口若懸河、態度篤定的資深老師們，新進老師或多或少都會感受到某種程度的壓力，他們常常會怕說錯話或不知如何表達。這是帶導者與所有參與成員必須共同「關心」、「同理」與「支持」的。而資深教師們所關注的焦點，則比較是在「理論與實務間的關係與運用」、「個人內在價值觀念的澄清與執行」……等問題上。透過團體討論可以幫助老師們援用理論的原則、原理去了解教學現場的疑惑與困擾，或者協助老師們將實務的經驗轉化成原則與原理。而在個人觀念價值的不斷自省、澄清過程中，老師們也會因為更清楚而執行起來更有力量。另外，在個人個性上，在團體討論時，因個人「有進一步了解、探究自己內在的機會」（梅），「也因為常常需要面對自己」（芝），「不得不學習立場的超脫」（竹），因而會讓自己彈性變得更大，更易於接納自己與別人。針對不同年資與經驗的老師，為了滿足不同階段的需求，園方也可視議題性質採用分組討論的方式或由資深的老師帶領新進老師討論。如此不僅能兼顧到各階段老師的專業成長需求，更能培養資深老師主持會議與帶導團體討論的能力。

結論

這是一個思考的時代，更是一個合作思考的時代。透過團體討論，教師們把自己的經驗、想法、疑惑……與別人分享，與別人相互激盪，或欣賞或批判，或質疑或肯定……。過程中，我們學習獨立思考，也學習與人共同思考、合作思考。在與老師們接觸的這幾年中，我們深深地感受到老師們有「求真」的動力──希望能追究問題的真象；老師們也有「求美」的願力──希望能將自己心中的

理想實現。團體討論是全園老師共同思考，激發集體智力——探究問題、實現共同願望的一種方式。

在成長兒童學園，十多年來我們雖然歷經了無數場各種不同的團體討論，但藉著此次幼改會徵文活動，我們才得以較完整地重新去整理並釐清這份多年團體討論的經驗與歷程，願以此報告與幼教同仁分享。

在此謝謝所有曾經在成長留下足跡的夥伴，並特別感謝倪鳴香老師的指導與協助，使本報告得以順利地進行與完成。

參考書目

角落教學的探討㈠（民83）：收於教師研討會記錄NO.6。台北：成長兒童學園。

成長兒童學園的教師團體討論（民86）：收於教師研討會記錄 NO.10。台北：成長兒童學園

楊茂秀（民81）：討論手冊。毛毛蟲兒童哲學基金會。

倪鳴香（民77）：來參加研討會。收於教師研討會記錄 NO.3。台北：成長兒童學園。

附錄㈠　成長兒童學園教師研討會記錄

一、觀賞三園教學錄影帶（柯秋桂整理）

　　剪接三園角落教學現況全程約三十分鐘，播放供大家觀賞，並於播放的過程中，由畫面中負責老師即興現場說明該角落當時活動的情形。觀賞期間，在場所有參與老師可將心中的疑問記錄下來，以備後面討論。

二、蒐集參與者想探討之問題

2-1　問題蒐集及分類

　　將現場參與者所提的問題條加以分類排列，現條列於下：

類別	問題內容
成長的角落特色	·成長實施角落的原始想法是……？ ·成長為什麼實施全園大角落的方式？ ·角落教學的源起？它在教育上的價值是什麼？ ·角落教學意在培養怎麼樣的孩子？
課程設計	·設計角落時，該提供哪些角落經驗給孩子？ ·各角落的精神、內容、大綱的設計？ ·如何做整體地規畫，並兼顧各年齡層的需求？ ·各角落功能的區分與融合的可能性？ ·各角落如何協調統合？ ·角落時間的運作多長最適合？ ·角落中的小組如何進行？如何避免指導性？ ·一個角落是不是可以吃掉所有的角落內容？角落該不該有架構的區隔？而各有其獨立的精神與目標？ ·孩子的需求興趣如何得知？個人需求與大多數孩子的需求在角落時如何取捨？

環境布置	・角落環境如何布置？考慮的原則是什麼？
	・角落布置的美感如何評估？哪些是不適合呈現在角落中的？
	・孩子的隨機遊戲改變你原先的環境設計，是該順從孩子的興趣？還是堅持角落原有的風貌？
	・如何減少角落與角落之間的死角？
教材的準備、運用	・角落的材料多少才算合適？如何檢視材料是否適合？
	・角落內容、材料如何延展、深入？
	・角落材料的提供如何才能豐富而非複雜？單純而非單調？
	・老師如何培養自己延展角落活動的能力？（針對孩子的突發興趣）
	・當角落的東西、孩子無法感興趣時（只玩過一、兩次），這時角落主人該如何處理？
角落規則的訂定運作	・角落常規的拿捏，即如何兼顧角落教學的精神及常規的執行？
	・角落人數需要限制嗎？
	・安靜是益智角必備的條件規則嗎？
	・角落位置安排時，如何訂規則介紹？
	・在角落只能玩已有的功能材料嗎？（益智角的玩具可以當扮家家酒的玩具玩嗎？）
	・角落中，面對具破壞性兼領導性孩子，該如何處理？
	・晚進來的幼兒，如何才不會干擾角落的運作？
	・孩子離開角落時，是否需要跟角落老師打招呼？
老師的角色	・角落時間老師的角色定位、比重分配？
	・角落裡的主人到底該扮演何種角色較為適合？又該如何扮演？
	・如何能讓孩子自主操作，達到開放的意義，並且能達到啟發創造力的目的？
	・角落中的老師如何避免班級小孩一直跟隨其後？這樣的情形是好？是壞？
	・角落時間談什麼是孩子自由活動的時間，老師的參與是否愈少愈好？有時老師的參與是否就是干擾？
	・孩子在自由活動中，老師做些什麼？
	・什麼叫做深入，深入是否一定需要老師介入？

如何使角落發揮協助幼兒學習與成長	・面對新舊生一起又是混齡的組合,在開學時如何協助孩子選擇角落? ・任何年齡的孩子都適合進入角落嗎? ・如何協助各班的孩子進入各角落? ・對於遊走的孩子需要介入引導嗎?如何引導? ・孩子選角落的興趣一直持續(固定)不變?是否需要鼓勵他去選擇其他角落? ・角落中孩子自由扮演,在各角落中走動,是否需要禁止?
角落時間	・角落時間的運作,多長的時間最適合? ・若角落的時間很短,該如何設計課程?
角落記錄	・角落記錄的記錄者是誰比較好? ・角落記錄的功能為何?重要性如何? ・記錄時間多長?記錄的方式為何?

2-2 問題歸納

　　主導者請現場有興趣的老師就所蒐集到的問題,進行初步的歸納,尋找彼此間的關係。當天共計有甲、乙、丙、丁四種不同形式的產生,分列於下:

甲、李貞儀

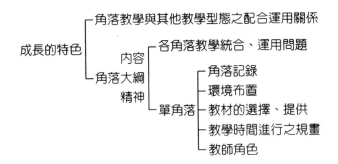

　　說明:成長的特色包括角落和其他教學型態,如:藝術活動、班級
　　　　　活動、兒童劇場等。今日談角落教學故與其他型態分開談,

然而它們彼此之間是有關連的。角落精神貫穿並運作在角落時段中，它是一個抽象的理念，而角落大綱則是整學期課程的規畫。老師在設計時，除了須思考自己負責的角落教學運作外，且須思考與其他角落教學綜合運用的問題。各角落的運作可從教材的選擇提供、教學時間進行之規畫、教師角色、環境布置中看出如何運作。另外，角落記錄則可協助老師更客觀地看到孩子的學習行為以及角落實際運作狀況，以作為老師教學修正的參考資料。

乙、黃素娟

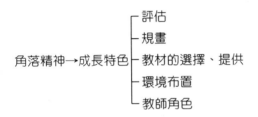

角落精神→成長特色
- 評估
- 規畫
- 教材的選擇、提供
- 環境布置
- 教師角色

說明：角落教學在運作上必有其基本原則與精神，成長的角落教學除了必須具備這些原則外，由於學園本身的環境、辦學理念的不同，勢必會運作出獨特的角落教學特色。而此教學特色則透過教師角色、環境布置、教材的選擇提供、規畫及評估等五個向度規畫呈現。

丙、林碧玲

說明：角落並不一定要在成長進行，它應該可以抽離出一點觀點。我們為什麼要進行角落？成長也並不是只有角落教學，因此，它不應該是哪個在哪個下面，而是有一些交集。所以我用這圖形來表現。

丁、莊學琴

說明：成長最大的特色是「混齡」，角落教學則是成長教學特色中
的一個，所以它們的交集是混齡。

三、研討前奏

3-1　角落是什麼？它的緣起是什麼？

主導者：你認為「角落」是什麼？

參與者反應：

　千芳：所謂的「Free Choice」，就是孩子自己發現想要選擇、學習的
　　　　東西，它是一種自發性的學習活動，而不是別人硬要求他學習
　　　　的。

　錦香：角落學習就是老師將環境準備好，讓孩子在裡面自由的活動。

　梅嵐：角落學習、開放式學習的觀念，是我從《夏山學校》這本書才
　　　　開始接觸到的。後來在佳美幼稚園實習，感覺我所謂的「角
　　　　落」就是將生活中的東西，經由老師的規畫，分為一區一區，
　　　　讓孩子在裡面自由的活動。但是成長的角落又與佳美、信誼的
　　　　實驗教室不同。

　靜芳：角落就是相信人有主動學習的本能，而把學習的權力還給孩子。

　瑞吟：我覺得角落教學與蒙特梭利教學的精神是一樣的，只在執行的
　　　　方式不同。

3-2　主導者引言依其學習經歷簡述「角落」的緣起

　　為什麼小孩要到幼兒園？為什麼孩子要離開家裡？……首先我所要
強調的是：現今的種種往往是其來有自，來自歷史演變的結果。十八世
紀的工業革命帶給當時社會很大的衝擊，使得整個社會秩序產生了變遷。
這個變遷不只是要影響那個年代，它也間接的推展至今。不過，我們也

同時要認識到，其實人類的生活空間仍然不斷地在變遷中。

　　從那時開始，人放下田裡的工作，到工廠裡去上班，連媽媽、孩子也不例外，那小孩子的照顧工作由誰代理？於是有了社會機構——幼稚園、嬰兒學校的誕生。慢慢地，隨著時代的變遷，有人開始提起「教」導的觀念，強調教導幼兒脫離懵懂的重要。於是，我們可以開始隱約看見以「社會福利」及以「教育」出發的兩條脈絡，在幼兒生活社會領域中推演著，教育乎！保育乎！所以如果我們從幼兒教育源頭來看，發現一直有兩個系統，一個是從教育的角度來看幼兒教育，一個是社會系統，從托管保育的角度來看幼兒教育。所以台灣（應該說中國）自有學校創立，有幼兒園創立之初，即有這兩條軌跡出現。

　　開放式教育的源頭，由書中可以閱讀到和第二次世界大戰的發生有關，很多學校被炮火摧毀，孩子們跟著老師流浪，沒有課本，沒有教室……。但這些孩子依然虛心接受老師們的管教。戰事結束後，回到教室，這個變遷帶來教室內教學內容的改革。但我常想，我們如果由此往回想，在以前沒有學校的時代裡，孩子是怎麼成長的？是不是有了學校之後，真的使孩子受到更好的「教育」？如今我們有豐富的幼兒教育理念，強調孩子遊戲的重要，我們有許多為孩子而設的學校。我們期待有什麼是不同於「以前」，或更優於「從前」？想想現在的小孩，生活在都市叢林中，他們所處的空間改變了，而這個大環境的改變，我們似乎是無法控制與抗拒的。所以「學校的功能」也就需要因應這個大環境的改變，更積極地提供那屬於孩子生活原點一個「遊戲型態」的學習環境。

　　當我們談到幼兒教育的源頭時，通常會提到的是福祿貝爾。福祿貝爾當年為什麼會用「花園」來比喻幼兒活動的地方？在他的年代及所處的環境正是工業革命的時代，大家去工作後，忽略了小孩照管、教育的問題。因此，他倡導由教會出面（他父親是牧師），每個星期有兩天，讓孩子聚在一起遊戲，福氏自然也就會考量到適合孩子遊戲的環境及內容。就我這次拜訪福氏的家鄉所聞所見，福氏所住的環境四周環境自然優美，讓我連想到孩子來「kindergarten」的時間，並不能代表或取代孩子全部的生活。換句話說，學校的生活實質上是扮演補充（家庭生活內涵不足）的角色。而現在的幼兒園卻似乎已有取代家庭角色的徵兆。還

記得福氏說：讓孩子按照自己喜歡的去做。我認為他如此地強調，並不只是因為看到孩子被壓迫，相信他同時也看到了孩子自由遊戲的重要。在福氏之後，我們可以讀到蒙特梭利非常強調「規律」，這個「規律」是來自她長期對孩子的觀察。當她認識、了解孩子的特質後，再進一步具體地規畫一個適合幼兒生活學習的學校。以她學醫的科學背景加上為貧民的工作經驗裡，她深覺導致孩子的行為及問題並非孩子本身，環境條件的缺乏才是需要去努力改善的。之後，蒙特梭利致力於幼兒環境的規畫及教材內容的充實。而在同一個時代，我們又可以讀到另外在歐洲大陸出現的教育模式——Woldorf Schule，由 Ruldolf Steiner 所創，他是一位哲學家，也是位藝術家。在這體系下，也有完整可見從幼兒園到高中的學校機構，這系統教育理念的焦點，我所體認到可以說是「人」。透過對「人」的哲學之探討，而來建構其培育系統——「學校」。而後，在二次世界大戰之後，在英國興起開放式教育。不記得哪年了！蘇聯搶先美國發射第一個人造衛星上太空，受了此刺激，引起美國對其「教育」系統的全面反省，因而動手研究、引進各國之教育系統。開放式教育也就因此進入美洲，傳入亞洲。開放式教育如何到台灣？在印象中，從閱讀的資料似乎提到約在民國四十八到四十九年時，有一位外籍太太帶來台灣的。並且在新師專附幼進行實驗教學推廣。但此教學模式在當時並不普及，也並無其他的文獻記錄。後來，據我所知幼幼幼稚園——郭多女士曾推動過。佳美幼稚園黃寶貴園長到日本參觀，發現兒那幼兒園開放的教學方法，孩子相當的快樂，同時又有學習。回國後得知新竹師範附幼有所推動，於是鼓足勇氣在自己的園內也開始進行改革。而後，留美學生陸續從國外回來，他們將國外的教學理念帶回國內，豐富了國內的發現教學、啟發教學的觀念。回國學人中，張敦華女士（民國六十八年左右）在其中也扮演了推動的重要角色。她曾召集了當時師院、大學的教授及幼教同仁，舉辦了許多研討會。並在家計中心附設實驗教室，積極推廣所謂開放式教育的方法。讓孩子有更為主動學習的機會，之後政府推動啟發式教學、創造性教學等，都鼓勵改善孩子在幼兒園裡學習的方式，由被動轉為主動。

　　成長兒童學園是在台灣幼兒教育改革推動聲浪中，一所由十位關懷

社會教育文化人士聚資創辦的幼兒園。其緣起於一位待產媽媽關懷社會、關心自己孩子學習而具體付諸行動的結果。

（內容省略，日後參考成長源起的記錄）

（我們在學前教育領域中漫遊，好像在試圖完成一張個人想去認同的幼兒教育「拼圖」，這段引言僅淺淺地說了一下這個可能性。）

四、研討

主導者請參與者從蒐集的問題中，選擇出今天研討的重點，採投票表決，決定這次研討重點在「角落教學中的教師角色」。

4-1 小組討論——採主導者參與討論的方式進行

主導者請 2-1 中提出相關問題之老師，圍坐一起進行小組討論，其他老師則旁聽。以下是當時討論過程的摘錄。

- 角落時間老師的角色定位、比重分配？
- 角落活動中，老師可不可以介入？什麼時機介入比較合適？
- 角落時間就是孩子自由活動的時間，老師的參與是否愈少愈好？
- 孩子在自由活動中，老師做些什麼？
- 所謂的「深入」是什麼？它是否意味著老師一定要介入？老師的介入是否會影響孩子自發性的學習？

蘭：角落時間老師的角色定位有哪些？比重上的分配？

主導者：你個人覺得呢？

蘭：在角落時間內，老師的角色有指導帶領者、參與者、輔導協助者、觀察記錄者及材料的提供者……。

芳：角落時間就是孩子自由活動的時間，老師的參與是否愈少愈好？有時老師的參與是否就是干擾？

我個人覺得在角落時間老師不去主導，孩子也能玩得很高興。在這段時間不主動加入孩子的活動，而在一旁觀察，協助孩子主動提出問題，並與孩子做一些肢體上的接觸，這也滿好的。

主導者：你會不會有這個困擾，就是你在照顧一些孩子的同時而忽略了

其他孩子？

芳：沒有，不過我倒是覺得有些老師常會在帶活動當中人過投入活動本身，而忽略了顧及全局，我覺得這種狀況是滿危險的。

主導者：你如何設計角落的活動？

芳：我現在帶活動的狀況是聽孩子的需求，而他的需求可能是來自於你先前帶過的一些活動。如有的孩子來角落要求跳 Disco 舞，這可能是他曾經在角落跳過 Disco 舞，也可能是他們自發性的需求。但這也可以說是環境的安排——因為我在角落擺了 Disco 音樂。而當我說：「我們來跳 Disco？」這樣算指導嗎？其實它已經有一些指導的成分在裡頭。

主導者：當我們提到「孩子的需求」時，我有兩個想法想提醒老師能進一步深入思考：(1)一個孩子的需求是否代表所有孩子的需求？(2)老師的需求，還是孩子的需求，你到底是用什麼方法來決定所謂孩子的需要。

玲：在角落時間裡，老師可能可以看，他是滿足大部分孩子的需求或是選擇個別協助。如果某個孩子做的事情，並不會干擾他人，他本身又很有興趣的話，我覺得老師陪他多一點應該沒有關係，而其他人也可以自我操作，我覺得很好。

主導者：我認為談孩子的需要時，「是否會妨礙他人」是考慮因素之一，但也要考慮「材料的選擇」問題。談到這，我滿想探討老師如何為幼兒選擇材料？譬如說：在美勞角我可以只擺蠟筆和水彩，而不擺紙、剪刀……。在同樣的空間裡我可以只擺兩樣，也可以選擇十樣，可是，我為何選擇這個？而不選擇另一種？例如在音樂舞蹈角裡，你用什麼樣的思考歷程來決定這些材料？

芳：在這個角裡，我希望孩子能接觸到各種音樂，所以在設計上我會安排有中國的、有外國的、有古典的、有現代的，而流行的也是它的部分。第二點，我也滿希望小孩能體會到「聞樂起舞」的樂趣。對我來說 Disco 只是一種泛稱代表，主要是在聽到音樂時你能否跟著舞動，不只是快節奏的你能跟著舞動，對

於節奏較慢的你也可以有些非常柔美的舞動。所以在這個角落的設計重點是，孩子能否欣賞音樂？且他跟音樂是合在一起的，因此，我不是很重視樂器的使用，只要他在操作時不把樂器弄壞就可以了。還有，我希望它是一個明亮、充滿音樂、快樂的角落。主要的設計重點還是在於孩子能否欣賞音樂。

主導者：在過去的經驗裡，我只有音樂經驗，而沒有舞蹈經驗，我能否知道音樂、舞蹈的共鳴點在那兒？為何在你們園裡會設計了這樣一個將音樂舞蹈結合在一起的角落？

蘭：那個空間給人的感覺適合做這樣的角落。

主導者：以你一個園長的立場，你期待它會是怎麼一個樣子？

蘭：我覺得中國人的文化裡，讓我們不太習慣會運用我們的身體，我覺得這和娃娃家的功能是不太一樣的，因此，我覺得如果能有機會讓孩子學習運用身體且跟音樂結合的話，我想是一個滿好的嘗試。

主導者：但它應是有條件的，即它必須是一個獨立的空間，因為它的干擾性滿大的。

芳：對我來說還有一點，因為我們園裡環境是沒有院子的，而這個角落正好提供了一個孩子較能奔跑、在體力上較能發洩的空間；而你剛所提的干擾，我覺得這就是分教室角落的好處，若是像關渡園那樣的一個大空間就無法這樣做，但因為我們是一個角落就擁有一個獨立空間，所以能允許這樣做。

主導者：那為何不選體能，而選音樂舞蹈？在你的經驗裡，哪一個對孩子的成長歷程較為重要？

蘭：我覺得它的地板並不適合擺設體能設備，另一點是它的鏡子讓我聯想到當孩子在那兒做一些肢體活動時應該會是很好的。

芳：在我的感覺裡，體能是現代人所想出來的名詞，即本來我們所有的體能活動都應該是在一個自然的韻律中去進行的；而內湖園有一很大的優點，它的腹地很廣，因為旁邊就是公園，故很多體能的需求就可以在公園中得到一些滿足，而且體能的東西擺在室內本身可能不是很恰當。我覺得體能是一個非常基本的

東西，就像美勞角裡，小肌肉的訓練也是一種體能，它應該是每一種活動裡都有，在娃娃家、積木角裡都含有體能，而舞蹈也是一種體能。

主導者：這個想法非常危險，危險點在於其實一個角落可以吃進所有的教學，在角落裡我可以擺小組教學、擺班級教學……。Ａ可以吃掉所有的東西，也就是說戲劇可以擺語文、音樂、美勞……，也可以吃掉所有的教學，這個說法危險的地方在這兒。

芳：但我覺得這是一個非常重要的觀念，因爲角落教學其實就像我們吃菜一樣，我們每個人都需要蛋白質，但你不一定要從魚那邊吃到，或許今天你提供的是魚、豬、雞三種，而我告訴你這就是角落，你可以選擇這三種，或許他選擇了魚而失掉豬、雞（倪：可是重要的他都有了），但事實上，這三種養分上可能還是有所差異。而角落教學就我的想法裡，今天若我們有五個角落，而他只選擇了三種，但就學習上來說他應該還是沒有偏廢。這應該是角落教學裡非常重要的一個觀念。

主導者：這也就是角落安排上非常重要的「整體設計」觀，而非單一角落，例如：仁愛園和內湖園、關渡園的條件是不一樣的，爲何這個園設這個角落，而那個園設那些角落，而它的原點在哪兒？

芳：可能我剛要說的並沒有說完，即在一個園裡，像我們剛說的音樂欣賞的部分，其實它不只在音樂舞蹈角裡，我們幾乎每一個空間都有一個音樂在播放。因此，今天如果一個小孩從期初到期末都沒有到過音樂舞蹈角；這有沒有關係？事實上該有的養分他都得到了。

主導者：這個養分是什麼？

芳：這個養分就是我們認爲幼教裡一些基本的東西。我剛才的點是，你認爲很危險的想法其實是非常重要的。因爲很多老師帶的是語文角或者是所謂的「益智角」，那我就安排一些所謂的益智遊戲，而如果其他的東西都沒有的話，這樣角落就是一個非常可怕的角落，事實上，角落的提供，我覺得材料都還是其次，

材料只是一媒介。

主導者：你這樣的說法在我內在反射出來的是，在這樣的觀念裡，我的腦子裡會浮現一個畫面，事實上一個園只需要一個角落就可以了。

芳：對！我是這麼認為的。

主導者：這是觀念的區隔，但當我們人類在料理事情時，他會用一個架構來分類，事實上，我們可以說全園只要一個角落就可以了，但是在這個角落裡要放上哪些東西……於是分化、分類的觀念再度出現，需要書、需要紙張、彩筆、音樂……，所以這許多角才會再度出現。另外，在材料的擺放上，在我們過去的經驗裡，我們一定會面臨到，事實上，在美勞角裡，我們也必須放一些書，什麼書呢？有關勞作方面的書，如果小孩需要做這些東西，他也需要這些參考資料，因為學習的刺激引導不一定來自老師，可以來自書籍。又如：在益智角裡，孩子自己可能想做個棋盤，那他可不可以？難道又要他跑到美勞角去？像這樣的一個現象勢必出現在以全園整體設計角落活動空間的運用上，其實是非常微妙、而且非常好的東西。

梅：在角落活動中，老師可不可以介入？什麼時機介入比較合適？我和蕙芳的想法不太一樣，我認為老師有時是必須要介入的，而介入的角色也許是一個輔導者、指導者，也許是帶領孩子發現事物者。譬如說：在積木角搭建積木時，當孩子對馬路、車輛……不太清楚時。如果我想讓孩子更深入地搭建，我就會想帶孩子去戶外看馬路的情景。

怡：但是，如果在角落裡有其他孩子對搭建馬路沒有興趣怎麼辦？另外，如果有些孩子在前一天並沒有在積木角活動，今天也要出戶外嗎？或者，老師不在角落，其他孩子想選積木角時怎麼辦？

玲：如果想深入學習，我覺得除了戶外參觀外，還有其他方法可行。如：圖片、幻燈片、討論……等，均可。

梅：我的問題並不是在方法上的問題，我想提的是「介入」的問題，

以及「介入的程度問題」。

主導者：我想這可以涉及到角落班級活動、小組活動的關係上。在班級的小組活動時間，老師的角色是指導孩子學習。而這跟角落時老師的角色有什麼不同？

香：班級活動、小組活動、角落活動有什麼不同？基本上他們各扮演什麼功能？而它們彼此間的關係又是什麼？在我們園內，各角落負責老師與班級老師不同，孩子在角落活動時的反應，班級老師又如何得知？

主導者：角落的型態有兩種，一種是一個空間涵蓋很多角落，就像關渡園一樣，班級老師自己運作，不需要與別人協調。而另一種就是現在仁愛園的形式，以前成長園兩個園也都是採用這種方式「一個空間一個角落」。由於採用這種角落學習型態，因此，老師們就需要將班級教學、角落教學同時一併考慮運作。例如：老師需要想出一些方法來協助孩子進入角落。老師必須協助孩子認識全園的環境。各角落的老師以及各班的小朋友，並培養孩子選擇判斷的能力，如此孩子才能真正享受到自由學習的樂趣。班級教學與小組活動必須角落教學彼此配合延伸，如此，才不會形成老師設計不相干課程內容，導致準備材料的雙重負擔，然而重要的還是要讓孩子的學習經驗自然串連起來。

香：孩子在自由活動中，老師做些什麼？

主導者：我比較關心的是，孩子未來之前你在做什麼？

香：我在設計課程、準備環境、準備材料。我認為所謂自由學習，還是有基本知識、基本技巧及規則紀律等方面的學習。

主導者：我滿想知道園內自由角落學習，也就是受過幼教專業訓練所設計出的學習環境，與外面街頭巷尾自發性學習有什麼不同？

芳：我覺得應該是一樣的，至少在某部分應該是需要做到的。像我們小時候跟鄰居小孩一起玩時，都是大大小小孩子一起玩，也就是混齡的型式，由大小孩帶領一些小小孩玩。小的孩子跟在後面學，久了，自然他們也就會了。你說他們有沒有老師？事實上是「有」，因為他們老師就是那幾個大小孩。我覺得我們

的角落在這一方面，應該也具有這樣的互動功能。所不同的是我們是在室內設計環境，並訂定了規則，如此而已。因此，我覺得在角落時，老師的東西應該愈少愈好。

香：如果有一個孩子看到某個遊戲，他沒有辦法參與，一直在外圍游離，你說怎麼辦？是讓他一直在外面看，看到有一天他終於會了，再進入？

芳：我想我會盡量尊重他自己決定，不過，有時我也會稍微推他一把。這要看當時的狀況。

香：你覺得在這裡，老師不需要做「引線」的工作嗎？

芳：我想我不會，因為我自己也不喜歡別人這樣對我。老師的介入，對孩子而言，有時就是一種壓力，老師何不再等一下呢？

芝：但是我也看到一種現象，就是當孩子在外圍游離無法加入團體時，對他而言，也是一種壓力。或許他正期待別人幫他一下。

玲：關於老師不要「教小孩」這個問題，我覺得是不要「教」。因為孩子自己自然學得會。

主導者：是嗎？我們來看看所有老師的想法。認為老師該教孩子的請舉手！不該教的！中立的？

（核對人數，發現大部分都贊成老師需要教小孩，約二十人左右。）

主導者請老師分成兩組，一組是認為老師一定要教小孩，並在活動之前，就先示範給孩子看。另一組是認為老師可以教孩子，可以不教孩子。分組後，主導者拿出一塊地毯，請現場老師分別出來，用動作說明，在教學現場，老師如何引導孩子。結果發現：事實上，兩組老師都示範了所謂的動作，只是彼此對「教」的定義、「教」的方法及要求尺度不同而已。

主導者：我認為有些事情是大人需要把他的經驗教給小孩。如：工具的使用……介紹如何正確地使用工具，既方便、省力又能維護工具的功能。

玲：我覺得老師必須去思考拿捏一介入與不介入之間如何取得平衡。

在不違背角落精神，達成人與人、人與物及孩子與孩子彼此之間的尊重，而讓彼此互動出最美好的經驗。另外，我還想問的一個問題是「深入」是什麼？是否就意味著老師一定要介入？老師的介入是不是會影響孩子自發性的學習能力？

主導者：所謂的「深入」指的是幼兒學習的深度及享受學習的深度。在角落教學中，孩子是主體，所以深入指的是孩子的深入，但孩子會因老師的深入而深入。在角落中，老師的深入指的是材料的選擇、環境的布置，以及介入的行為……等，而這三者往往會因老師對孩子知的經驗、學習的了解而有所不同。老師又如何能對孩子知的學習有更深入的了解，此往往是透過與孩子互動過程中觀察、親身經歷、閱讀相關書籍，及到外面參加研習活動學習……等，而逐漸豐富。

4-2 共同整理討論內容

——主導者將小組討論內容加以整理

在角落教學運作空間裡有三個要素——孩子、教師、材料。它們相互形成互動的關係。

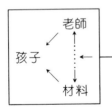

老師選擇材料，思考如何將材料布置在環境裡，提供給孩子。

老師需要認真地思考：「我需要做什麼？」

「我能做什麼？」

「我可以做什麼？」

——在角落活動的時間裡，雖然是以孩子為主體，但老師也扮演著重要的角色——材料的選擇與環境布置。因此，老師也逃避不了同時扮演著另一主體的角色。另外，從學習的觀點來看，人的學習有些是由內在自發嘗試而得，有些是經由模仿學習而來。因此，老師既然在教學的空間裡，她就無法逃脫充當輔導者與指導者的角色。我想，在這段自由學習活動時間，是否可以與吳靜吉老師在簡介上所說的

「遊戲是快樂的學習，學習是求知的遊戲」相呼應，在此只提出來讓人家思考，我們不做深入的討論。

——角落教學活動中，教師的各種角色比重會因時間不同而有不同：

學期初——指導者的角色份量比較重。

（指導學習規則，示範工具材料使用……）

學期中——輔導者，指導者參與者的角色是交替出現，指導與否則由教師觀察、評估。例如：工具的使用則必須指導，而材料的使用則該開放空間，讓孩子自由去創作，但是也有一些宜指導的基本技巧。

學期末——老師的角色比較著重在參與者及指導者兩個角色。

——角落活動中的觀察記錄

觀察記錄是為了了解孩子與材料、孩子與孩子、孩子與空間的互動關係，以作為修正環境、提供材料的指標與參考。角落的記錄有教學現場記錄、回憶式記錄等。老師想做觀察記錄之前，必須先思考記錄的目的，並同時考量是否妨礙老師在其他角色的運作、自己能力、時間的負荷量。

——角落教學活動中的「小組」活動

當園內的教師人數不足夠時，或想進行家長參與時，我們希望教學能深入或遊戲能豐富時，在角落時間內仍可進行小組形式的指導性活動。在自由學習時，如果孩子可以自己操作材料，就不須外力介入；但如果孩子無法自己操作時，協助自然產生。另外使用外力的資源（如家長、實習生），必須先思考到底請他們來幫什麼？什麼是他們可以做的？但要注意此種形式並不是為了取代班級中的小組教學。因此我並不認為它是所謂的角落小組教學，而只是在角落自由活動時間進行協助或豐富內容所做的補充性活動，可有可無。

——角落教學活動中的混齡特性

混齡是一種很好的互動學習模式，它讓大小孩學習教小小孩，小小孩則跟著大小孩學習。不過在實際運作上，實行這種教學也會碰到一些技術上的問題。譬如老師必須同時了解不同年齡層孩子的需求。並提供適合的材料與指導方法。一位新進老師，如果在教學的第一

年馬上面對混齡教學型態，她必須花很多的心力細細地去琢磨——不同年齡層孩子各方面發展的狀況，並提供適合的教材給各年齡層孩子能循序漸進地學習。這對新進老師而言是很大的挑戰。

角落的理想目標是漸進地讓孩子都能主動、自動的學習，而教師介入的角色能愈來愈淡，甚至退離教學的現場。但這只是理想的目標，它是永遠不可能達成的（孩子是不斷成長的，成長的內容是不會停止的），然而，我們可以朝著這個理想努力。如果我們老師不能學習累積我們的經驗，豐富我們的知識與技巧，那我們所提倡的角落自由學習活動，在發展上永遠只能停留在某一個層面上，而無法精進。

附錄㈡　教師團體討論相關問題蒐集

- 團體討論前的預備爲何
- 團體討論時是否一定需要大張書面紙
- 理想的團體討論成員人數是多少
- 進行討論時是否需要主題
- 何種議題適合團體討論
- 帶導者應具備的能力及應注意的事項
- 團體討論中，帶導者的角色
- 帶導者是否可以有預設的目標？預設目標對團體討論的影響
- 團體討論是否一定需要帶導者
- 書寫文字對團體討論的影響
- 個人角色對團體討論的影響
- 團體討論中成員有情緒時如何處理
- 團體討論成員彼此關係對團體討論的影響
- 團體討論成員如何看待其他人的想法、態度、立場
- 團體討論歷程中成員是否有學習？若有，爲何
- 成員若想發言，帶導者未給與發言機會，或其他成員予以中斷或阻斷，內在反應爲何
- 成員之參與意願對團體討論的影響
- 成員在何時、何種情況說話
- 團體討論一定要有結論嗎
- 團體討論記錄如何處理
- 幼兒園中團體討論的頻率次數何者適中
- 新老師如何進入團體討論
- 團體討論時如何有效地控制時間
- 如何蘊釀一個安全的討論氣氛
- 幼兒園的團體討論與輔導團體的團體討論是否相同？有何不同

深耕幼教二十年

高雄市中山國小附設幼稚園教師
林美華

前言

「我的犁頭從地面上輕爬過，並沒有深入徹底去耕犁，只是輕輕地把地面扒搔一陣而已。在這種扒搔一陣的地面上種下去的玉米，確實會長出來的，不過，它的嫩根不會鑽進下面硬的土地裡去，不久她就會衰殘死去，或者發育不佳；因為，淺耕可以說就等於歉收，而一切的成功唯有深入的耕犁。對任何事業，深入的耕耘，是成功的祕訣。」

Charles Rhyne《讀者文摘》

註：關於〈淺耕等於歉收〉一文，是一位長輩送給我文章，當時他對於一個初踏入社會的年輕人語重心長的勉勵，真的成為我一生最受用的教訓。但是這篇短文送給我的時候只是一張影印的文稿，以致無法查得其出處頁數，特此說明。

這是我獲得第一個工作時，一位長輩所給我最好的忠告：

「淺耕等於歉收。」（註）

它深深影響我的一生。當我擁有幼稚園的第一份工作，這忠告使我在幼教這畝田裡深耕了二十年，並且得到心靈豐盛的收穫！

幼兒教師在實踐的路上辛苦坎坷的一路走來，穿越傳統的教學時代到開放教育的領域，經歷皮亞傑學說、蒙特梭利的理論到維高斯基的鷹架；從吟誦唐詩到雙語教學，也從三千三百元的月薪到五萬元的月薪。幼教老師始終是最認真學習的一群，卻也是在實踐的路上身心承受最多考驗的一群。多少人在這職場上無法持續地走下去；多少人一步一腳印堅持往前行。其中實踐的心得或個人歷史的記載沒有絕對的是非對錯；為了窗外一片理想的藍天往前看向前行，堅持地走了幼教路二十年。

二十年，在一個人的一生歲月占據了三分之一，或長壽一點是四分之一；漫長的幼教路中我經歷了各種角色，也曾經雄心壯志地夢想改造世界。但二十年之後，卻發現世界回應了自己的改變而海闊天空。藉著自我改變，讓自己成為孩子學習歷程中一個小小的媒介，讓孩子透過我而望見美好的世界；讓夢想的綺麗穿牆而過，迎向開闊的未來，才是自己最大的快樂和安慰。也許我的筆鈍拙，也許我的舌生澀；但是，我盼望在分享的路上真的能產生快樂，分擔的擔子也能格外輕省。

壹、二十年幼教路的回顧與前瞻

高中畢業之後傳承母親的喜好，我投入幼教工作，逐步地展開由興趣進而追求專業的歷程。二十年的幼教工作，經歷漫長的幼教生態變化，也成就一段實現自我、充滿淚水歡笑的生活史。

一、從助理教師開始幼兒教師的生涯

投身幼教職場對我而言是一個宿願，高中畢業未能順利考上理想的大學，轉而進入幼教工作。當時幼教老師待遇非常微薄，但是我毅然接受當時一所頗具名氣的私立幼稚園每月三千三百元薪資的工作聘書，每週工作七天（包含星期日教會工作）的約定，為的只是在這個規模大的立案幼稚園圓自己的教師夢、讀書夢。這個學校工作壓力很大，競爭很激烈，老師各個本領強，家長素質也很高；做的是傳統排排坐的教學。當時的我年輕，不怕辛苦只想學習，在私立學校只要肯努力，誰都可以出人頭地。二十年前幼教工作正是一個蓄勢待發的階段，開放教育的種子在當時正逐步灑向幼教界。當時的我看見，若不跟著時代的腳步積極地進修以充實專業知能，將會被迎向前的時代潮流所淹沒；在職場上若不能戰戰兢兢地努力耕耘與學習，也終會被未來的幼教趨勢所淘汰。所以這階段的我開始專注進修並積極參觀學習，不厭其煩地操練及裝備自己，企圖建立良好的教師形象，以改變當時社會上一般人對幼教老師只是「騙囝仔」的刻板印象。

> 我很清楚地告訴自己，要先看重自己、改變自己，使自己的行動合乎幼兒需要，使自己的能力合乎工作的需要。不論工作多辛苦，清晨到深夜都要努力把工作做好，進修時把書讀好；工作之餘學習各項美勞、音樂律動、鋼琴、戲劇等才藝，寒暑假裡專心在幼稚師資科進修讀書。只要有工作就主動搶著做以磨練自己的能力，就算有懼高症也不怕爬上高架梯子，提著油漆上高牆去彩繪。

二、新人渭提拔，責任更重大，壓力更沈重

　　經過四年的教師工作後，受到幼稚園負責人的重視開始擔任園內行政工作，負責園務規畫、親職活動協調及人事工作，統籌擬定教學計畫、教師進修、教具製作、環境布置設計工作，甚至於教會的幼兒宗教教育事工，都是當時年輕的我肩上扛的重擔與挑戰。如今回想起來，我慶幸自己一路用功，職場上用心地向資深老師和前輩請益；所以雖然責任沈重，雖然年輕經驗不足，卻不教人看輕。對年輕的我而言，幼稚園是我的家，用真誠、年輕、愛家的心情去經營永遠不會錯。當時最感謝的是負責監督幼稚園園務的牧師夫婦，他們成為年輕的我工作上、精神上、信仰上最好的老師，使我靠著信心勇敢地往前走。

　　要提升幼稚園的品質，首當提升幼兒教師的專業知能。所以，我覺得只有帶動全園教師提升教師的形象，才能獲得團體的支持與共識。由於進修時，教授提供許多開放教育的新時代潮流思想，也在幼教界看見許多知名的學校均已實施角落教學而獲得好成效，因此為了實際了解開放教育，整合幼二專學習到的幼教觀念，我經常帶領老師參加各種研習。參觀口碑好的幼稚園，和老師們一起討論參觀心得，撰寫參觀報告，研究如何實施角落教學布置環境，一同動手製作教具，讓老師和我之間的教學理念更接近，成為共同努力的同伴。

　　當我在行政工作崗位上時，我盡力成為一個好的溝通者，我必須了解幼兒教師的需求，支持老師的行動，使得園裡的幼兒成為真正的受惠者。從多年行政工作者客觀的角度體會到，要成為一位理想的幼兒教師，應具備不斷學習成長、實現自我的願景，具備耐心溝通、努力經營班級與教學的特質。這也長遠地

影響到日後，當我轉任回歸幼兒教師崗位時的工作態度與教學行動。

三、回歸幼兒教師崗位的體驗

我喜歡回歸幼兒教師的工作崗位，我相信將會以我做得很好為喜樂。當我在做行政工作時，我仍身為全園的老師和幼兒說故事、演故事、參與老師的教學知能進修。我不曾輕忽與幼兒共舞的時光，與幼兒有密切的互動，讓我回歸職場時不會感覺到陌生與惶恐。我肯定自己會努力成為一位認真的老師，也不放棄任何成為心目中理想老師的機會。

在私立幼稚園服務十四年之後，我離開行政工作，民國八十年甄試成為公幼的教師。在嶄新的工作環境與工作性質中和新的工作夥伴攜手開創一間從無到有的幼稚班，經營一所簡單的、精緻的幼兒園地。共事的四年時光，我們成為工作時的好夥伴、生活中的好朋友；良好的溝通、相互的支持成為我們共同的喜樂與驕傲。

和工作夥伴攜手合作的四年中，我們積極經營班級教學，共同設定目標，將幼兒教師的工作當成一生的事業去努力經營，不讓自己浸淫在安逸的環境中而忘卻成長。我們積極地在幾個目標上努力：
1. 建立幼稚園行政工作的制度化和效率化，行政檔案管理逐步以電腦化建檔，雖然班級編制簡單，仍將行政工作建立了良好的規章制度。
2. 以開放的大學習區模式經營班級，後因學習新知而實驗性推動方案教學，突破教師主導課程，建立以幼兒為中心的學習課程。另

外，學習幼兒行為觀察記錄方法，掌握幼兒學習興趣，提供幼兒新的學習經驗的環境與引導策略。

3. 開發家長資源推動親職教育，建立親師合作、輔助資源教學的力量，讓老師、家長和幼兒互相支持、同步成長。

4. 創新設計教具（林美華等，民82，頁13），蒐集鄉土自然教材，涉獵幼兒文學的領域（林美華，民83，頁13）。

四、學習進修以提升專業能力

幼兒教師在職場上決定使用任何教學資源、實施任何教學策略和教學行動，都是一種智慧。教師必須有明確的判斷能力來了解幼兒的需要、體貼幼兒的發展、接納幼兒的行為、欣賞幼兒的創作、包容幼兒的步調。這並不是空談，而是要經過長期的經驗累積，不斷進修和修正才能獲得精熟的專業能力，因此在心知不足的策動之下，我重回幼教系裝備自己的專業素養。

> 讀書和參與研究，對我都是很好的鞭策，重做學生回到幼教系進修實在是一種幸福。浸淫在書中慢慢咀嚼個中的滋味，教授的講課內容、言談行事風格，課堂上同學間實作心得經驗分享及問題討論，激發我許多新的教學靈感。或許有些人認為進修不過混張文憑，收穫不多，但是對我而言，回校園讀書的機會令我分外珍惜，我不僅從既定的課程中學習成為人師的專業能力，更從同學間的人際互動與勉勵獲得提升自我的動力。

除了回校園進修以外，我深恐安於現況，容易給自己找理由說是沒時間、沒教材、沒能力、沒夥伴，而成為阻礙不前的藉口。想要進修不一定只是到學院去讀書，在學校每日工作崗位中有意願去追求改進、請教工作夥伴、尋找資料、學習新知、充實教學技能，

都能有效地提升自己的教學品質。在進修課程中,教授提供的只是一個學習動機或思考起源,成長的延續則要靠自己隨時隨地去做,沒有身體力行就無法提升自我,進步實來自於行動經驗所累積的智慧。

五、對成長歷程的反省思考

　　一個人的成長來自和環境、人、事交互活動的關係,一個幼兒教師的成長則來自個人與幼兒、教育環境共同互動的結果。當我反思自己的成長歷程時,我更加肯定過去教育環境、個人、幼兒、同事是如此和諧地影響著、鼓舞著我的進步。至於目前,無論是個人內在自我實現的需求,或是從幼兒、家長當中產生的生命激勵,甚至是同事之間良性的合作互動,以及幼教潮流的脈動發展,都將我推向另一個挑戰的境界。

　　雖然成長的歷程中也曾經遭受挫折和阻力,但誠意和努力會慢慢化解困難和敵意,成為另一個有意義的學習經驗。開放接納所有的困難,那是一段曲折的成長經歷,寫在個人的幼教生命史上。妥協於現實挫折而遲滯不前,在三、五年後,新生代的幼兒老師或許也會說:「她為什麼不願意接受新的觀念?她每天都在混日子!」那豈不就是今天我們在批判別人的話嗎?唯有反省思考才肯定自我做過的努力,發現教學行動上的缺失,凡事能有更深的體認,也更能從不同立場角度去發掘個人存在與工作的意義與價值。

六、擁抱現在的感動，創造有夢的未來

度過了二十年的幼教生涯，近年來能在一個困境中，欣然接受自己成為一個被研究和參與行動研究的人；讓我回首過去，從中認清自己改變的經歷，以及未來努力的遠景和生涯的規畫。我肯定做一個真正屬於幼兒教師的價值與夢想，在我明白幼教工作對我的意義時，更加精進於自己專業知能的增長。

在八十六學年度參與「幼兒教師教學知識與實作之發展歷程研究」計畫，由於教授的鞭策與鼓勵，讓我重新思考記錄過去日子中所經歷的心得，也了解自己的轉變，不但來自於環境、教育、學習，更來自於對未來美好的憧憬、承諾的勇氣、信心的意象與堅持的盼望。人永遠無法確定明日的景象，但勇於夢想會使明日更為鮮活美好。

經過一個又一個階段的歷程考驗與省思，我期許未來在自己的幼教生命中走出一條屬於自己的路，那就是：以行動研究不斷回顧省思自己的幼教生命，延續自我反省的能力，鞭策自己並與人分享。提升音樂、藝術及幼兒文學欣賞能力，以投入幼兒藝術教育，並且開拓自己的欣賞視野、擁抱自己的喜好興趣、及幫助孩子成長。相信當清晰地明白自己所要的是什麼時，必然更有信心跨出第二個二十年。

貳、反思舉隅（我和孩子們一起成長的日子）

從園長走回教師，從行政走回教學，朋友問：「你有何感受？

你可以適應嗎？捨得嗎？」我說：「我喜歡回歸教師的工作。」

回歸教師的角色帶給我許多難以言喻的喜樂，因為每個日子裡，孩子用行動寫下許多新鮮而奇妙的故事，讓人訴說不完、感動不已！更確確實實讓身為老師的自己獲得真正的啟示。

一、我的名字是幼稚園老師

「不知道多少人能以自己的名字是幼稚園老師為榮？」我曾經這樣問自己。所以，當我的名字是幼稚園老師時，我這樣提醒自己：

老師，你的名字是愛與智慧！你知道不一定要教很多，而是會提供很多材料和布置豐富的環境讓我自己學。如果我不想學，你會等待；如果我學得慢，你也會等待，因為你清楚知道每個人都不一樣。老師你明白唱反調不等於壞孩子，你知道就算我把臉畫得和脖子一樣粗，你也不介意將我的作品張貼在教室讓小朋友欣賞。老師你知道今天我吃不下點心，是因為我早餐吃太飽，你允許我可以決定自己想吃的份量；你也不會自己把不愛吃的午餐倒入廚餘桶，卻要我把飯菜吃光光。老師你每天用新鮮的心迎接每一個新鮮的臉龐；你不累計孩子犯多少錯，只在乎我今天有多少新奇的發現。老師你不是判官，你沒有決定誰對誰錯的權利，你是協調者，你會仔細聽孩子陳述理由，你的責任不是尋找犯錯的人，而是關切地去了解錯誤的原因。老師你也會有挫折的眼淚，但是你也會有堅持理想的勇氣，因為你明白即使造三十人之福，你也是在回收三十份成長的快樂。

老師——你

教孩子誠實，自己也不虛應故事；

教孩子自信，自己也不隨波逐流；

教孩子思考，自己也不飽食終日；

教孩子創意，自己也不固執己見；

教孩子尊重，自己也不任性自大。

　　好老師不想讓孩子在離開幼稚園時只記得學會多少字、寫了多少練習本，而是記得曾經共同搭建最好看的高樓、捏塑與眾不同的城堡、和說過最有創意的故事！

二、誰是音樂大師

　　記得二十年前吧！我教小班的孩子上音樂活動時，有一套不變的音樂教學方法和標準的步驟，從聽老師彈琴、到跟著琴聲唱歌、輪唱合唱、做動作……所有的音樂活動都以老師為中心，老師的指導、動作都是正確標準的。我自認深諳琴藝，一上風琴嗚嗚嗡嗡伴奏得熱鬧非凡，琴是專屬老師的演奏樂器，誰也不許亂動免得弄壞了。孩子在老師的指導下看來多會唱歌，多麼整齊畫一的表演，一首首朗朗上口的兒歌童謠，使得老師覺得教學成就斐然。琴是教室的中心、音樂的中心、權威的中心，老師是音樂大師。

　　慢慢的，時間變了、觀念變了、我也變了。

　　琴挪到教室的一角，它成為小朋友音樂角的樂器玩具之一。音樂角有木琴、音磚、小樂器、錄音機，有時多了一隻口琴或是笛子，偶爾有陶笛或是小提琴。幼兒隨著小樂器隨便哼唱兩句，興高采烈地要老師欣賞，還說：「老師，我會做一首歌，你聽！」

　　這樣的音樂隨時在發生。孩子的耳朵變得好敏感，當新的音樂出現，看見他們張亮眼睛、打開耳朵、伸展身體，或唱、或爬、或滾、或拍，音樂成為好玩的遊戲！我變得沒有規律的步驟，也可以處處是音樂。就在黃梅時節家家雨的季節，我們共享「一隻蛤蟆一張嘴」的曲調，凸凸嘟嘟的笛聲，誰在乎誰先唱誰分組唱，沒有嗚嗚嗡嗡的伴奏琴法，也沒有跟著比畫的規律動作。晨間活動時聆聽

悠揚的蕭邦鋼琴曲，孩子手指按著桌緣當做琴鍵，自在的叮叮咚咚地彈奏起來，彷彿是個鋼琴師一樣的神色飛揚、沾沾自喜。有時孩子要求老師用笛子吹奏幾首他們熟悉的曲調，讓他們唱歌，就算老師的技巧實在不怎麼樣，孩子依然唱得高興、唱得開心！

我學會讓孩子的音樂遊戲充滿在每一個角落，讓他們感受不同的聲音、刺激與體驗，滿足了好奇的心、敏銳的耳，他們從玩音樂中獲得喜樂，他們成為教室裡真正的音樂大師。

三、孩子的遊戲──猴子去爬樹

寒假過後開學不久，帶著一群中班的孩子在初春的校園散步。學習的目標是認識學校的環境，探索提供孩子新玩法遊戲的樂趣。

幼兒 1：我撿到一朵花。

老師：是從哪一棵樹上掉下來的？

（孩子抬頭找尋，手上的那朵花和樹上的並不相同，再看看別棵樹上的花，發現與較遠那一頭的花是相同的）

幼兒 1：我找到那棵是一樣的。（另一個孩子手上握住一朵木棉花）

幼兒 2：這朵不一樣。

幼兒 3：這棵樹，樹皮好多刺刺的東西。

幼兒 4：刺刺的樹上有橘子色的花。

幼兒 5：我是猴子，可是我不敢爬這棵樹，因為太刺了。

老師：那你敢爬哪一棵呢？

幼兒 5：那棵，沒有刺的。（手指另一頭榕樹）

老師：他們有什麼不一樣？

幼兒 5：那一棵比較多葉子，是這樣、這樣。（一面比手畫腳的）

有幾個幼兒衝向那棵樹爬上去，另一些人在撿樹上掉下來的果子、葉子、花。

幼兒2：老師，你看！（他手握一支樹枝當作掃把，一面掃地，一面大叫，示意老師看他的動作）

幼兒3：我也有一支槍。（他手上是一支樹枝，形狀看起來果真很像槍）

幼兒4：我的樹枝可以在地上畫畫。（他在地上寫起 1、2、3……）

孩子當中拿掃把的也學他、拿槍的也學他，爬樹的孩子也跑過來問：你們在畫什麼？

幼兒1：我寫很胖的 1。

幼兒2：我畫汽車。（早些時候，我們談及每天如何來上學）

幼兒3：老師，你看我會寫到20。

老師走過去看，果然看他端端正正地寫了一堆數字。

幼兒4 走過去踩到幼兒3 的字，就模糊了。

幼兒3 大叫：喂，你踩到我的字！

然後一面用腳把模糊的字弄平，又重新開始寫起來。

好多小孩也跟著寫起字來，有一位在地上畫＃字號。

幼兒5：老師，你會不會玩○○╳╳？

老師：當然會！

幼兒5和老師玩起＃字○○╳╳畫線的遊戲。

老師連勝好幾盤，幼兒5有些懊惱。

老師：你可以和別人玩玩看。

幼兒5和幼兒3玩了起來

幼兒5：老師贏我，我贏他，所以我是第二名。

而後，有人在地上畫 12345，要老師填上名字在 1 的位置，也有人爭著和幼兒5 挑戰。

另有一群爬樹的小孩，仍爬樹爬得興趣高昂，一面爬一面叫：「我是猴子！」樹下有一些孩子在撿花、撿木麻黃的果子、撿木棉花朵、火焰木落葉，他們抱得滿懷準備把收穫帶回教室。回到教室，老師在長桌上放幾個盤子讓他們自己分類放好，有人決定這種放這，那人想要這種放那，最後每個人仍然能將相同的放在一起。

孩子常常要求老師帶他們去當小猴子「爬樹」，每一次到校園散步時，孩子就想親近那可以爬得高高的樹。我發現有人越來越會爬樹，越爬越高；他們不時以雙手觸摸每一棵樹，地上的各式各樣新奇的東西，孩子們更發現鳥兒的叫聲從樹上傳來。當然更留下一張張大幅的「爬樹」繪畫作品，玩比落葉大小的遊戲以及落葉貼畫的各種遊戲。

自然遊戲俯拾可得，尤其當孩子和自然做了身體的接觸，他們就會發現原來自然是一個多麼可愛的朋友。凡是他們想學、想做的，自然會告訴他們，用無聲的語言、有聲的語言，送入他的腦海裡。自然是孩子最原始的老師。此時的我，只有靜觀、欣賞，以笑容鼓勵更勝於多餘的言語。

四、家長資源豐富了孩子的學習

附幼園地裡很難得有一塊「安全」的空地可以種植一些東西，因為很容易遭到破壞，就像種玉米的經驗一般難堪。幼稚園的孩子們小心呵護育苗的玉米芽，卻在國小學童的一陣兵慌馬亂中慘死鞋下。中班幼兒跑回教室向老師報告，他們七嘴八舌的惋惜聲不絕於耳，大班的幼兒也跑回教室氣呼呼地講述著。這種經驗不斷重複地發生，我只得另想辦法另覓「安全」的方式，讓孩子可以種植觀察。

家長當中有一位喜愛插花的媽媽，我與她商量將每次插花剩下的花材送給我們，她也非常樂意分享。所以每週四這位媽媽學插花的日子，教室裡就會送來各式各樣的花花草草，提供給幼兒做觀察、

比較、描畫。從花苞到盛開，從新鮮到枯萎，或是掉落滿桌的花粉、花瓣，孩子都能親近的欣賞。有時孩子用紙來染花的顏色，有時用放大鏡仔細地觀察掉落的花粉，有些孩子觀察花的形狀，也有的描繪各種花的造形、葉脈的形狀；還有的孩子因為幫忙替花瓶換水而發現水漸漸發臭，有的還發現花瓶容易傾倒的原因。

家長資源豐富了教學，他們往往成為老師最大的支持者，他們使教室的有限資源，變成無限開闊的資源。

參、影響教師自我成長發展的因素

反思二十年來的幼教路，個人的發展與行動，受到不同時空背景因素的影響，也逐漸形成了自己教學的理念，這些因素包括：

一、幼兒教師的成長和教學環境

教師在職場實作的經驗，與師資培育所習得的理念認知難免有差距，當教師面對工作環境中的各種包袱，或困難事件與理論知識產生衝突時，如果無法適當排解，轉化為成長的歷練，往往容易屈就環境。尤其是公幼的教師，過於安逸的工作環境，往往是阻礙個體成長的一大阻力。反觀教師若在不理想的環境壓力中能激發潛能，克服實作經驗之不足，便能將工作壓力和環境挑戰化作教師成長的助力。

記得初任幼稚園老師時，學校派給我一個活動組長的工作，我能彈能唱就是舞的不好，但是我又不能臨陣脫逃，只好每天晨起參加公園的晨間土風舞練習，既可免費學得一技之長又可以健身，實在是一舉兩得。然後現學現賣地將複雜的土風舞步簡

單化，就可以上場帶領全園的舞蹈活動。環境給我壓力刺激我急速地成長，學校學不到的技能，生活中可以加修，面對挑戰自然可以化困難為成長激素。

二、幼兒教師的成長和人際關係

環境中除了事以外就是人，教師的成長需要同伴的支持、合作、和協助。有效而安定的合作關係，促使教師能在穩定的情緒中學習發展；同事間相互學習的歷程也是促進成長的重要因素，教師能在專業實作中逐漸發展出成熟的教學技能，帶動個體的積極成長，並領略工作的快樂滿足感（谷瑞勉等，民85）。

老師常經驗到人際關係的困難是協同教學的問題，在協同教學的過程中，我常與我的同伴分享經驗，我對她說：「我們每天相處的時間有八小時，比一個家庭中的成員相處的時間可能都還要多，如果我們無法自在地相處，那我們的生活將注定不愉快。如果我們四處張揚自己同伴的是非，那豈不也等於在說自己的是非。」協同教學的實施將是老師教學成就的重要指標；而一個幼稚園有和諧的教學群體，也將是學校良好績效的關鍵因素。

三、幼兒教師的成長和自我實現

教師的成長歷程中，為追求自我實現，往往會激發克服困難、創造新契機的勇氣，突破來自傳統或現狀的約束，以成就個體追求更高理想的目標。這樣的歷程能使教師勇於創新、吸收新知；其所

締造的成就使個體的知能、技巧、信心與日俱增，不斷產生綿延不絕的成長動力。

參與研究計畫就是一個自我實踐的動機所促成。我想藉著研究者冷靜的眼，理性地看見自己在成長的過程中究竟做了什麼？思考什麼？重視什麼？忽略什麼？老師是一個培育生命的事業，老師的耕耘不僅豐富學生也壯碩自己的智慧。行動研究的過程中敘說自己的故事，聆聽記錄孩子敘說的故事，都讓我對教育意義重新獲得詮釋，對成為這群小小孩的第一位老師覺得更加戒慎恐懼、戰戰兢兢。

四、幼兒教師的成長和專業進修

幼兒教師在師資培育的養成教育中獲得知能後，需要靠實作的經驗來印證理論的實踐性，轉化為教學技能，內化修正成工作中的智慧，進而巧妙生輝。教育的巨輪不斷轉動，教師在職場中唯有努力吸收新知，才能克服各項挑戰、突破現狀，不致遲滯不前。

老師的終生學習關係著學生的受教權益，體認自己的不足因而需要不斷追求新知。在工作中我常提醒自己，倘若要成為一個負責的老師，就是要先看重自己的工作，能重視自己的工作，就能時常思考如何將自己的學生們帶上來。我無法向世界宣告幼兒教育何其重要；但是對年紀小的幼兒而言，我將是他們探索新世界的橋樑，學習看見孩子的需要、精進專業智能、和回轉看孩子都是我應努力學習的功課。

五、幼兒教師的理念實踐與宗教信仰

　　教師在成長的歷程中所追求的教育理念，往往和自身的宗教信仰有關，信仰影響個體的行為動機，從中產生力量；發揮在教育上的功能即為包容、慈悲、同理、關懷、接納、體諒。無論是處理人際關係、情緒障礙、幼兒行為問題，其所發揮的教育愛，使教師更能寬廣包容教育生態中所呈現的千奇百態，進而為教育理想的實踐，奮力不懈地投入心力。

　　在研究過程中，教授曾問我自認是孩子的什麼？思考自己在孩子學習中所扮演的角色。當時我沒有即席的答案，教授問我是不是「牧羊人」？我思考了一番，從教授的觀點看我，其實是一個很切合的判斷。因為我相信「讓小孩到我這裡來，不要禁止他們，因為天國正是這樣的人，你們當回轉成為孩子的樣式」，這其中的思想正是我期望自己能落實信仰，接納與包容孩子的差異，反璞歸真回轉向小孩的真切。

六、幼兒教師的成長與家庭支持

　　幼兒教師大多數為女性，女性既受限於傳統性別上的不受尊重，又被忽視或否定其工作的價值，因此幼教老師承受不少家庭與婚姻的壓力。婚姻中的配偶如能支持尊重女性的工作，就能使其在工作中發揮女性的人格特質、積極達成工作的成就感。反之，未受尊重的幼兒教師，不僅要面對自我內心的交戰，還要承受來自職場的各種壓力與衝突，往往身心俱疲。

家人一向是我工作中最好的傾聽者、幫助者；婚姻的穩定與幸福也造就我傾心投入教學工作的動力。當長期在幼教工作上奮戰時，家人都給與我最大的支持、肯定我的努力、欣賞我的成就；共同為我的成就而歡欣，流淚挫折時也陪我一同度過。家人欣賞我對教學的執著認真，盡力配合我工作忙碌時的家務，更和我一同分擔學校的工作，彷彿這份幼教的事業是全家人共同的事業。沒有他們，我是不可能專心於工作和獲得工作成就感的。

七、幼兒教師的反省思考與永續成長

成長來自於不斷地內在反省思考、批判與建議，幼兒教師能從初任的生澀中獲取智慧，從實際的經驗中修正改進，從與他人互動中獲得成長。教師的省思不但是來自於專業的自我批判，也來自於自我對話，透過反省、討論、洞察自我教學行動的具體意義和專業性，在過程中隨時檢視自己的技能、提升有效可行的教學策略，使自己成為一位不斷成長的幼兒教師（谷瑞勉，民86）。

寫省思日誌、記錄幼兒行為的筆，是一隻反省的筆。在研究過程中，我認為最大的收穫就是學習觀察孩子、學習反省自己。觀察孩子而能提供孩子學習的有機環境，反省自己而更坦然面對所有的挑戰。我知道我無法完成或滿足每一個需求或理想，但藉著反省我不至於錯失方向。

結語

　　一九九八年新年，我在清晨醒來，終年在台灣天空飛舞的麻雀在窗外吱喳叫著。打開書桌前的窗，夾著一股冬天疾冷的風，有一些涼但也一些暖，就如自己走過的幼教路。這種感覺讓我寫下當時的心情，來期許自己的另一個二十年：

　　「想要更好是我呼吸的理由。」

　　這樣的想法來自我衷心敬佩的裴利老師（Vivian Gussin Paley），因為她是如此懇切地心向孩子學習，真實的記錄每一個孩子的故事，「將自己變成自己理想中的老師。」（楊茂秀等譯，民 85）我期許自己永遠以做為一個幼稚園教師為榮，我用這話鼓勵自己，也給自己勉勵與期許。

　　一九九七年參與「由新手到精熟──幼兒教師知識與實作之發展歷程」的合作行動研究（谷瑞勉，民 88），對我而言是非常有意義的事。就在這研究過程中，我回顧了二十年的幼教生涯路，從和研究教授不斷的對話，覺察自我內在的教學意象與背後的教學理念。在教室中我不斷地被觀察和記錄，也自我省思教學流程、班級管理、師生對話。省思的筆在多少深夜裡不斷低迴，思考回應教授的提問和自我的反省；過程中發現自我成了肯定自我、實現自我的契機。從此省思的筆就這樣持續揮舞，除了記下這個關於自己成長的故事，也寫了許多與孩子一起成長的故事（林美華，民 87，民 88；谷瑞勉、林美華，民 88a，民 88b）。

　　這是一個豐收的季節，豐收來自於過去歲月的耕耘，卻並不意味著去歡喜收割坐享碩實的安逸；而是在品嚐結實纍纍的當中，思考研究栽種下一季甜美品種的方法。〈深耕幼教二十年〉是真實的記錄，在感性的述說之後，應是理性的分析思考；教學生命中不斷

的「省思」，對一個老師的教學生涯是何其重要！過去的歲月中自己曾經迷惑、也曾經堅持，如同那片耕種過的麥田裡有飽滿的麥穗，也有空殼的稗子；深入的耕耘讓心田有豐富的收割所以踏實。回轉自己定睛看孩子，將是成為更好幼兒教師的必要之路。

參考書目

谷瑞勉（民 86）：幼稚園班級經營——精熟與初任幼兒教師知能與實作之比較。國科會專題研究成果報告。

谷瑞勉（民 88）：由新手到精熟——幼兒教師教學知識與實作之比較。國科會專題研究成果報告。

谷瑞勉、林美華（民 88a）：以行動研究探討一位資深幼兒教師的成長與啟示，錄於「1999 行動研究國際學研討會」論文集。台東：台東師院。

谷瑞勉、林美華（民 88b）：幼兒文學在幼稚園統整課程中之運用——以「皇后的尾巴」為例，錄於「台灣地區兒童文學與國小語文教學研討會」論文集。台東：台東師院。

谷瑞勉、張麗芬、陳淑敏（民 85）：「幼兒教師專業成長課程研究」成果報告。教育部人文社會科學教育改進計畫。

林美華（民 83）：最好的禮物，錄於「謳歌童年——幼兒語文教學故事教材創作甄選文集」，頁 13。台中：霧峰。

林美華（民 87）：田鼠阿佛——從圖畫書出發的幼兒活動，國教天地，126 期，頁 23-28。

林美華（民 88）：從「迷宮」到「母雞蘿絲去散步」的故事活動，幼教資訊，100 期，頁 17-23。

林美華、鄧美玲（民 82）：和形狀玩遊戲，錄於「八十一學年度台灣省公私立幼稚園教師教具製作優勝作品專輯」，頁 13。台

中：霧峰。

楊茂秀、陳鴻銘、林意雪譯（民85）：直昇機・男孩。雲林；豐泰
　　文教基金會。

從自傳體寫作中尋求教師成長——
代序林美華論文

國立屏東師範學院幼兒教育學系副教授
谷瑞勉

教師發展研究的新趨勢

　　教學是老師的理念、價值觀、觀點和經驗通過其生命發展的表現，老師若想了解本身的專業生活並持續專業發展，就必須了解這些經驗和影響，及它們不斷形成自己觀點與實作的歷程。近幾年對老師教學的研究趨勢，開始著重在個人、情境、歷史、政治、社會和經驗的層次對教學實作的實質影響；也就是將之放在較廣義的個人和社會歷史的情境上來研究。對教學和教師也有新的發現和解釋，例如「個人實際知識」（personal practical knowledge）（谷瑞勉，民88；Clandinin & Connell, 1994）、「教學內容知識」（pedagogical content knowledge）（Shulman, 1987），及「教室知識」（classroom knowledge）（谷瑞勉，民86；Doyle, 1986）等。另外，受到 Schon

的啟發而重視「實際經驗」對學習教學的影響，教師的「自傳」（biography）也被認為是教學知識的重要因素；又有如「意象」（metaphor）和「故事」（story）等型式，來表現教學知識的特性。這些都在強調教學的個人化和複雜性，重視個人與專業的聯繫；與傳統重視教學效能的研究不同。老師們可以藉這些不同的方式，來深入了解自己的所知所學。

另外，過去的教師研究也曾提出不同的發展理論，例如認知、道德、觀念、心理社會、教學生命（lifespan）、事業發展等，來描述教師在不同領域和事業點的發展狀況，並用以參考設計出促進發展的相關課程。雖然這樣的用意很好，但其中對教師與教學的假設卻是有問題的；因其只依教師在教學上的資歷、或教學技能表現來分類，卻很少將教師的個別性和教學的複雜和情境化特質列入考慮，也就未必能提供適合所需的專業發展課程活動。Eraut（1987）就曾提出四種教師發展的特性，比較更符合教師不同發展階段的實際情形與需求：

1. 不足的模式（defect model），強調對回應改革所需之技巧與能力的改進。
2. 改革的模式（change model），擴充對課程或機構的重建，以符合改進中社會或機構的需求。
3. 問題解決模式（problem-solving model），對實際狀況中問題的辨識和解決。
4. 成長的模式（growth model），針對促進藉探究、互動和反省而持續專業成長的過程。

這些強調教師增能（enpowerment）和自我引導的學習、看重實作和個人歷史的重要性的分類，正挑戰也取代了教師發展的傳統觀點。

—— 來！說我們的故事：幼教師的專業成長

事實上，老師們在工作中一直不斷地藉各種管道和方式學習，例如閱讀、寫作、進修、參與團體活動、擔任社區義工等，以獲取教學知能的精進；而教師行動研究的風潮，也在國內外的教師群體中熱烈展開（如谷瑞勉、林美華，民88）。老師的努力逐漸受到認同，其中基本的假設在於：認定教學就是一種探究的型式，教師可經由教學的過程而達到學習；換句話說，教師的實作就是探究和發展的基地，日常教學所經歷的種種就是能促進（也可能是阻礙）他們的專業發展。因此研究本身的專業實作，老師可以掌握主導自己的專業發展，推翻傳統對教師成長所固限的範圍與意義；也能促進實作與相關教學環境的進步、解決教學問題，並擴充老師對教育團體的貢獻。

自傳性研究與教師發展

成為教師正是一個自傳的方案，一個對自我發現、創造、修正的經歷，一個在目前情境中對未來行動和過去經驗加以檢驗的過程。教學是終生的工作，永不止息，也是「與自己的真誠對話」（Holly, 1989, p.163）。基於此，每個教師應對自己的歷史有所了解，用自傳式研究中對個人—專業的探究，促進對個人、情境和關係的不斷了解；教師可用此建立一個終生學習的藍圖，和一種適切的自我引導的專業發展型式。此外，自傳性的探究還有下列幾點重要性不容忽視（Cole & Knowles, 2000, p.15）：

1. 它所呈現提供的過程能提供教師了解自身是一個發展中的專業，將生命線縷抽絲剝繭，透視過去、現在與未來的個人和專業生命。
2. 自傳體可做為個人專業發展的記錄，加以檢驗。
3. 自傳體寫作是有力的擴張學習的工具，寫下並思考個人的理念、

經歷、原則、技能，有益於延伸和具體化持續的學習。

4.在自己的實作中或和別人共同研究時，可做為正式研究的方法之
一。

　　林美華老師的論文就是以她過去從事幼教工作階段性經歷的歷
史過程為基點，探討其對今日回歸幼教老師工作的想法與實作的影
響。她檢驗自己二十年中如何由基層幼兒教師做起，經歷主任、園
長之職，又回頭成為一位幼教老師的歷程，一路而來的經歷與思考。
探討哪些因素影響了她對幼教專業的了解，也整理出自己的教學觀、
兒童觀，及這些觀點對她實作的影響。對發展歷程中周圍的人事、
本身角色職務轉換、整體幼教環境變遷對她所造成的理念形成與改
變，進行剖析。她覺知到教學受社會、文化、宗教信仰和個人歷史
與事件的影響，也為因應成長需求和潮流更替而不斷調整修正；這
正是一位幼兒教師回顧個人發展歷史、檢視今日與未來的寫照。

　　教學既是一種動態表達，老師除了應重視本身歷史根源的基礎，
也不能忽略每日教學的表現。因此，建議教師從日誌寫作和省思過
去與當下開始，做為自我了解的方式與媒介。寫作記錄下那些與教
學、教室、幼兒有關的事件，在建構和創新其中的意義之際，能幫
助教師對埋藏在教學行動下的理論、價值觀和理念有更清楚的挖掘
與了解；讓每日教學的意義和影響更明顯，也更能攤開來接受檢驗。

　　另外，閱讀自傳體寫作也讓我們繼續深入思考下列問題：每個
幼教老師的觀點之下的自傳影響為何？自傳如何影響教師對事情的
思考和討論？教師所建構的教學真實之下有怎樣的個人歷史根源？
這對一位教師的形成和教學表現有何影響？這些思考能使教師在過
去和當下的生活經驗中尋找教與學的意義，並了解個人與專業的聯
繫是專業發展的基礎。

參考文獻

谷瑞勉（民86）：幼稚園班級經營──精熟與初任幼兒教師知能與實作之比較。國科會專題研究成果報告 NSC86-2413-H-153-011。

谷瑞勉（民88）：由新手到精熟──幼兒教師教學知識與實作之比較。國科會專題研究成果報告 NSC88-2413-H-153-005。

谷瑞勉、林美華（民88）：以行動研究探討一位資深幼兒教師的成長與啓示。論文發表於「1999行動研究國際學術研討會」。台東：台東師院。

Clandinin, D.J. & Connell, F.M. (1994). Personal experience methods. In N.K. Denzin & Y.S. Lincoln (Eds.), Handbook of qualitative research. Thousand oaks, CA: Sage.

Cole, A.L. & Knowles, J.G. (2000). Researching teaching-exploring teacher development through reflexive inquiry. Boston: Ally and Bacon.

Doyle, W. (1986). Classroom organization and management. In M.C. Wittrock (Ed.), Handbook of research on teaching (3rd ed., pp.391-431). NY: Macmillan.

Eraut, M. (1987). Inservice teacher education. In M. Dunkin (Ed.), The international encyclopedia of teaching and teacher education. NY: Pergamon Press.

Holly, M.L. (1989). Writing to grow: Keeping a personal-professional journal. Portsmouth, NH: Heinemann.

Shulman, L.S. (1987). Knowledge and teaching: Foundations of the new reform. Harvard Educational Review, 57(2), 4-14.

8

教學領域的省思與專業成長

弘光技術學院幼兒保育系講師
鄭青青
弘光技術學院附設托兒所保育員
林芝蓉

寫在故事之前～一段師生共同成長的歷程

　　我們兩人相識的很早，早在芝蓉進入弘光技術學院就讀之
初，便有了師生的情誼。在弘光的兩年間，對青青老師而言，
芝蓉是位認真負責的「小老師」，也很會提問題的聰慧學生，
同時也是位比計畫主持人更主動積極的研究助理。她那善於思
考的求知習慣，以及乾脆俐落的待人處事風格令人印象深刻。
而對芝蓉而言，青青老師是位不拘小節的親切老師。在芝蓉畢
業之後，我倆繼續保持聯繫，持續幫助彼此的專業成長，在互
動的過程中，青青老師發現，芝蓉勤於思考的態度，讓她在教

學領域的不斷成長。她不斷努力的身影，換來了幼兒們愉悅的笑容，令人感動不已。這份感動，讓身為托兒所師資培育者的青青老師，產生了對芝蓉教學領域專業成長深入探討的動機。在幾度深談之後，我們決定經由現場錄音、觀察，以及多次的深入訪談及溝通，寫下了芝蓉老師的故事。

為了使故事更加貼切易讀，便以芝蓉老師為主角，用第一人稱的方式，敘述一位幼教人員在教學領域專業成長的完整故事。希望能對同樣在幼教界的教師夥伴們，提供省思在教學領域上應用的參考，並對千千萬萬如她一樣在幼兒教育的第一線，努力不懈的老師們，致上最高的敬意。

故事開始……

早晨八點，迎著微涼的秋風以及金黃色的陽光，我進入了托兒所，滿心歡喜地準備迎接小朋友的到來。在這個室內面積超過一百坪，並具有兩百坪以上戶外活動的空間裡，將會有二十四位幼兒到來，與四位教保人員共度快樂成長中的歲月。其中有四位幼幼班及十一位小班組的幼兒，由我和另一位助理保育員照顧。這是我第一次帶領小班組的幼兒，雖具有挑戰性，但卻是我所樂於接受的挑戰。事實上，為了尋求這個機會，我做了相當大的努力。除了努力地充實自我之外，我甚至轉換了工作場所，只為了能經歷小班的保育經驗。我認為要成為一位成熟的保育員，應具備各年齡的幼兒教保經驗，這也是我為自己所立下的專業成長目標。而目前的我，正進入這一階段的努力中。依靠著不斷的創意與反思，我希望能一步步地成長。以下就是我的日常的教學運作與反思歷程。

教學歷程與反思

目前我的教學情形是這樣的：早晨八點半，在完成一天的教學準備工作後，我開始思考自己的教學，再次構思今天的教學內容與方法，之後才是教學的實施。而在經過一整個早上的活動之後，我便利用小朋友們午休的時段，對於早上的教學活動進行省思工作。以本星期為例，我記錄下了自己的教學省思內容。

★九月十日

8:30　教學活動進行前的構思

今天要進行的活動是「光腳丫的爸爸」，將配合故事的講述與圖片的展示一起進行。目前小朋友已對於自己腳上的鞋子具有相當程度的了解，所以這次的活動希望帶給他們的是配對的概念，以及對於製鞋材料的更進一步學習；並希望將鞋子的主題，延伸至與過去的時代生活相連結，讓孩子不僅對於目前的鞋子有所認識，也能進一步探究過去的人們的生活狀況。此外，我也希望藉由此活動，將此次主題延伸至家庭中。所以，我會要小朋友們回家之後能和家長討論，透過和爸爸媽媽討論父母年代的生活相關事物的過程，使幼兒能有更豐富的學習。另一方面，因為本組的幼兒都是第一次上學，最多也只有一個多月的團體生活經驗，部分甚至只有一個星期的上學歷程，在團討的內容與投入狀況下並不十分理想，所以希望經過和家長的互動，能提高幼兒的參與動機。

13:00　教學活動進行後的省思

　　早上的活動進行過程中，幼兒除了參與討論之外，也下了結論：古時候的人是不穿鞋子的，要不然就是穿拖鞋（他們叫它拖鞋），現在的人則一定要穿鞋子，因為地上有釘子會刺到腳。但是對於古代的人所玩的遊戲種類，小朋友們似乎所知有限，反而是對現在的玩具與遊戲種類討論熱烈，而對於回家與家長討論一事，幼兒們則幾乎沒有反應。

　　回想今天的教學結果，我想已達一部分的教學目標。至少小朋友們對於鞋子的材料與用途已能了解。但是在其他方面，我還應該加強，首先在幼兒與家長的討論方面，可能是幼兒的經驗缺乏，所以不知應做何反應。若能增加相關的活動與經驗，應該可以有所改進。在教學過程中，實物的缺乏也是影響效果的因素之一，下次應加進實物或其他的教學媒體，應能增加幼兒的學習效果。最後，因為幼兒生活環境的改變，使得他們的大自然經驗較過去的人貧乏，所以我應該要增加他們在自然的活動機會，那會使教學上順暢一些，也會對幼兒有利。當然，實物與媒體的獲得，應會遇到一些問題，這是我應加以考慮與努力的。

★九月十一日

8:30　教學活動進行前的構思

　　今天要進行的活動是「我有幾個腳印？」。活動的目標是讓幼兒了解數量的多寡，並具有配對與單雙數的概念。我計畫利用教室中的腳丫子教具（共有六個），先由我講述，再讓孩子來操作與討論。幼兒可利用顏色、形狀與左右腳等加以配對。今天我會講解十以內的數概念，但是幼兒只須能具備到四的概念即可。

14:00　教學活動進行後的省思

　　整體而言，今天的活動是成功的，在幼兒的投入程度上，要比昨天好很多。在今天的活動省思上，可以分成下列三項思考：

　　第一，在數與量的配對上，部分的幼兒可以達到六，而大部分可以達到四，但是有少數只能到三，之後就開始跳著數。而當我將鞋子拿出來，和幼兒一起數時，幼兒的投入情況是很好的。但是當我請幼兒自己數時，就開始出現個別差異了。有趣的是，當幼兒不配合實物數數，而只是唱數時，就不會出現跳數的問題，我想這是因為幼兒家長一般都只教他們唱數，而較少提供數與量配對的學習機會的原因。

　　其次，在顏色的配對上，幼兒都沒有問題，但是在顏色的命名上，只有兩位幼兒已具有能力，其他的幼兒則無法說出顏色的名稱。換言之，幼兒可以利用感官區辨顏色的不同並加以配對，但在顏色命名的能力上仍屬缺乏。我想，今後我應增加他們學習顏色名稱的機會。

　　最後，在雙數的概念上，幼兒的學習有些困難。他們已經可以知道「一加一等於二」的概念，但是對於「二等於一雙」的概念仍無法理解。今後可能需要其他的活動來增進幼兒這個概念。不過，在這個過程中我有一個深刻的體驗，那就是對於年幼的幼兒，實物的呈現很重要。若是一方面呈現實物，一方面又在教學活動中加入有趣的活動，例如今天我在介紹「雙數」時，將兩隻鞋合成一個嘴巴的樣子，並開口和幼兒說話，他們的情緒和動機一下子又被帶動了起來。這也是今後活動的設計上，我可以引用與思考的。

　　至於在幼兒回家與父母討論的結果上，今天沒有幼兒表示曾與其家長討論。我想我應讓幼兒了解，學校的活動並不是光由老師一個人講解，幼兒也可以有所貢獻。在活動與團討中，小朋友是主動的，可以和其他人一起分享。

★九月十四日

8:30　教學活動進行前的構思

　　今天計畫要進行的活動是「雙雙對對」，設計的目的是希望幼兒可以了解數量與單位的概念。使用的材料有前幾天所使用過的鞋子、今天特別準備的筷子和襪子，以及小朋友自己的雙手和雙腳。活動進行的方式是先由老師出示上述物品，讓小朋友認識物品的名稱，然後再循序地引導幼兒，讓他們了解到「一雙」的意義。之後會再請孩子到前面來說明，他們自己有「一雙」什麼？來加深所有小朋友的印象。

14:30　教學活動進行後的省思

　　今天的活動進行得很順利。在活動的過程中，小朋友對於今天所使用的教材很感興趣，他們把筷子拿出來敲出各種聲音，襪子又可以拿來貼在衣服上，鞋子可以拿來做成各種有趣的動作，手腳則可以靈活運用。所以在整個過程中，幼兒們是很專注、開心的。

　　在整個過程當中，我一直在重複一句話：「我有一雙……」，這句話發生了很大的效用，小朋友了解了什麼是「一雙」的概念，當我們談到這句話時，小朋友會自然地接上一雙的東西，絕不會出現不是一雙的名詞。我曾在活動結束之前做了一個測驗，發現結果就是如此。

　　今天的活動結果，讓我有了更深刻的體驗，也重新驗證了日前自己的看法，那就是在年幼幼兒的學習上，實物的呈現很重要；而且這些實物最好是有趣的，讓他們可以操弄把玩。這樣不僅可使學習動機提高，也會使得過程比較順利，進而可以獲得較佳的學習結果。

★九月十五日

8:30　教學活動進行前的構思

　　今天活動是「我們來買鞋」。活動的目的是加強幼兒「一對一」的概念，並複習昨天所學的雙數的概念。首先由教師出示蒐集來的各種鞋子，配成「一雙」。再由教師取出銅板，介紹鞋子的賣法：一隻鞋是一塊錢，所以一雙鞋是兩塊錢。先由教師當一次老闆，再讓幼兒輪流擔任買方與賣方的角色。

14:45　教學活動進行後的省思

　　今天進行的活動也進行得很順利。尤其當小朋友們拿到錢時，他們的反應很熱烈，更是在手中不停地端詳把玩；或是一直將故意銅板掉在地上，讓他們發出聲音。大部分的孩子都已經具有一雙的概念，也能用兩塊錢購買一雙鞋。

　　當老師當老闆時，幼兒們到老闆跟前來選購時，都能愉快地選擇自己所喜歡的鞋子，表現出滿足的模樣。而當老闆面前的鞋子逐漸變成錢幣時，幼兒對於老闆能賺到錢，替他感到高興不已。但是當輪到由幼兒擔任老闆時，第一位幼兒並不了解自己的角色，甚至會對顧客說：「我要買一雙鞋。」第二位小朋友則雖然有一些老闆的樣子，但是卻只會收錢，不會把鞋子給顧客。而當老師介入幫忙時，也只會一臉茫然地站在一旁。第三位幼兒是過程中投入情形較佳的，所以他在擔任老闆時會問客人：「你要買什麼？」「這鞋子一雙兩塊錢。」並且順利完成交易。我想，這是因為過程中他獲得較多的結果。

　　整個活動中，我利用了實物進行教學，讓他們先了解一隻鞋是一塊錢，一雙鞋是兩塊錢，所以幼兒可以獲得清楚的概念。不過當

問他們：「一塊錢可以買多少鞋子？」時，他們就答不出來。可是若是將一隻鞋子拿到他們面前問：「一隻鞋是多少錢？」時，他們就能毫不猶豫地答出是一塊錢。我想，這是因為他們曾有過將鞋子與銅板對應過的關係。

這幾天下來，我一再驗證了「愈小的幼兒愈需要實物教學」的理論，我想這個原則在活動設計與教學上，確實有很大功用。一方面它可使得幼兒的學習更有效果，也可使得教師獲得成就感，真是非常的重要。

以上就是我幾天下來的教學構思過程與事後的省思。這是我多年來的習慣，也是我進步與成長的力量。但是，我並不是從一開始接觸幼教就具備這種教學省思模式與習慣，而是歷經了多次改變才形成今天的模式。幾經思考，我將自己教學成長的歷程分成下列幾個階段：

萌芽期

第一次接觸幼教，是就讀高職幼保科時。其實回想自己進入幼保科讀的過程，還真是充滿傳奇色彩。只因五專登記會場的擁擠不堪，使得自己與母親失去耐性，於是便轉向光華女中詢問與登記，在現場才決定就讀幼保科，這雖出乎自己的預料，但是卻一直沒讓我後悔過。

在高職階段的專業學習是十分紮實的。在技能的學習上，獲得的是系統的訓練。因為學校走的是蒙特梭利教學，所以在教學活動的設計上，也以蒙氏教學為主。老師通常會以一種教具為主題，要我們進行該項活動的設計與教學。在高職的學習過程中，我所思考的是如何得到高分。所以在事先的構思上，幾乎都在老師的規定中打轉，並且會猜測老師的喜好，作為自己設計的依歸。而事後反省

的也是分數的問題：思考這次作業的優缺點，下次如何獲得更好的評分。雖然老師們在評分上會考量活動對幼兒的意義，但對於當時的我而言，這不是我所關注的目標，或是更貼切地說，我不是功利地只注重分數，而是真的根本沒有想到幼兒的因素。而且在教學活動的類型上，我也只熟悉蒙特梭利教學法，能構思的也只有該種教學方式。

休眠期

　　高職畢業後的我，和大家一樣參加二專考試，不幸在第一年落榜。其實回想當時參加聯考的原因，似乎單純的可以用「逃避就業」來形容，倒不是因為逃避幼教工作，而是希望能保有學生生活。

　　落榜後因為仍準備升學，所以便先進入電子廠打工幾個月，籌到學費後便專心補習。打工的日子中，腦海中實在不存在任何與教學相關的事宜，也不認為自己該想些什麼。在補習班的日子，心裡想的是如何將考試的內容記牢，成天就是背誦，雖然這些歷程幫助我取得了更多的學習機會，但是在過程中的學習成果，僅有少數原則理論，在日後教學尚有部分引用，其餘的學習歷程，似乎與我今日的教學無關。

　　這一年，真的是我教學成長上的休眠期。

開拓視野期

　　歷經一年的奮鬥，我順利考上弘光醫專幼保科，開始另一階段的學習。在這兩年當中，接觸了不同的老師與同學，開始開拓眼界。一方面老師們在上課與實驗中給與我與高職時代不同的教學模式與

觀點，一方面我也在同儕中獲得不少訊息。在這個階段的初期，我努力地吸收各種模式的教學意義與內容，也開始了解蒙特梭利教學法之外的天空。我就像武林小說中的人物，剛獲得各家祕笈時一樣興奮。

隨著時光的流轉，我開始思考一個問題，什麼才是我要的教學法？我應如何使自己進步？看著同學努力地分辨各家教學法，甚至為護衛自己熱中的教學法而與他人爭辯，我開始覺得困惑。在這段日子中，我最常做的一件事便是思考。逐漸地，我發現對自己而言，最好的教學法就是融合各家學說的教學方式。換句話說，只要是有用的，對幼兒有利的，就可以成為我自己的教學法；似乎，我應朝著融合各家武功、自立門派的方向努力。

考驗期

二專畢業後，我進入幼教職場工作，擔任中班的老師，第二年接著帶大班。雖然擔任中班教師時，是我第一份幼教工作，但是幸運的是，我遇到了一位專業素養優秀的助理老師，她在教學上給與我相當大的協助。所以在短短的兩個禮拜中，我能開始完全展現自己的教學理想。而也許更幸運的是，班上的幼兒適應良好，這也使我的心力得以全部用在教學上，而不必在課室管理上耗費過多精力。

在這個托兒所中實行的是開放式的教育，所方讓教師能參與活動設計，同時賦予教師教學上的彈性，所以我正可以將二專時所建立的概念加以實現。我開始將自己認為有趣而又益於幼兒的活動放在教學之中。但是坦白說，這並不是件容易的事，而理想的境界也不是一蹴可幾。在第一年中，我常常要花很多的時間在事先的規畫上，不僅自己思考準備，也花了相當多的心力在資料的蒐集與材料的準備上，事後還會天天反省自己的教學，一直不停地修正。這樣

的日子持續一年有餘，直到第二年，才顯得比較不那麼吃力。

回想這兩年，是我真正考驗自己教學理念與能力的日子。

整理與發揮期

工作兩年後，為求進一步的幼兒教學經驗，我轉換工作場所，以便帶領幼幼班與小班混齡的幼兒。在教學上我面臨再次的考驗。面對這群年紀很小的孩子，也同時面對一個新環境，我又回到剛從事幼教工作時的忙碌，但是在心境上卻有所不同。雖然仍是忙碌與不斷地試探與省思，但是在心境上卻平和許多，在教學上所嘗到的失敗結果也少了許多。因為我所擁有的專業能力較當初要好，省思能力也比較強；它能使我做出有效的思考與教學，也使得在教學領域上的成長較以往快速許多。

我想今天的我，雖然所處的是新環境，面臨的是新對象，但是我卻有一種整理自己的感覺。在未來的日子裡，希望經整理後的自己，能做出更精采的發揮。

結語

回想自己的教學經驗，感觸良多。雖然幼教的經歷並不長，但是對於幼教的熱愛卻日益增加。對於這個我立志終身從事的職場，我有個衷心的建議，希望整個大環境能給與幼教人員必要的專業成長空間。首先在教學環境中，應給與教師充分發揮的機會，並給與必要的支持。我是一個幸運兒，在進入幼教現場的時期，學校便給與我足夠的發揮空間，讓我得以展現自己的教學理念，並且也獲得充分的支持，不管在助理教師或其他資源上，我都獲得了力量。因

為我獲得了力量，所以我能順利成長；在成長之後，我更有能力省思以及自我充實，那又刺激我再度尋求資源與成長，而後又會再獲得進一步的成長，如此就成一個良性循環。然而，有部分的幼保人員並非如此幸運，他們不獲支持，也沒有自己的教學空間，於是落入了一個惡性循環。所以在此衷心的希望，整體環境能給與幼保人員一個良性循環起點。

此外，另一個幫助教師教學成長的方式是進修。在歷經一個階段的自我成長之後，會陷入瓶頸階段，必須藉由再進修來刺激成長，特別是較為系統的長期課程。目前雖已有二技的招生，但是對於在職人員而言，要跨入學門檻，仍屬不易。一方面名額不多，另一方面對於較缺乏時間在書本上鑽研的在職人員而言，較不易與一般生競爭。對於在職教保人員而言，是一個難題。

給與教師良好的發揮與充分的支持，並在它的職業生涯中給與進修的機會，是教保人員所必須的，希望大環境能給與大家這個成長環境，相信幼教會有更美好的將來。

後記～故事之後的發展

時光飛逝，上次的故事說完至今，已一年有餘。在這段期間內，芝蓉老師除了因為九二一地震搬了次家之外，生活一如往常。目前仍在弘光附托工作，也繼續教導小幼班的孩子。當然，省思的習慣也繼續運用在教學之上。表面上一切如昔，然而，改變卻慢慢的發生。

隨著與幼小年齡層幼兒的接觸經驗增加，以及對於環境的了解，在教學的設計與教材的準備方面，愈來愈駕輕就熟；相對地，花在教什麼，該如何教，以及立即性的、細節性的教學上的省思時間，

逐漸減少。因此，芝蓉老師逐漸開始思考一些教學上的大方向，也就是教育哲理的問題。看著孩子，不禁開始問自己，究竟要培育的是怎樣的幼苗？一切教學事宜的思考，不再僅僅是教案的累積、孩子懂不懂、會出現哪些成品等簡單而枝微末節的省思。真正的教學設計，應源自教師的教育哲理。而目前芝蓉老師的教學省思，專注在基本哲理的思考，以及如何在教學中實際落實。這種成長是真實而明顯的。

此外，芝蓉老師在這一年多以來，因擔任教學組長的任務，以及積極參與所方的行政事務，也開啓了專業上的另一片視野。教學上的省思習慣，也轉移至活動的策畫與行政事務的推動上。每策畫一個活動，每推動一項行政事務，都必然仔細的思考規畫，以及做出徹底的省思。有趣的是，這樣的省思模式也如同在教學上的省思一樣，是由起初地立即性的、細節性的思考，逐漸轉移至大綱式的、大方向的省思。以辦理親子活動爲例，初次辦理時，一開始思考的是方式、材料、可行性、有趣程度等問題，會鑽入細節的思考，省思也局限在小框框中，視野較小，也抓不住重點。而漸漸地，她會開始跳脫出原有的思考格局，如：我們希望建立的是怎樣的親師關係、這次活動的目的又是什麼？只要抓住這個大方向，做大綱式的規畫，而事後的省思也應以此爲依歸。而這樣的方式讓自己感受到視野的開闊，又是另一番專業成長。

值得一提的是，行政工作的歷練，也讓芝蓉老師獲得多重角度的省思成長。過去因爲擔任的是純教師的工作，對於教學的省思，便往往單純的僅由教師的角度出發，較未考量其他的角度。經由行政工作的歷練，學會了多重角度的思考，目前的省思已不再局限於老師怎麼看怎麼想，而開始思考，教學這樣進行，孩子的感受與經驗如何，家長面對這樣的教學，會有怎樣的期許與擔心，所方又會對這一切有哪些考量；而更深遠的考量是，這樣的教學對於幼教生態，又可能會有怎樣影響與衝擊。換言之，教學省思的角度愈來愈

廣泛而周全。

　　然而，進行中的除了芝蓉老師的專業成長之外，還有令人感到溫馨的教育循環過程。今年九月起，青青老師的孩子即將進入弘光附托就讀，成為芝蓉老師的學生。當年弘光幼保科的教學成果，將由青青老師以家長的身分驗收。面對這樣的情境與身分的轉變，兩人均感到興奮而期待。也許，這將是另一個精采故事的開始……

一位高職幼保科畢業生的幼教
專業成長歷程

受訪者
私立幼稚園教師嚴文華
訪談執筆
明新技術學院幼兒保育講師保心怡

妳對妳的夢想是很清楚的？

「對，只是再一次被人提醒——對，我要的就是這個東西。」

有更清晰嗎？

「有，從這樣子追溯下來，以前爲什麼不喜歡那個環境，現在爲什麼喜歡這個環境，是因爲這個環境慢慢接近你的理想。我覺得很有意思。」 ～第三次訪談記錄～

壹、緣起

昔日，高職幼保科畢業的學生似已能勝任進入幼教現場擔任主教老師，而僅在某些幼教機構中，由於考慮高職幼保科畢業的學生的年齡及學經歷，在園所內多半擔任行政教學助理或隨娃娃車等工作，升遷的機會較為有限。根據林佩蓉（民85；引自四一○教育改造聯盟，民86）的調查推估即發現，在已立案的公私立幼稚園教師中，高中職程度者占 50%，相對於師專程度者（40%）及大專程度者（9.6%），可見高中職程度者仍為目前幼稚園教學現場師資的重要來源；因公立幼稚園多要求師專以上程度師資，因此當僅計算私立幼稚園師資來源時，高中職教師則占了 63%；如果進一步考慮立案幼稚園超收班級（少報教師）及未立案幼稚園的存在，此比例可能還會增高。由此看來，在國內幼教這個低薪的職場中，高中職程度教師仍擔任著重要的角色。

今天，台灣社會對幼教工作者的專業要求較昔日為高（幼稚園教師需大專學歷，托兒所保育員需二專學歷），昔日合格者不再合格，繼續進修成為合格的途徑。在各方為高職幼保科畢業學生爭取開闢進修管道的努力之下，終於有技職院校二專、四技幼保科系的設立，許多現場工作者重新「背起書包上學去」，過著「全工全讀」的透支生活。然而，對於已有多年現場經驗的教師而言，她們已經歷了什麼？什麼是適合她們的課程，都還需要我們再深入了解。

筆者曾服務的A幼稚園中共有十三位帶班教師，其中有三位為幼保科畢業後即從事現場教學工作，其他皆為二專以上學歷。在這樣的工作環境中，高職幼保科畢業的教師難免感到壓力，覺得彷彿會被視為低人一等，卻又有些不以為然，前程又不明確，像身處夾縫之中。筆者十分關注此現象，於是選擇此為主題，藉著訪談來試

圖了解一位高職幼保科畢業生進入幼教職場的歷程——她如何抉擇、如何生存、如何看待「高職幼保科」這個學歷的標記，同時，也想了解什麼是她專業成長上的需求。

貳、訪談的過程

　　文華老師是創園元老，A幼稚園創立於民國八十三年，位於一科學園區旁的社區內，屬全市高收費之幼稚園，家長平均每月負擔一萬一千元幼兒學費，家長多數在園區公司上班。全園一百四十位幼兒，十三位教師，採主題教學方式，每週安排有體能、奧福音樂和英文課程。文華老師和另一位老師帶的是中大班，共二十五位小朋友。

　　筆者向自幼保科畢業已八年的文華老師提出邀請，並告知可能會占用不少她下班後的時間，出乎意料地，她很快地欣然接受。筆者透過正式和非正式的訪談，並蒐集受訪者寫給家長的親子手冊內容，做為訪談的參照資料。與文華老師前後正式訪談共三次（86年4月26日、5月14日及6月21日），筆者逐字登錄每次的訪談內容，然後仔細閱讀，整理時會將主題相近的內容列上標題，下次就其中想再深入了解的問題與受訪者對談。每次訪談前都將前次訪談記錄交給受訪者過目，確定沒有誤解其意思。最後，將所有訪談內容及訪談日誌匯總，試圖詮釋。

參、訪談內容整理

一、她來自幼保科

　　文華老師回憶剛開始是「為了一架鋼琴」而念幼保科。那時候住在眷村，父親的收入不是很高，而念幼保科一定需要有一架鋼琴；第二個原因是「喜歡小孩」，所以就去念它。

　　文華老師對幼保科的學習的實用性頗滿意，而其中一位有現場教學經驗的老師給與她滿大的影響：「我覺得滿好，像寫教案的東西，如果那時候沒有認真在學，我想現在會寫不出來；那時候老師常給我們題目，像海底世界，給一張紙，然後要我們在時間內設計出來。以前會很氣她，她很習慣不直接講，不直接教出來，她會像天女散花一樣丟作業；後來她告訴我們，只要你們錯了一步，就毀了孩子一輩子。後來我才知道要很認真去思考這個東西適不適合小孩子，這個導師有實際教學經驗，她的課我上了有興趣。」「還有一堂課是衛生方面，關於孩子受傷怎麼辦，滿喜歡的。最快樂是在高二，因為沒有英文課，沒有數學課，高二、高三都很快樂。也很喜歡手工課，手工、鋼琴沒過，你暑假也還要來。鋼琴已經學八年，七級才能畢業（十二級是最低一級），現在在教室裡沒用是因為隔音效果差，怕吵到別班。手工檢定也滿殘忍的，他給你一個故事，例如白雪公主要表現出來，結果我們那一年全軍覆沒，大家做白雪公主很美，但老師說那面鏡子才是主角，他說我們思考太單純，巫婆也可能是主角。高中三年都是女生，過得滿愉快的。」

　　英文、數學至今仍是文華老師心中的痛，甚至阻擾了她再進修的路，問及她想不想再進修時，她說：「會想，但不希望耽誤現在

的工作，一邊進修，一邊帶孩子，比較不會浪費時間；擔心的是自己考不考得上，因為我英文數學很差，會覺得很嘔，每次就是這兩科最差，可以考到個位數，挫折滿大的，因為我很喜歡這份工作，但我目前不會為了考試學英文，學英文是想去旅行。二專也沒有去考，因為我們同學去補習還是考不上。後來發現你學歷愈高，待的環境可能愈好，滿現實的；同學教了七年，台中的幼稚園不接受他，而是要師專的。」

文華老師對於幼保科學生在幼教職場所受的待遇頗不平，在她心目中，能力應是更重要的：「其實我比較不在意能不能報局，在意的是會不會因為你是幼保科就處處為難你，有些同學的幼稚園會覺得二專的學的比較多。我們去看他們學的，比較多要念的，我們的比較實用、比較活，有參觀研究的報告。在 A 園比較是看能力，不是學歷。有一段時間在想負責人為什麼都找學歷高的，我會納悶難道高學歷的就教得比較好嗎？後來會想她面對的不只是小朋友，還有園區的家長需求，今年應徵的方向是專科、不一定本科系的，我比較能接受。」

文華老師表示，如果不是堅持教學法要適合孩子，原本很快在第一個園就可以當園長，但覺得那樣沒有意思。

文華老師在當年幼保科的同學中，算是極少數仍留在幼教現場工作的，從她對同學動向的描述中，可見到幼教老師流動率高、供需差距大的現象來由。文華老師對金錢並不熱中追求，可能亦是她駐留此行業的「基本條件」。她說：「沒有參加過同學會，因為聽說他們都在比身上的珠寶，五十個同學現在有兩個還在教，八年了。有一個很厲害，她在同一個幼稚園待了六年，現在換了一個幼稚園也是發課本，她已經受不了了，可是為了『蔣中正和孫中山』，錢呀，沒辦法，我說可去找，她說沒辦法，台中普遍都這樣。五十五個同學大概有五、六個再進修，有去中台醫專念食品加工和紡織的，因為他們覺得學歷很重要。其他有教鋼琴的。還從事幼教的不多。」

一位高職幼保科畢業生為幼教專業成長歷程

園裡沒有完全依法規定徵選老師，文華老師仍有發揮的空間，當我們談到法令已通過托兒所保育員須二專程度，文華老師的看法是懷疑會全面實行，因為私立機構找不到人，應還是會聘用幼保科學生。但面對此趨勢，她仍有一點擔心：「我和Ａ老師完蛋了，沒工作可以做了。」

二、她的教學經歷與背景

她從幼保科畢業已八年。以前的第一志願是當軍人，但因個子太矮了不可能，「第二個是當老師。他們說可以考代課老師，我不喜歡，覺得幼稚園小朋友比較好玩。」她畢業後的第一份工作是在中部小市鎮的一家托兒所，做了三年。她強調自己不是一個很喜歡換工作的人：「我通常找一家就不會再找第二家了，剛畢業也不會想哪一家不錯。」

她在第一個職場的適應歷程是深受周遭人影響，「傻傻的」跟著他的步調行走，但對其「發課本」的集體灌輸教育方式的疑惑則是與日俱增。

她描述起始的經驗：「第一天站在前面可以管學生時有多麼了不起，會偷笑；後來慢慢覺得當老師也沒什麼，第一年會覺得我說什麼孩子就要聽我的，你到一個地方，別人都這樣，無形中受到影響。新鮮人，傻傻的。」

「你進入這個地方，會有前人告訴你要選課本，那時候也傻傻跟著做，久了會覺得不能這樣下去，那邊十來間都這樣。」

「教材是 qq、rr 的，然後就去選套書，它每一年都會幫你編排，有認知、自然科學的，把七本買下來就可以了，還有畫冊，然後每天就像國小功課表一樣排，回家要寫 123、國字名字。我發現小朋友也滿能適應功課表生活，他們哥哥姐姐也是這樣過來的，回家有功課。從來也沒有去過戶外，三年只去過木柵動物園，小朋友

很高興。」

「它的操場和現在的園一樣，教室差不多五坪，擺滿了桌椅，那時候滿痛苦的，本來二十五個學生，後來加到三十個、四十個。全園突破兩百個時，老闆就送每個老師一根藤條，管不住的時候用，有老師真的打；我會打在地板上，會覺得為什麼一定要這樣，孩子也沒錯，為什麼會讓場面那麼亂、控制不住，也許是環境太小，教的課本沒有趣味。可是還是有人這樣教一輩子，會想為什麼跟高中教的不一樣，第三年的時候滿想放棄的。」

她認為，自己幼教生涯的第一個轉折是學了蒙特梭利，這是她在當時尋找到的出路：「第二年開始想學點東西、充實一下，在人力發展學會上學會蒙特梭利，他們（王先生）請的是日本老師，學歷在日本承認。我有兩年的時間沒有星期六、星期天，星期六下午兩點到晚上九點，星期天早上九點到晚上九點。看很多錄影帶，有些理念很有意思（例如讓小朋友在限定的線上打來打去，小朋友真的可以理解）。學了之後覺得孩子有他們自己的事做，不是發課本就好。以前幼保科老師帶我們參觀，都是角落教學，我滿喜歡，本來進來也想做角落；可是空間太小，小朋友都沒地方走路，只好用發課本的。蒙特梭利學兩年，我決定不再這樣去教了，小朋友很可憐。」

第三年托兒所的老闆曾為她開了一班蒙特梭利班，據她說是幼教社的老闆告訴她老闆會有利潤，而老闆娘和她一起去聽過課，覺得不錯，於是二十個學生變十二個，學費貴二千元左右，曾開座談會由家長選擇，現在那個班仍在，由她的學妹在教。

筆者關心的是，那時候她覺得台灣的幼教是什麼面貌？在這裡，我們可以看到她所知覺到的城鄉差異，而且幼稚園、托兒所在實施時究竟有無區分，也帶給她不少的疑惑，她覺得台灣大多數的幼教機構：「是和我們托兒所一樣的方式，發課本，可能都市的，像台北、台中市會不一樣，那時候會很擔心自己是不是一輩子都要待這

裡，因為離我家滿近的。去台中，會擔心他們是不是要求老師是二專、師專的，那你可能要當助教；那時候滿傻，會以為幼稚園是比較開放的，托兒所就是發作業的那種，因為幼保科老師帶我們參觀實習都是幼稚園、大型托兒所，多半是單元教學、角落教學。後來知道托兒所也有做得不錯的。」

做了三年，她在高度自覺的思考下決定離開，她拒絕當「使用棍子」或「發課本」的人：「我發現，原來我是在一個給小朋友課本、每天在上課的傳統學校，我會掙扎自己真的要這樣做嗎？後來我決定不要。會跟自己的想法愈走愈遠，也怕自己習慣這個模式，老闆說我留下來就可以當園長，但是我不要當發課本的人。」她去年還去看那個老闆，方式沒改變：「他還是不變，教室還是有那些東西，老師還是可以處罰學生，我們那批走了，我們學妹在那裡當園長。」

她和園裡理念比較相近的老師朋友合開托嬰中心，因為「看到東勢整個環境都是類似的教學方式，有的更厲害，打的更兇，而且是媽媽允許的。所以想從小的開始帶（孩子小時，較容易改變家長觀念），一歲到三歲的。從找房子、租房子，四個人合作從釘木板開始，釘泡棉。有三樓，頂樓可以烤肉晒太陽，二樓鋪軟墊可以運動，開始二十幾個學生，後來愈來愈少，他們流動性太大了。做一年半，覺得太累了，然後我們又想說窮人家收便宜一點，所以就入不敷出，不敷成本，三十個學生還不夠發四個人的薪水。」

她描述幼教生涯第二個轉折是教正音中心，那時她一方面也是讓自己休息，因為她去考過正音，有證書，所以可以去教；那段日子裡，她又回到類似昔日那種「灌輸」的教師角色，她在框架中尋找可能的改變空間。例如：加入美勞的活動：「教了七個月。每天都教，有一天覺得自己好像在殘害他們，教他們拼音，那時候會覺得安親班教正音得一定要教到他們會為止。因為正音班不像其他學校一樣還有其他課程，是大班年齡，一年要教會整個國小一年級課

程，整天的。之前那個老師會發作業給學生寫，從早到晚，每天黑板抄一抄寫一寫，我去以後給他們訂教材，畫圖做美勞。本來想給他們更多東西，可是不允許，因為安親班就是要教會他們拼音國字或是進位的加法。」

她不久即離開了正音班，之後兩個月在家，她描述在家的生活和心境，對教育十分灰心：「每天跟媽媽去剪葡萄、裝葡萄、吃葡萄，沒什麼壓力，好舒服。那時候滿灰心教育是這樣，我不想教，可是為了現實問題要去帶，我也不確定不去教是正確的。」

她的第三個轉折是進入現在的幼稚園，在那時候她試圖確定幼教界是否有較合乎她想法、而她又可以去的地方，她是從學姐處獲得資訊：「滿想知道幼稚園就是要發課本嗎？除了發課本難道就沒有其他的方式嗎？我問學姐，她說台中也是這樣發課本。」此時，因現在的幼稚園負責人正值創園，股東之一是嚴老師的親戚，邀請她北上幫忙：「她說他們是用蒙特梭利，我就上來了，待到現在三年了。來到這邊可以照自己的想法，八年了，這裡可以把自己所學的發揮出來，很喜歡現在的工作。在這裡衝擊很大，才找到自己要的東西。」

三、教學關注焦點的轉變

問及幾年來教學所關心的點有何不同？從她的談話中可以看到她轉變的歷程，而她始終在面對一個理想與現實的落差，這個落差直到她進入現在這個園（A園），才逐漸拉近。

第一年園內「發課本」的方式使她幾乎放棄所學，用灌輸的方式孩子似乎也能接受，但她仍試圖去和小朋友建立較好的關係：「第一年剛去，一班一個老師，不曉得其他老師怎麼樣走過來的，就問其他老師怎麼帶，學校教的不太能用到，因為都是發課本的。好像沒學到什麼東西，等於說是放棄之前學校教我的東西，接受他們要

的東西，發課本，集體上廁所。學到的是如何和小朋友相處，以前認為小朋友是你要他怎樣他就怎麼樣，老師說什麼小朋友就要跟著做，慢慢的你會發現說要跟他一起做朋友，放下身段，不是百分之百你說什麼，小朋友就要做什麼，以前會覺得老師很好用。以前去外面看，實習生觀察的時候，會覺得小朋友怎麼那麼聽老師的話，不知道是不是帶久了。從小朋友身上學到滿多的，有幾個山地的孩子很愛跑來跑去，不會乖乖坐著，倒是會讓我想到比較多事。那時學校有個大操場，沒想過可以做什麼戶外活動，就是保育孩子，把他們帶大。跟現在截然不同。」「第一年的孩子比較沒有那麼自我，給他們寫東西，也不會去問一些問題，上課下課，玩就玩，很少問有的沒的。」

她對那種要求效果的才藝班對孩子的壓力始終抗拒：「那時候想的是不要上才藝班，老師就跟著全天班的小朋友去上才藝班，上才藝就一定要有效果，沒有效果家長就會不高興或怎樣，跳舞心算鋼琴都要檢定，畢業典禮時各種班要出來表演，我不喜歡那種壓力，小朋友學得不是很愉快，可是你也不能改變什麼。很擔心 A 園也會變成這樣（她舉目前葳學笛子被老師要求而有些害怕的例子）。」

第二年她一邊上蒙特梭利課一邊教學，經常會面臨所學和做法上的落差：「老師說要輕聲細語和小朋友講話，可是一面天天罵小孩，那個環境不允許我做到老師所教的方式，就會掙扎。小朋友的部分，其實你如果不要想太多，看到好的一面時，掙扎並不多，只是看小朋友學，發課本的時候就很難過。」

第三年她改成教蒙特梭利班，一個人獨自摸索：「那時候關心的就是做不做得下去，自己一個人教，也沒人可以問。」她離開了第一個園，但她迄今仍肯定蒙特梭利教學的理念：「學蒙特梭利，每個人的版本都不太一樣，會怕自己成為某一種方法的擁護者，像傳教一樣，但每一種方法還是有他的缺失在。所以當自己還不是很懂這個東西，會不敢教，有一點怕怕的，以為已經懂了，用起來發

現不是那麼回事；有人說台灣的幼教環境教不出那樣的小孩，我覺得問題不在這裡。滿喜歡蒙特梭利的理念和教法，而不是教具。」

她描述後來和友人創園時的摸索，和之前相同的是「把小朋友看好就是了」，但多了一些自主性：「出來自己開的時候會關心零至三歲的怎麼教，就憑自己的本能去帶（媽媽曾來幫忙，在如廁訓練上觀點不同，會去問，找資料），會想要怎麼做才能讓自己經營下去。那時候像保姆，沒有教什麼，把小朋友看好就是了，想用新方法時就收了。」此段時光雖然維持不久，但她對於終於可以用自己想的方式進行教學是很快樂的：「在育嬰中心很快樂，不需要講太多話，那時候發現講話是一件很討厭的事，為什麼要在黑板上教他們算數學、寫字。我就陪他們玩、做東西。那時候最快樂。」

之後安親班的時期，她自主的空間更是有限了：「去補習班的時候，自己根本就不用管，只要照老闆的意思帶小孩。」

她回顧起來，前幾年較關注的是孩子的作業成果，看不到孩子的發展和情緒層面的東西：「剛開始幾年比較不在意孩子的發展，就是心裡的東西。在意的是他知不知道一加一等於二，功課做好了沒有，今天有沒有受傷，畫圖用了幾個顏色，重複的機率高不高，是些瑣碎事，跟保姆沒什麼兩樣。兩邊（昔日和Ａ園）的教法不一樣，那邊孩子的發展你看不出來，你發給他作業，他乖乖寫；這邊的孩子自主性強，有什麼不一樣，就要跟爸媽講一下。」

談到她認為師生相處重要的事時，她認為和孩子有好的關係是重要的：「和孩子做朋友，了解他心理及發展的狀況，接下來的事情被打斷，會影響很大（班上有幾個特殊孩子）。這邊小朋友比較開放，不好帶。和孩子對立時不舒服。」

在課程設計部分，是自Ａ園才開始的，而且朝向自然、生活化：「在第一年時完全沒有課程設計，會想把課程設計得很精采，但都用教本，所以沒用。在Ａ園時較能用得上。在前幾個禮拜會先把細節寫好，想小朋友可能會有什麼反應，要講什麼話，先預演一

次。後來憑一種感覺，覺得小朋友應該不會不喜歡，因爲熟悉他們，現在可能前一刻才想，比較自然、生活化。有時候小朋友情緒比較不穩，就會臨時改變爲遊戲或出去走走。」

文華老師極喜愛孩子自發性的扮演活動：「從四月到六月我們都是進行戲劇活動，我自己很喜歡這部分，因爲他今日可以講很多，我們不干涉他，會講到一些很意外的事。像 W，我從來沒聽到他想當醫生；R 會和 W 約定明天要穿裙子，因爲 R 要當王子，要 W 當公主，後天的穿著又不一樣。戲劇活動很好，因爲他們可以透過講話自己玩，不需要老師教就可以互相學習。」

文華老師對小朋友爭吵事件的看法，從經驗、觀察中也轉變爲盡量讓孩子自己解決：「剛開始會想介入，發現會讓小朋友爭吵情節更嚴重，後來就慢慢看，看兩個人和好了，就算了，很嚴重才介入。以前是滿怕SS，因爲他出手都比較用力，他們兩個打在一起就會很緊張，會叫呀，小朋友變得很喜歡打小報告或是把老師當擋箭牌；後來我們發現，是老師角色在中間讓他們沒有辦法去協調，平常他們自己吵過還會玩在一起，老師插手，他們可能就不一起玩了，說別人什麼事情都要跟老師講。開會的時候也有提到可以觀望一下，沒有嚴重就不要馬上介入，可以減少磨擦，不然一天到晚都有人告訴你哪裡發生事情，都忘記他們自己要做什麼。」

目前文華老師教學上碰到較大的瓶頸是，自己身體狀況的影響、孩子行爲問題（如感覺統合問題）的處理和課程設計上缺乏新點子、沒有資源，無法延伸孩子的興趣。

她對課程的憂慮是：「如果自己身體狀況不好，那堂課不生動時就比較乏味。」「很需要教學的點子，第一年說一個故事很精采，第二年再重複就沒勁了。」「現在還沒有走到從孩子的東西出來這一步。像現在教學，孩子已經不喜歡了，可是你已經沒有精力去設計了，會卡住。像這個月走戲劇，剛好要做公演海報，畢業典禮來，什麼都不用做了，卡在那裡。又像上回走實驗，大的小朋友對電有

興趣，後來因為老師自己也不太懂，學校這方面教具又少，不知道怎麼教。」「有時候對孩子會大聲，會想是不是學不夠，像對SS，知道不是他的錯，有時會控制不住。會想進修，知道一些方法，不會對不起孩子。以前沒看過感覺統合有問題的孩子。」

她表示：「再進修會想學心理學，了解孩子的問題是怎麼衍生的，孩子在想些什麼，能夠幫助他。也想學課程設計，看周全與否。」最擔心的事是：「自己情緒不好時遷怒別的孩子，像班上有幾個難帶的孩子。」

在和家長的關係方面，她知覺到今昔的不同。昔日的家長較尊敬老師，有問題時，家長的傾向是回去「教訓」自己的孩子，對孩子的理解較難深入；現在家長對老師的期待較高，想了解更深入的東西：「那邊各方面很單純，家長不會那麼自負。這裡的家長比較是：我有能力給我孩子讀，相對的會要求老師學校投注在我孩子身上的比較多，比較不會站在老師的立場去體諒老師。鄉下的爸爸媽媽是如果孩子不乖，不會說是學校的問題，會想到可能是自己太忙或寵壞孩子，會先想到自己的部分，他們把老師看的地位可能比這裡還高一點，很尊敬老師，但不知道現在如何。」「第一年和家長比較難深入，例如，和家長說今天他小孩好像不舒服，情緒不好，家長會說不是不好，打一打就好了。今天不乖，家長會說回去修理修理就好了。」「這邊家長比較會聽你講他不知道的東西，關於孩子成長的事；那邊的家長比較關心小孩乖不乖，認不認真上課的問題。」

她回憶剛到A園時面對家長有些壓力，「剛開始在A園的時候會害怕，慢慢的溝通久了，了解了就好，對新生家長還會有這個部分。」目前則會因為孩子而主動和家長當面溝通，但家長的反應有些讓她力不從心：「這學期比較關心家長這方面的問題，比較希望是我們跟他說，他家裡的教育能配合，滿力不從心的，家長會問，我們會講，以前剛開始教，就不會想那麼遠，就是教小孩。」她喜

歡當面和家長溝通：「家長會問起，像有的小朋友上體能課不玩，有的上英文課會遊走，現象沒有了的時候，會跟家長講一下，通常是當天就跟家長講了。」「家長對小朋友的要求比較高，我不喜歡用電話和家長談話，看不到家長真實的反應。滿喜歡家長自己來接，可以談一些小朋友的事，像突發狀況。」

她溝通時仍然以孩子為主要的考慮，例如：「uu爸爸似乎只關心她吃飯問題，有時候會騙他說她吃了。因為很難扭轉他，想告訴他其他部分都沒機會。」

未來文華老師希望自己放鬆一點，把一些責任還給家長：「我們也試著讓自己不要那麼緊張，就像簡訊就跟園長拖著。未來一年希望自己放輕鬆一點，不把孩子看得那麼重，好像現在有些孩子之間的問題跟家長講，他們都不覺得很嚴重，我會很傷心很挫折，會擔心小朋友長大怎麼辦？（提及 BB 媽媽告訴 SS 媽媽感覺統合課程，SS 媽媽說 SS 沒問題，拒絕接受訊息就走的事件）以前會滿難過，現在滿能釋懷，因為自己能承擔的可能只有到這個部分，其他就要家長自己去努力了。」

文華老師面對周遭外界各層面的評價亦愈來愈傾向「多方面」的評價和「自我肯定」，她表示：「第一、二年會希望自己在老闆園長的眼中是比較好的狀態，今年以後就不會這樣想。去年被考核專業能力 3.5，又沒辦法問，滿難過的，今年覺得太累了，不管他誰來，不會追求結果。去年主管是說很多是主觀因素，現在我們不管了，因為我們得到不光是主管的認同，還有同事、家長方面。今年園長評鑑，我們上我們的，她看她的，剛開始會希望孩子安靜一點，後來覺得有她沒她在都一樣，孩子就是平常的狀況。可能從前是希望別人來肯定你，後來覺得自己肯定自己就可以了。」目前文華老師較大的壓力來自園內可能會朝戲劇的方向走，她表示「演戲壓力最大」，因為好像把自己的弱點暴露出來，她也自嘲這層壓力是「死要面子」。

在對於幼教的大環境問題，文華老師較提及的是目前幼、托不同、有混淆的情況，而幼保學校教的是另一套；她也懷疑教育是否真的被政府重視，公立附幼、托兒所辦得好嗎？她所認識的公立托兒所沒教什麼，她認為私立的好像比較好。

文華老師有一部分的心思仍懸在南部，她回憶起工作起來有亮光的時光仍是第一年，身體狀況較好，身心壓力不大。A園學得多，但相對壓力大，教學上較愉快：「那邊小朋友很單純，工作時間不長，身心比較不疲憊，體力負荷得了，自己生活步調滿正常，如果不考慮小朋友，滿愉快的。來A園衝擊很大，會思考一些事情，這邊是身心很累，可是教的很愉快。」「在A園成長比較多，學得比較多，如果回去主要是家裡的問題。」

今年她決定再留一年，會再留下來的原因主要是「情」：「同事好相處，捨不得小朋友，再幫新來的園長一年，穩住。媽媽不反對。在A園最痛苦的是孩子一直帶上來，身邊一直有三年的孩子。在東勢教大班，畢業就算，走了不會有什麼牽掛。我滿喜歡這些小孩的，如果白天罵小孩，回家會很難過，會想自己也許心情不好。」

一旦有一天要回去，教學方式是她首要考慮：「會擔心又得教發課本的，但聽說現在開了一家教室有角落的，我朋友幫我應徵，和負責人談過，覺得她理念還不錯。但聽說招生不足，因為沒有發課本。如果是要去台中，就會考慮待在這裡，熟悉的地方。」

問及是否會考慮轉行？她說：「沒想到轉行，有時候會覺得累呀，那種緩衝要自己能度過。」

四、她眼中的自己

目前文華老師眼中的自己是勞力又勞心，很認真，然後希望未來能較放鬆。

她覺得自己現在有時候像媽媽一樣，她的媽媽形象是：「包容

一些不該包容的事情，第一年剛出來滿像老師的，老師說的那套全搬出來，像是孩子哭的時候怎麼辦，該說什麼，不管阿貓阿狗全冠上去；現在比較是自己生活上的東西，自己累積出來的。到學期後面這段時候，會覺得自己像垃圾桶，他們有什麼事都跟你說，全部收進來然後分類，看這個要怎麼處理，那個要怎麼處理，事情太多，跟這個講一講，一下要換個臉跟那個講一講，可能是這些孩子要上小學了，最近有點不知道他們在想些什麼。最近覺得自己像老媽子，常在收拾善後，就是什麼事情都撿來做，園長來評量就是說我們幫孩子做太多了（盯抽屜的整潔、吃飯吃乾淨、椅子靠進去，對衛生規矩方面我們會比較要求），可以留給爸爸媽媽做；可是我們覺得來到這邊就是一種責任，和搭班老師連拖地都在討論等下小朋友要做什麼。本來會希望扭轉一切，希望孩子能因為你而有所改變，擔心小朋友到國小的問題，現在要想小朋友到國小以後不再是我們的問題，是爸媽的問題，事實上可以不要看得那麼重，慢慢盡量讓自己嘗試放下來。或許是因為我還沒有結婚，會把他們看得滿重的。」

　　問及她覺得全校老師中自己比較像誰？她說：「像搭班老師，想法滿相近。她比較緊張、更愛乾淨。例如：她會要求小朋友衣服排整齊，我只要求髒衣服放塑膠袋。我們都比較神經質，事情要早早做完。我和搭班老師會互相一直收拾東西，後來受不了了，決定不收了，現在很亂了，灰很厚了。」

　　她認為目前自己和所有Ａ園老師的共通點是「都滿敬業的」：「這裡老師不會差別很大，都很敬業，教法上會不一樣，是個人習慣的問題（除非是像老師對孩子有差別待遇的情形，對我衝擊會滿大）。第一年的學校，有的是年紀較大的媽媽，把教學當一份工作，想說反正我在這邊工作，如果我不走，你們也不能趕我走，沒有什麼理想，每天就帶孩子做功課。」

　　她提及有時會和同事開玩笑要去做女工，因為：「就不用想，只要做線上工作就好了。幼稚園工作其實做得滿痛苦的，你可以隨

便混日子，也可以讓自己做得很累。」

五、她眼中的專家與專業

　　文華老師對專家的期許很高，她對人們相信專家，或是說僅相信學歷的情形非常不以為然：「我不知道專家是否等於專業。今天我所說出來的話可能只有六十分，換成專家就變作一百分。我舉個例子，班上有個孩子做感覺統合，因為他會攻擊別人，我會跟他講把感覺大聲說出來，告訴別人你為什麼不喜歡他，因為這個孩子不能積壓，不然就會拿東西丟人；他媽媽當初會說為什麼這樣教她孩子，她會覺得她孩子為什麼常常動怒，我請她去問感覺統合的老師。結果她前天告訴我，她問的結果是當他生氣的時候要大聲說出來，和我告訴他的一模一樣，他媽媽還跟我講說我終於知道原因是在這裡了。我覺得很好笑，專家說的永遠都是對的。我不喜歡這個部分一直在這裡重複地出現。我在想是不是大部分的人都是這樣子，專家說的就是絕對的、可信度比較高。我們不是什麼博士的人講的就有待商榷。」（頗不平的？）「對。但他媽媽比較放心，我也很高興。」

　　專家、專業和他人看待幼保科學生的眼光，交織成一種複雜的、控訴的情緒，她一再強調經驗和能力的重要：「以一些考核的人來看，好像高職的人來教孩子就沒有達到一定的水準，好像什麼程度的老師就教出什麼程度的小孩；像我同學出去，人家會問你是哪個高職畢業的，好像你了解的不多，你教的孩子就好不到哪裡去。我很納悶，學術界的人是不是覺得我們不能教小孩，為什麼我們不能教幼稚園，二專大專的就可以，是我們學的偏保育而非教育嗎？或學的比較少？很多專家並沒有去做實際工作，只是做理論上研究的東西，A園比較特別，會用到許多高學歷的人。很多人不是學這個，但是他可以把小孩帶的很好（園內兩個老師），我覺得他有能力，

有經驗比較重要。」她又說：「很多二專畢業的在幼稚園一樣帶小孩，我比較在意的是有沒有用心帶小孩，能力比較重要。」她強調：「如果再進修，我還是會回到原點，我覺得能力比較重要，去念書會影響別人怎麼看你，但不會影響你自己怎麼看你自己。」

當討論到她覺得自己在專業成長（之前園裡邀請的演講者提及Katz 提出的幼教老師的成長階段，包括求生期、強化期、求新期和成熟期）的哪個階段，她認為自己不是穩定的在哪一期：「有的時候在求生期（碰到幾個難帶的孩子時），會在幾個階段跳來跳去。我不可能到最後一級，因為我不喜歡人家很注意我。」

六、她的夢想與實現

在第一次訪談就提及她的夢想，跟她的童年經驗是相呼應的：「我很喜歡《真善美》這部電影，可以帶小朋友出去玩，可以用窗簾做裙子，多好。對我影響最深的是小甜甜、小天使卡通，她陪她爺爺，住小閣樓，每天可以看星星、趕羊，我喜歡那種生活，孩子也是可以這樣；我的童年也是這樣過的，媽媽常常中午找不到我，我在別人家吃飯，我覺得孩子這樣才會好，現在的教育滿刻版的。」

將此夢想與幼兒園相結合時，目前對她仍只是夢想：「希望的幼兒園是可以養鴨、種筍、種地瓜的。可以邊唱邊抓東西的，不一定要教注音、數學。不過好像不可能。」她提及看過義大利的蒙特梭利錄影帶，覺得很棒，如果可以融合本土的東西就很好，可惜沒有人願意投資土地，而且她質疑為什麼這種教學一定會和貴族化連在一起。

她提及喜歡去布置一個空間的感覺，有尼泊爾、山地、黑人的服飾味道，色彩亮的，像齊豫衣服寬寬的，她強調「我的茶藝館不會太乾淨」，追求的是一種自由、隨興的感覺。但談到落實面時，她認為還是個夢想。

雖然多年前和人合開過幼兒園，她縱使有夢想，這幾年目睹當老闆者的處境，她不考慮再當經營者：「不會想當老闆，當老闆太累了，面對那麼不同的老師，不同的意見，老師還可以幫小朋友爭取一些東西，可是老闆的觀念不同，還要管經營上的問題。」

在最後一次訪談，問及她覺得自己在朝一個什麼方向走？她談到的是「回到孩子自己內在的東西去」，她說：「會希望從孩子的東西出來，是因為只有那一剎那，孩子最開心，沒有任何負擔，這種想法一直在我心裡，在幼保科的時候沒有那麼強烈，只覺得用老師教的這種方式孩子可能滿喜歡的。後來畢業以後第一年，發現孩子未必會很喜歡，這種想法愈來愈強烈。我覺得回到孩子自己內在的東西去，就不需要外在加給他（你要他怎麼樣就怎麼樣），我是希望能回到孩子要怎麼樣、你至少能看到他想怎麼樣，至少不要太離譜。」

回首她的專業生涯發展，她說：「以前是為工作而工作，沒想到自己會投入那麼多，會愈做愈有興趣。也萬萬沒有想到來這邊，大家的教法會和以前不一樣。我如果一直在中部，可能情形不是這樣子，可能還停留在那個階段，沒有想到來這裡轉變會那麼大——對小孩方面。我自己不曉得怎麼樣走下去才是我真正想要的，我的夢想是小朋友自己會種菜，自己去拔自己的菜來吃，我真的希望有這樣的東西在，可是不曉得台灣可能有這樣的學校嗎？」即使她目前尚未完全實現願望，她的兒童觀、學習觀已是十分一貫而顯明的了。

我們談及有一家幼稚園的小朋友母親節自己種康乃馨的事，她很喜歡這樣的方式，覺得台灣教育還有希望。

七、尾聲

訪談告一段落，筆者請文華老師分享：這樣子訪談的經驗對她

……（因不想影響她的想法，所以留白）。她說：「覺得很新鮮，因爲以前沒這樣子的機會，也沒有人願意聽你説那麼多話，跟同事聊也都是聊現在、未來，不會聊以前，很少會聊那麼多不同的東西，我覺得滿好的，講出來滿舒服的，至少跟別人分享的感覺，誰要聽你囉哩叭唆説一堆，大家都忙得要死。」「是一個滿新的經驗，我覺得自己滿幸運，一輩子有誰會碰到這樣的機會。至少你（我）的東西對別人（交作業）有用。」

筆者更關心的是，這樣的訪談對文華老師自己有用嗎？她說：「有，會想到以前我在做什麼，會從頭再想，有時候你問我，我不經意説出來，我都不曉得自己有這樣的想法。我如果現在不去整理，像是夢想、生活環境和背景，讓我希望以後的幼稚園也是這樣子，原來我以前就是這樣過的，會希望小朋友的也是這樣子。」

她開始覺得：「如果沒有上幼保科或來 A 園，這種想法還是會存在，跟我的生長背景有關係，我就是這樣長大的，會投射到你希望給小朋友的也是這樣子。」

近訪談的尾聲，筆者問文華老師：「你對你的夢想是很清楚的？」她表示：「對，只是再一次被人提醒，對，我要的就是這個東西。」「有更清晰嗎？」「有，從這樣子追溯下來，以前爲什麼不喜歡那個環境，現在爲什麼喜歡這個環境，是因爲這個環境慢慢接近你的理想。我覺得很有意思。」

Kelchtermams 與 Vandenberghe（1994）曾強調，以自傳式的觀點來理解教師專業成長的價值，他們認爲要了解教師的專業行爲及成長，不僅需要從廣的生涯脈絡來看，教師個人生活史亦提供了重要的訊息。我們可以看到，這樣的觀點鼓勵著現場工作者説出自己的專業成長故事，Brooke（1994）即敘述了她如何從一位助理教師逐漸成爲專業工作者的歷程，其中並真誠地敘述她的經歷，包括談到自己身上「專業」的標記，可能成爲幼教現場工作中自己與人溝通的阻隔等等經驗。

在探索這個類似主題的過程中，筆者尚未如質的研究方法中所要求的，去深入閱讀文獻，只有在訪談的過程中不斷提醒自己放下判斷，只是聆聽。希望提供訪談對象的是一個「看到自己」的經驗，過程中也可以感受到文華老師很珍視這個重新整理。

在半結構的訪談中，文華老師其實已表達了她教學的信念。雖然短時間內，尚無法蒐集文華老師教學信念中各個層面的觀點，但已可看到她從童年生活及描寫人生理想境界的影片、卡通中所凝聚出來的聲音：「回到孩子自己內在的東西去」「希望從孩子的東西出來」一直在她的幼教生涯中呼喚著她，這部分是她進入師資培訓系統前即成形的。然而當她進入幼教職場的前期，她無法取得信念和實際經驗上的平衡時，她無法在現場支撐許久。

惟有當她的外在環境所提供的條件（負責人理念、教學方式、教師文化等）與她的信念較一致時，她才能將她的信念轉化為實際的經驗。雖然目前尚未觀察嚴老師的實際教學，但從她的自述中可看到關於「教師控制」的敘述漸少，而「學生參與」的敘述則增加了；她的教學任務也從「是一份工作」轉向更多專業上的追求。

黃秀鳳（民80）在「幼稚園教師教學關注之研究」中介紹Fuller的教學關注模式。在一九六〇年代，Fuller綜合眾多研究結果，提出教師教學關注模式（teacher concerns model），他認為不同階段的教師在教學上關注的課題會有所不同。一般而言，初任教的教師較傾向於自我關注（self-concerns），例如擔心自己是否被學生、上司接納。當自我關注滿足後，教師的注意力轉向教學工作上，稱為教學任務關注期（task-concerns），主要關心如何達成教學任務。當此關注解決後，進而產生對學生學習影響的關注（impact-concerns），真正關心學生認知與情意的發展。Fuller且認為，教師關注發展模式不是固定（lock-up）單方向的順序，教學關注理論強調喚起（arousal）及解決（resolution）學習階梯的觀念，使教學關注漸漸成熟，在這個過程中可能產生進步、停滯甚至退步的情形，教師也有可能偏離

這樣的發展模式。造成偏離現象最明顯的原因就是教師個人特性及教學環境。

Fuller 觀察結果顯示：每一個人進入新環境一定會經歷自我關注，然後再逐漸有成熟的關注產生。也就是說，既使已達到成熟關注的教師，當移轉到新的工作環境時，仍然會退回自我關注期，解決自我關注之任務後再進入教學任務關注期，待該關注任務解除後，產生學習影響關注。Fuller（1974）比喻說：一個在繩索上的人，我們很難期盼他去關心他人。由此可見，此時的教學關注可能與教師的「適應」、「成熟」或其他社會價值無關。

文華老師的歷程似乎與 Fuller 的發現呼應，她的關注點也隨著職場的變換而有移轉。在第一個職場中，她從「自我關注」逐漸朝向「教學任務關注」，且有「對學生學習影響關注」，但較停留在思維層次；在自創園中，她較關注「教學任務」；在安親班中，日常事務對她已不是挑戰，她仍試圖關注「對學生學習影響」，但發展有限。在 A 園中，她似乎又重新經歷此三階段，且較穩定地關注「對學生學習影響」；對自我的評價也不太受主管影響了。

經歷此次訪談歷程，發現文華老師的「原始關懷」和「夢想」似乎是引領她幼教生命的主軸，而影響此夢想具體成形的是她的際遇——或是說是「她知覺範圍內所能選擇的環境」。透過訪談或反思歷程，讓幼兒教師看到自己的「原始關懷」和「夢想」，是探索教師專業成長值得嘗試的途徑。

然而，筆者更加關心好奇的是，哪一種力量、特質或能力，會使一位教師突破環境的諸般限制來實踐夢想。如果 A 園的負責人當初沒有邀請文華老師，她會放棄？停留？繼續探尋？或去創造一個理想園？這是值得師資培訓者深思的問題。

參考書目

四一〇教育改造聯盟（民86）：在公平開放中發展幼兒教育——幼
　　教白皮書。頁46～47。
黃秀鳳（民80）：幼稚園教師教學關注之研究。國立臺灣師範大學
　　家政教育研究所碩士論文。

10

面對特殊幼兒的專業成長

輔仁大學兒童與家庭學系附設幼兒中心老師
詹美倩

壹、前言

　　我所面對的個案是一位自閉症幼兒，就讀於小班，當時的我是只有一年**教學經驗**的教師。個案的實際年齡比同年幼兒大一歲，所以體型較同儕高大，動作也較快，而語言發展則較為遲緩，尚未出現有意義的語言。

　　由於我曾經在大學期間，協助老師從事自閉症回歸主流研究攝影工作，對於自閉症兒童有初步的觀察經驗，所以並不排斥班級中有個案的安置。面對個案，心態就如同接納一位新生。但對於究竟該如何教導？個案的特殊行為有哪些？家庭背景如何？徵狀？等問題讓我產生困惑，我針對這幾個問題向轉介老師詢問。在與轉介老師商討之後，了解到可以用平常心面對，如同與一般幼兒相處的模式，盡量不要對個案貼上「標籤」。

因為我以前從未實際接觸特殊個案，加上轉介老師看待個案行為的態度輕鬆，所以我並未深思會有其他狀況發生，因此與班上夥伴老師討論課程與作息安排時，只達成初步共識——以顧及全班幼兒需求為主要考量，就開始與個案的接觸，並沒有將個案列入特別考量。

貳、我的挑戰與困擾

一、個案的行為問題

個案造成我最大的困擾是：

1. 無法遵守常規的約束，甚至於有安全上的顧慮。個案常會跑出教室，並沒有特別原因地閒逛，或跑到其他班，甚至走出校門。當全班出去戶外活動時，個案若有離開團體活動範圍的情況出現，兩位老師中的其中一位便必須去帶他回來，另一位老師則必須帶著其他二十九位小朋友。
2. 個案對空間的**轉換**接受度低，當全班從教室到戶外或活動室、餐廳，做不同的活動時，個案常會有大叫的抗拒性行為；有時旁觀的家長會感到很奇怪，造成老師很大的壓力。
3. 個案對玩具或教室中的布置，有其「不按牌理出牌」的特殊玩法；有時看似危險，或是因為違反常規，我擔心同儕會模仿，都會去制止他繼續他的遊戲，因而造成我與個案的爭執，師生之間互動關係也因而常常出現緊張狀態。

二、課程進行之困難

　　個案在全班上團體課時，會在教室內外游離，並不會坐下加入課程。由於我在教室中的角落和安全規則訂定嚴格，例如要掛角落名牌，以控制角落中的參與人數；幼兒離開要收好玩具。因此師生之間常因常規而關係緊張，引發不愉快的狀況發生，個案可能會尖叫或跑出教室。

三、與同儕的互動

　　個案漸漸與同儕有肢體接觸的機會發生，但是有時因為太用力，而使同儕感到痛或生氣，使得個案示好的舉動，反而變得使同儕不喜歡，甚至排斥他。個案的脫序或不接受常規約束的行為，同儕看見時會主動向老師告狀。同儕對個案的「與眾不同」，如聽不懂個案的話、個案坐不住、個案大叫……，會來詢問老師。

四、家長的質疑與壓力

　　家長因為自己的孩子被個案抓頭髮或推、拉行為，為了保護孩子而質疑班上安置個案的動機與做法。個案有離開教室或全班的位置時，家長看見了會擔心老師為了照顧個案一人，而忽略了其他幼兒的安全或因此無法進行課程，影響其他幼兒的學習。此外，家長們觀察到個案的行為，例如不清楚的口語、跑出教室……等，會就發生狀況詢問我。當時的我已經感到有些混亂，因此不論家長的質疑甚或關心，都只會造成我更大的壓力。

五、老師的情緒

　　對於個案頻頻出我意料之外的行為，甚感棘手與無奈，我的情緒也因而由輕鬆、平靜，轉為焦慮、疑惑；甚至當全班秩序失控時，我會油然生出一股憤怒的心情，挫敗感也不斷襲上心頭。在嘗試又嘗試各種策略來因應個案的行為，卻無法立即改變個案的行為或改變班級現況時，我會有不想理他、放棄的念頭產生。這個念頭與「身為一個專業且良好的幼教老師」的原則，不斷衝突、交戰，矛盾、不安和焦慮感一直壓迫著我。

參、我面對挑戰的因應策略

一、個案行為問題處理策略

　　剛開始，我會同理個案的行為，並且在平日的觀察，以及與同班夥伴的討論中，正確判斷個案行為的意義。當個案出現常跑出教室的行為時，我就修正流程安排、課程活動內容和常規制定，盡量降低個案情緒不穩的變因。我下達給個案的指令單純化，不做太冗長的述說去解釋我想要個案做的事情。對個案的常規約束不要太細瑣，設法將焦點移開，減少製造彼此衝突的機會。一項一項的常規要求，避免同時要求而使個案無所適從，甚或不了解我的意思。了解「你好，我也好」的理性情緒，首先強調彼此雙方都能「活得下去」，才不至於因為期望過多，使得雙方壓力都上升。提醒自己，不要受傳統老師角色壓力限制，認為必須帶好每個幼兒，尤其是特殊的孩子，而在老師身上加了神聖的光圈，使自己受了束縛。我盡

量在個案表現預期行為或穩定時，主動接觸鼓勵，建立良好關係，忽略介入個案的負向行為。

二、課程與適應

為了兼顧其他幼兒課程安排和安全，以及個案會游離、較不願意待在有常規限制的空間的特性，我因此改變團體上課方式，將全班分成二組，一組十五人來進行課程。兩組課程一定有一組在戶外進行體能、律動等課程，另一組則在教室中進行工作、語文、認知課程。同時將小班的作息流程調整，點心改成盡量在教室進食，減少空間轉換的次數，並可以請個案協助簡單的分配工作。我也將戶外活動挪到放學前時段，使自由活動、課程進行和角落時間都連續在教室中進行，亦達成減少空間轉換的目的。由於顧慮個案情緒穩定，老師也可輕鬆教學，課程方面，尋找寬廣空間且不受常規和安全因素限制，且讓個案自由選擇小組，多數他選擇戶外那一組，他會待在教室則是因為喜歡老師和課程吸引他。

三、同儕相處方面

教導個案與同儕互動技巧時，我也會向同儕解釋個案的行為和動機。告訴一般幼兒，個案還在學習說話，所以大家可以教他；個案想和大家做朋友，但是太用力了，不要害怕，同時我要教個案要輕輕碰觸別人。在常規要求方面，由於同儕很明確指出個案不遵守的部分，為了公平起見，讓我重新反省規則的明確和合適性，因此我制定了更具體的規則，並且從大方面要求，如不玩水、不可以跑出教室，以期能同時適用個案與同儕，在兼顧特殊幼兒的同時，也能符合我的原則，做到全班一致的要求。我也學習在回答同儕問題的措詞上特別留意，不用「生病」、「很壞」字眼。我盡量同理個

案的行為，不斷提醒同儕說個案「正在學習中，大家可以幫助他、告訴他」。

四、開家長會解答家長的疑惑，平日則多與家長就所提問題溝通

由於有些家長認為個案也有接受教育的權利，並且在看見個案有進步的表現時，會告訴其他家長，或為我打氣，體恤我的付出。因此，在同為家長的立場上，願意接納個案的家長，並且在家教導孩子學習保護自己和與個案相處的方法，其所談的言論就較為反對家長的同理及接受。有些家長若就其片面觀察所得的結果請教我時，我會針對個案的行為解釋，並且表達希望受到家長的肯定與幫忙。我也會對家長提出的困惑，將目前施行的教學策略讓家長了解，也使家長對個案的行為動機能夠同理而後安心。在家長擔心同儕的安全方面，我會更注意兼顧課程進行與幼兒的安全，必要時會放棄課程的進行，先處理個案的問題或幼兒的狀況。此外，我也向園方工作人員尋求人力的支持和協助，並且，不斷向轉介老師商討，並研究如何改善現況。個案的家長希望我特別給與個案「指導」，其他家長又擔心老師會花太多心力在個案身上，既認為我辛勞，又怕我會忽略其他幼兒的需求，來自雙方家長的衝突，雖然無形中增加我的心理負擔和壓力，也更刺激我求好心切的決心。

五、情緒調適有賴以下各方面的配合

㈠家長的鼓勵和肯定

家長們接納的態度，以及對個案進步的肯定，還有當我需要協助時予以支援，都使我在面對個案時獲得鼓勵，也在面對其他幼兒

的照顧時有了支持的力量而鬆了一口氣。

(二)夥伴的合作

　　我與同班夥伴是大學時期要好的同學，感情、默契自然不在話下。因此，當一位老師處理個案的問題時，另一位老師，不需經過提醒就負起照顧二十九位幼兒的責任。兩人觀察或處理個案行為有所心得時，會彼此分享而不藏私。遇到挫折時，會傾聽對方的想法，並給與打氣加油。執行個案的處理策略之前，兩人會經過討論後達成共識，再用一致的標準與態度面對個案。我們會以同理個案行為的態度，解釋個案行為的意義與動機，再由個案適性發展。兩人的默契，也增加教學的愉快氣氛和順暢。

(三)個案的成長

　　第一次面對特殊個案，對於一年教學經驗的兩位老師來說，常常有力不心的感覺，所以看到個案的成長與穩定，會使我很感動。個案的想像遊戲層次非常高，令老師讚嘆不已。從個案來的每一次挑戰，我都視為專業能力成長的動力，以培養我解決問題的能力；也從不同角度來省思自己的收穫，這樣一來，慢慢壓力就容易釋放了。

(四)指導者的鼓勵和指導

　　在每個月的定期約談時間中，我暢談觀察記錄，指導者會從我的談話內容，針對我的問題，予以開放式的對話和思考，誘導我們想出解決的策略。當我感到挫折時，指導者會同情我、支持我，了解我的需求，提供溫暖的關懷，為我打氣。指導者的輕鬆態度和開放心，也同時提醒我在面對個案時，不要太拘泥於小原則，調適我的心態，更開放和輕鬆。

㈤朋友的支持

我的男朋友並不是相關科系畢業，並無法給與我知識上的協助，然而當我與他談論我的情緒和問題時，他會專心傾聽並了解狀況，細細詢問如同指導者般關懷的感覺。當我挫折、憤怒時，他提醒我很重要的理念——這個小朋友已經與別人不一樣了，他所受的待遇也不平等，所以不能放棄他，因爲他需要幫助。我的男友常鼓勵我用開放和寬容的態度，去看待個案的行爲，如此一來就不會太在意他的行爲，而把自己壓得喘不過氣來。男友的客觀態度，不斷提醒我從不同角度看待個案，爲自己注入一股新活力。

㈥人本基金會之影響

我在大三升大四的暑假，因爲選修「專業實習」課程的機會，接觸了「人本基金會」。對於這個機構的理念以及工作人員的真誠和爲改革教育奔波的精神，非常感動且有深刻的體驗。在參與「森林小學」、「人本營」……等活動，對於「以人爲本」，尤其是「尊重」、「平等」的精神與定義，有了清楚的認識與實踐。當自己置身在這樣的環境，更是獲得至深的心得和滿足，也更激發了我要從事幼教的想法。而在我面對個案時，很輕易就將這些理念落實，也深信會對個案及我有所助益。

㈦自己的個性

由於非常喜歡與幼兒相處，認爲從幼兒身上所得的收穫，遠多於自己一些些的付出；再加上我對於生活中面臨的問題，都會視爲挑戰，以解決問題、快樂生活爲成長的動力。所以在面對個案的行爲，會促使我不斷自省，試著更主動接納，用平常心對待，期待「明天會更好」來看待個案的成長過程。

肆、老師的專業成長與影響

　　此次的教學經驗對我的專業成長，在教學技巧方面，可以將特殊幼兒視為正常，老師只要在其情緒及特殊行為上更細心留意及耐心對，多付出心力，敏銳且客觀的觀察，有助於了解特殊幼兒，建立師生關係。在語言發展方面，從生活情境的需要與經驗中學習自然的對話。老師要運用環境的改變，降低特殊幼兒行為的特殊性，而非將焦點放在改變個案的特殊行為。教室本來應該是安全無障礙的空間，一般幼兒會習得社會化的指令和制約，不會顯示出太多問題。反之，特殊幼兒的行為則提供老師一個自省的機會，例如檢視空間的安全性、課程是否吸引幼兒、規則的合適性。

　　在專業態度方面的成長，由於接觸個案時，我只有一年幼教經驗，因此在照顧同儕需求和安全，又要顧及個案的特殊行為時，因為我的教學技巧及專業能力尚未臻純熟，所以會在情緒方面感到較累，雖然嘗試讓同儕解決問題，但是小班幼兒也正在發展和學習此項能力，還需要老師的協助。在經歷一年的挑戰後，領悟到「你（指老師）能活下去，他（指個案）能活下去」的開放和寬容的想法，才是成功的第一步。老師不要把焦點鎖定個案，不要想立即改正個案的特殊行為；在常規制定時不要太僵化，訂出最重要的大原則即可。此外，同時要省思老師處罰幼兒行為的目的，針對幼兒的行為修正，而命令幼兒接受老師的指令。在做行為修正時，不受壓力或家長其他因素干擾。老師訂定全班規則時，可考慮一致性，但是不一定需要公平，因為特殊幼兒本身能力已經不公平。

　　在所獲得的經驗，最大的收穫就是適用於所有的幼兒。因為我認為每個幼兒都是獨特的個體，其或多或少都有特殊性，老師都可以一視同仁，我想這也是特殊幼兒回歸普通教育的目的吧！只要多

同理、多些耐心，他們在此應獲得如同正常幼兒般的看待。

在之後的教學經驗中，我處理幼兒的行為問題時，會考慮每位幼兒的獨特性，更能接納幼兒的個別差異。對於幼兒情緒反應的敏感度增加，以幼兒本位來檢視教室布置和課程安排，我更同理幼兒的固著性和堅持度。對於幼兒照顧與老師應變能力，提升更開放的心態。這些都是面對特殊幼兒後的專業成長。

伍、結論

綜合以上所述，我從接觸個案的經驗中，不僅增加個人專業能力，也對我的人生態度有所啟發。我學會用開放、寬容的態度面對別人；主動考慮別人所需要的，並且真正尊重他所需求的，接納並同理他。由於個案較不具社會化的行為，老師才能真正體會幼兒的心理需求，從挑戰中學習解決問題，累積豐富的經驗與心得，開發老師的智慧與潛能。

第2篇

人際關係

——來！說我們的故事：幼教師的專業成長

11

兩個女人的故事

台北市立南海實驗幼稚園
鄭玉玲
台北市新生國民小學附設幼稚園
練雅婷

壹、前言

　　你快樂嗎？在教學環境中，溝通最為頻繁，相處時間最久，小到如何教孩子擺設餐具，大到如何擬定教學計畫，你都不能忽略另一半的存在——你的搭檔。也就是說，搭檔間的人際關係左右了你的心情，決定了你的工作效率，也影響著班級的氣氛及班級的經營。雖然目前幼稚園每班有二名教師合班教學，而如何善用彼此的特長，調整自我的角度，使其發揮出最合適的關係，讓孩子在一個愉快且安全的環境中學習與成長，也讓教師有一個快樂而和諧的工作環境，則是有賴於合班教師的用心經營。

貳、合班教師知多少？

一、合班教師知多少

　　一個班級有兩位導師，在國內教育體制內是較特別的現象，而這個現象也非每個階段的受教者都能享有的福氣，因此學齡前的孩子，尤其在公立幼稚園的孩子比起私立幼稚園更是幸運，能享有一個班二位老師的照顧。這也是國內幼教界鑑於學齡前孩子須受到更多的照料，幼兒能力的開啟在此階段是黃金期，而為孩子所爭取的福利。雖無法完全比照部分先進國家低於 1：15 的師生比例，但在比上不足、比下有餘的情況下，我們仍為政府對幼兒福祉的重視而喝采，因為有了穩健的第一步，使我們有昂首闊步的期待。

二、合班教師的組合模式

㈠最佳拍檔〈夢幻組合〉

　　兩位教師的搭班狀況，可從班級的氣氛及教師的舉手投足間，觀察到這是不是一個默契佳的班級。在一個默契十足的班級裡，孩子是最幸福的一群，而此處也將會是孩子的快樂天堂。兩位教師彼此的理念、想法相近，目標一致，甚至在活動進行時常會出現相同的點子或做法，或者是活動當中，搭檔接續了自己將要接的話，剎時間，感受到彼此心有靈犀，覺得真的是太有默契了。對一些突發狀況的處理，如：孩子身體不適、受傷、不慎打翻東西……等，兩位教師能立刻地相互補位，互相支援，並將事情做最完善的處理，

讓彼此能安心於當下的工作，一者可再次感受到如此的搭檔組合真是太棒了。就因為彼此間能相互扶持、尊重與信任、欣賞對方，一個和諧而愉快的環境，便很自然的衍生出來。

㈡近似厭惡

與前一類型相對的搭班方式，便是合班的兩位教師明顯的分隔主教與助教的角色，有些狀況稍差者甚至公然地劃清界限或你帶一半我帶一半。造成此現象有些可能因為先前曾有過衝突，未能即時的化解開，長期累積下來，而形成解不開的結（對當事者而言）。或是在抽籤搭班時，抽到大夥兒公認為不受歡迎或與自己個性不合的老師，在別無選擇的情況下，也只能自認倒楣，忍耐一年！為了能使班務有所進展，只好明確劃分工作，以免因煩心瑣碎的事務再次引起衝突或糾紛。不過，仍會有人將問題公開地搬上枱面來，不僅影響整個教學的氣氛，更讓孩子無所適從。然而這種情況也是我們最不樂意見到的，因為它所影響的層面不僅是教師本身，甚至是幼兒及家長。

㈢雖不盡滿意但彼此仍能調適或搭檔的夥伴

這種搭班的情形是前述兩種的折衷，多數的搭檔都能平和的相處，相安無事，雖然在理念或做法上有許多不同，對彼此的處理方式或做事方法也不盡然能完全認同，但彼此仍能試著找尋出平衡點，共同經營班級。也有部分的合班，會因偶發事件的衝突，意見的相左及爭議，影響或動搖了彼此相處的關係及互動的模式，此時其實是考驗彼此溝通協調能力的最佳時機，若能即時的化解，不但有助於彼此關係的進展，更可使彼此的共識得以累積。

參、從無到有的默契關係

一、關於個人的故事

甲老師

　　甲老師在幼教界服務頗長一段時間，除了教學之外，也嘗試擔任其他不同的工作，如教務行政、總務行政、教材編輯、教學輔導等，而繞了一大圈終究回到教學的原點。甲老師曾一個人帶領超過四十位的孩子，也曾經上午一個班下午一個班；曾經害怕過，也曾經不懼風浪地走過來；曾經倦怠過，也曾經期待興奮過。一路上有不同的成就，也有不同的感受。早期工作上的成就來自於「孩子把一個課程學會了」，心情就如同井底之蛙似的，以為已是全世界最能幹的老師了，完全藐視孩子的需求與興趣。隨著對知識需求的渴望，不斷地參與各種進修與研習，逐漸了解到本身對幼教的認知似乎已偏頗，教學應不僅是「老師教、孩子學」而已，更應隨著注重孩子全方位的發展做全方位的成長。

　　而目前的幼教環境，於私或許有心無力，於公易流於有心有力卻不得其門而入，老師們只有消極的盡力而為。有鑑於此，更加深甲老師的反省及調整的腳步，雖然步步為營、步步為艱，但是沒有跨出去，就無法了解其可行性的多寡，於是進入公立幼稚園，一面教，一面學。在公立幼稚園裡，兩個老師帶領三十位孩子，有足夠的空間、充實的設備，一切看來比私幼老師幸福許多，然而過去的經驗仍是寶貴的、難得的。公幼沒有幼生流失及招生的壓力，而穩定的收入及自由的教學環境，加上天天看到的是孩子快樂的笑容，

而不是哭喪的臉，使甲老師有了這種想法——「有一天，我有了自己的孩子，我要讓他天天露出快樂的笑容，告訴我，『媽媽，我好喜歡上學。』這才是孩子的快樂天堂。」孩子能有所學固然可喜，但能學以致用，在道德、人格、情感的良性學習，遠比知識的學習讓孩子的身心更健康，在社會上生存更能產出正確的價值觀。所以，在幾年來漸漸了解到「好老師」的真諦，就如同前面所言，協助孩子快樂健康的成長，使人格產生正面的養成，而知識的教授、技巧的指導則量孩子的力而為，而甲老師也在努力地朝向「好老師」的標準而邁進。

乙老師

　　時間過得真快，一轉眼間，乙老師踏入幼教工作已有數個寒暑了。想起這段不算短的日子，好像是昨日的情事，在腦海中一一的浮現，畫面依晰可見。初踏入校園時，心情如同新鮮人要上一年級般，既興奮、擔心又害怕，興奮的是「自己終於長大了」，又跨入一個新的階段，擔心害怕的是對於一個新的環境「自己是否有能力去適應」，個中夾雜著許多不安定感。即便如此，乙老師仍盡力去扮演、經營好所擔任的角色。然而，多數的時間仍以教學工作為主，也曾經嘗試過其他不同的行政事務工作，例如：教務行政、書籍或教材的編輯……等，而教學還是乙老師最鍾愛的工作。不過，對於所經歷過不同的工作經驗，乙老師都將之視為是另一種學習的機會及歷練，並也珍惜曾經擁有過的難得經驗。

　　很幸運地，乙老師一踏進幼教界，便於公幼服務，南海陪伴乙老師成長至今。記得初進南海之時，由於是屬於新手級的老師，教學的經驗非常有限，如果想要借助舊經驗來帶領孩子及整個班級，似乎是行不通的。唯一能稍微依賴的，應是幼專二年時期在社團帶領小學生時的經驗吧！雖同為孩子，但畢竟有一大段的差距，無法依樣畫葫蘆，將活動照單全收地應用在幼稚園的孩子身上。不過，

從中乙老師發現孩子們有個共同的天性，便是他們都喜歡活潑、有趣，又有些挑戰性的遊戲，遊戲除了能引起學習的興趣外，學習的效果也較佳。於是，朝著這個方向，乙老師一方面觀摩、學習搭檔的班級經營技巧，另一方面則從自己比較拿手的團康活動及技巧中下手，嘗試著將活動做調整，以適合幼稚園的孩子。當時對於教學，只是很單純地在單向的輸出給孩子，少能顧及孩子們真正的需求是什麼，雖然無法每次都很成功或順利，但經歷過了一番跌跌撞撞所嘗到的果實更令人珍惜。同時乙老師相信，只要願意嘗試與付出，有跨出去的勇氣，它都將會是值得的。透過這樣摸索學習的階段，讓乙老師在往後班級經營的方法與技巧上，奠定了厚實確切的基礎。

話說：「書到用時方恨少。」當自己有了親身的體驗，才深切的體會到這句話的真意。也因為如此，我開始多方面且積極地吸取新的資訊，參與各種進修和研習的活動，也逐漸發現教學不應只有老師一味的單向輸出，班級應是老師和孩子共同擁有的，而且應該由師生共同來經營，老師在其中所扮演的角色，也需要有所轉換。老師應是這環境中的提供者、催化者、引導者、啟發者，及協助者等，同時要有敏銳的觀察力，顧及到孩子的需求，考量到孩子的能力，將學習的機會交還給孩子，讓孩子自己來做計畫、做決定，以及學習如何解決問題；過程中，也應同時注重孩子人格的發展及情感的教育，使孩子能健康快樂且健全的學習與成長。而這也正是我一直在努力追尋的目標。加油吧！築夢的人！

總而言之，相逢自是有緣。不同特質的二人共同經營一個班級是一種因緣際會，也是一種挑戰。甲、乙老師由於理念接近，在溝通想法時，較能順利進行；由於觀點相仿，在處理事情時落差亦小，因此能將班級經營得差強人意。反之，若二人的理念、觀點相差大時，可能又得尋求另外一種不同的方式來溝通了。

二、波此關係——從無到有的背景因素

從 1：40 的師生比到 1：15 的師生比，使個人的工作量驟減許多，但也須考量到另一位老師的角色。兩位主要教師共同決定一件事情，無法立即像一個老師般，可馬上依自己的想法做出決定，必須考量另一教師的想法，並綜合兩人想法，使其為一，又不傷害彼此之感受。維持二人和諧共事關係，確實須盡可能的面面俱到，否則不和諧的合作關係，不僅影響教學，更對孩子的人格發展有極不良的影響，這並不符合我們所預期的目標。

幾年來因園內的人事異動，使每位老師或多或少都有過不同的搭檔，而不同特質的兩個女人如何相處，就讓我們來看看，兩個女人最近兩年多來的合班經驗。

(一)促使了解彼此的管道（如何了解對方）

對一個認識多年卻未合作過的老師，對於對方的了解大概就是平日不太深入的招呼、問候，或不經心地聽其在會議上的發言諸如此類的接觸而已。當確定得知共事的人是誰之後，便開始有了以下動作出現：

1. 相互揣摩

首先憑藉對其外表給人的感覺，再依平日所見的表現、作風，甚至穿著打扮開始加以揣摩。如果平日見人就微笑招呼、鞠躬作揖的人，大概個性屬較有禮貌；而總是笑臉迎人、個性溫和者，應是容易與人相處；做起事來一板一眼，開不起玩笑，有問才有答的人，大概是比較有個性的人，在溝通上須用點技巧，才容易有結果。如此回想過去幾年同事卻未共事的日子中，大概可對新搭檔了解一、二，這樣的揣摩對於即將合班的彼此也稍有心理準備。二人雖無實際共事經驗，但仍可從多方面了解對方，如平日別人對他的評語、

合辦活動的合作經驗……等。

2.察言觀色

　　合班之前，如果沒有相當足夠時間將對方打量清楚，就開始展開二人的合作關係，也就是說打鴨子上架開始展開兩人關係。此時，當一方已有想法而於未提出之前，可先聽聽對方的看法，若對方未表示，則可藉由教學的準備、環境整理，主動和對方聊些輕鬆的話題或話家常，常可有效地拉近彼此的距離，並化解彼此尷尬而陌生的感覺；有了共同話題之後，要進入僵硬的教學討論便可輕鬆許多。如果對方只是附和「好」、「試試看」，則其可能有自己的想法，可請其分享出來。彼此抱著「說說看、聽聽看」也無妨的心態，較能深入了解對方對事情的想法與觀點。漸漸的彼此聽與說的互動愈多，洞悉對方做事方法的機會也就愈多，彼此的觀察、了解愈深刻，愈可避免溝通時不必要的磨擦，做出較理性且有效的互動。因此尚未了解對方之前，要心思細膩、行事謹慎，才能逐步地將兩人關係往前推進。

㈡合班時間的長短與默契的關係——實例說明

　　隨著搭配時間愈久，彼此會愈來愈了解，剛開始時通常合作關係會不甚熟悉，此時，彼此應抱持著「我不太了解你，可是我會尊重你，也許你也同樣的尊重我」的態度。當合班時間長了，相處時間久了，彼此有較多的認識及了解後，則可較大方地向對方提出自己的看法，聆聽對方的想法，如此對自己的表達和接收也會顯得較明確而清楚，當然也就不再限於「嗯」、「好」、「沒關係」、「可以啊」，那種相敬如賓的型態。通常第一年的合作狀況較屬於這種相敬如賓的模式，藉以處理彼此不甚了解的關係。第二年以後，由於已較清楚了解彼此的個性，知道如何表達一件事讓對方知悉，透過溝通以找出彼此都可接受的看法。也就是說，意見的表達已能較坦誠、豁然，意見的接收能理性客觀，在處理事情時能更見效率，

因此合班時間的長短是可能影響二人合作關係的因素。

◈ 例子

　　班上有本親子共同的剪貼簿，每個孩子各自擁有一本，它是配合班級活動或方案的主題活動，請孩子和家長在家中做為資料蒐集、記錄用的簿本，除藉此讓家長了解部分課程的方向外，也是提供家長與孩子互動的一種親子活動，具增進親子間情感、培養親子和諧關係的功用。但在不同階段的合班關係中，二人之態度亦有不同。

第一年

　　甲：這週要不要做親子剪貼集？（試探性詢問對方）
　　乙：可是難得週末的假期，對一些人來說可能是負擔。（未明
　　　　白說出不要做親子剪貼集）
　　甲：對！（認同乙的看法）
　　乙：那我們做簡單一點的。（為了顧及彼此的想法都不落空，
　　　　要與不要有所折衷，於是有了另種方案）
　　甲：好啊！

第二年

　　甲：好久沒做剪貼集了，這個禮拜該要做了哦！（明白表達自
　　　　己的看法）
　　乙：家長難得放個假，讓他們輕鬆一點吧！（明確反對）
　　甲：有些家長會比來比去的，說 XX 班都做了好多次了，我們
　　　　班怎麼都沒做。（提出說服理由）
　　乙：每班活動不一樣，家長不該比來比去的，徒增我們的壓力。
　　　　（把抱怨轉移到家長身上，不會直接影響二人的關係）
　　甲：你說的我也了解。但做剪貼集也可增進親子的互動，況且

我們也不是每週都做。（見乙稍軟化，乃試圖再說服一次）

乙：好吧！那就發吧！（雖意願不高，但甲說的有道理，可接
受）

(三)良好合作關係的產生

從合班開始，二人的關係就無法分開，因為二人共同經營一個
班級，就如同共同投資一項事業，除了離開這個班級外，二人已然
是個班級共同體、生命共同體，其關係無所不在。教室內帶活動，
如果能我配合你，你配合我，你一言，我一句，將活動有秩序的往
下帶，使其完整的結束，完美而完整的活動正是二人良性互動關係
所帶來的結果。團體活動時，問話打結了，有人即時接下，將問題
闡述清楚，化解僵局，也是良性合作關係產生的一例。除了教室之
外，園內的各種情境亦可產生良性合作關係。如開會前，乙若要提
意見，先聽甲的看法，將意見或表達方式加以修改再提，提出後甲
給與附議，也會使二人關係更貼近；而校務以外的各種場合，二人
會顧及彼此的感覺，相約喝茶、看電影，特別的節日時來點不一樣
的小禮，不僅讓合夥人在工作上的關係更密切，也使彼此多些不同
的感覺，合作關係也會因而多添一份溫馨與和諧。

(四)預期與落差時的調整

有了各種揣摩、觀察之後，每個人在心中各有了底，當然也不
希望自己的判斷與實際有太大誤差，但即使是赫赫有名的觀察家也
不盡然能把每件事分析得完全透徹。因此，如何調整在預期當中所
產生的落差也是一門學問。有人會生悶氣；有人會覺得錯把對方高
估；有人則會認為每人處理問題的方法不同，也許對方正嘗試新的
處理方式……以下舉甲、乙二師調整落差時的處理情形，也各有調
整的一套方法。

問題：一個孩子因挑食，所以每次早餐時間一到就開始哭，哭
　　　了之後就吐了滿地。

甲的調整：心想我的話乙應聽進去了，乙把孩子帶去溝通，以
我的了解，她應該也勸孩子多少吃點東西，就由乙去解決吧！

甲：我們先試著吃一口，吃一口就好。（試著來哄孩子不哭，
　　孩子仍哭。）

乙：你不哭，我們就不吃。（給孩子更大的空間）

甲：我覺得這樣不妥，這是他慣用的方法，以後他不想吃就用
　　哭，應該讓他吃一點，不應該讓他養成習慣。（心想乙為
　　什麼連這種知識都不知道）

乙：因為他一哭就會吐，每吐就會產生連鎖反應。（乙最討厭
　　處理孩子吐的東西，乙自己聞得都想吐，於是逕自把孩子
　　帶進辦公室和孩子私下溝通。）

甲：（心想我的話乙應聽進去了，乙把孩子帶去溝通，以我的
　　了解，她應也勸孩子多少吃點東西，就由乙去解決吧！）

乙的調整：針對吃早餐事件，乙對於甲用較強硬式的態度也頗
失望，於是找了時間和甲談，希望甲能認同乙的做法。

乙：我也知道，長久下去會養成孩子以哭鬧代吃的習慣，但得
　　先和家長做溝通，再用稍硬的原則來處理問題。

甲：我覺得對孩子就是要有原則。

乙：短暫的妥協，不代表就會長期妥協，我也認同你的想法，
　　只是不急於一時。（與甲說明自己的想法、做法，並對甲
　　表示認同。）

甲：那我們找時間和家長溝通吧！

乙：（高興甲能接受乙的說明。）

(五)未能事前溝通的例外狀況（實例）

園內的後院是孩子們非常喜愛及駐足停留的地方之一，除了寬敞的活動空間外，還有許多吸引孩子的大自然界活教材，其中相當受到孩子們喜愛的便是——含羞草，只要孩子們細嫩的小手輕觸一下含羞草，含羞草就會立刻合起來，並低下頭來，儼然像個害羞的孩子躲到媽媽的身後。經一段時間，葉子便會慢慢地展開，再度迎向孩子們的笑臉。孩子總是忘不了含羞草的可愛模樣，每回到後院玩耍或探園時，總不忘去造訪含羞草一番。因而在一次結束後院的探訪活動後，我們放了一段輕柔的音樂，一方面讓孩子們將高亢的情緒做適度的緩衝及調整，同時也讓孩子們靜下來回想探園時的畫面。隨後並分享了他們的感覺，不少孩子表達了對含羞草的喜愛，以及深植孩子腦中的含羞草葉子合起垂下的剎那模樣。看到孩子們對含羞草深刻的印象，甲老師便順勢延續這股熱度，邀請孩子來表演所看到的含羞草，幾個孩子爭相表演。很快地或坐、或蹲，雙手從臉的上方展現出來，如同含羞草張開葉片，甲老師接續著說：「這裡的含羞草，長得真是漂亮！我好想輕輕碰它一下喔！」就在甲老師的手輕輕碰觸這株含羞草的同時，含羞草即刻合起了葉子，垂了下來（孩子也將頭低了下來）。在帶領孩子分享討論及肢體創作的當時，二位老師一搭一唱相互配合，乙老師利用空檔抽身從班上的錄音帶堆中，找尋到一首含羞草的台語兒歌——見笑草。利用肢體扮演含羞草的孩子愈來愈多，興趣也愈來愈濃厚，愈扮愈起勁，於是乙老師向甲老師打了個暗號，將在適當的時間帶入此一兒歌，甲老師知道了，便予以配合。

肢體扮演活動接近尾聲處，乙老師告訴大家，她知道有人做了

一首有關含羞草的歌，非常的好聽，想介紹給小朋友聽，立即得到孩子們的回應，甲老師配合乙老師喚回先前的經驗，並逐漸將歌曲中的歌詞融入其中。就這樣孩子很快地記住歌詞，在音樂聲的陪伴下將「見笑草」唱了出來。邊唱邊配合著歌詞，運用肢體創作出不同的動作，每人都有不同的造形，間奏時則像是被微風吹過的含羞草，在風中搖曳著，活動就在孩子給自己及好朋友的鼓勵聲中暫告一段落。

這個活動的呈現是二人事先未經過商量和設計的，而是由一位老師先開了頭，另一位老師再加入搭檔配合，藉由二人臨場的隨機反應、平時的默契，以及孩子活動時的反應，適時的將活動做發展，甚至於轉化、調整，盡量使其活動變得更豐富。類似這種未事先溝通過的活動，其實在二人合班的教學中是滿常見的，能在未事先溝通的情況下，活動又能順利地進行，應該是靠平日的溝通協調，累積許多彼此的共識，以及合作中所培養及磨練出來的默契吧！

肆、合班教師之間的關係

一、教學原則的溝通

一般而言，活動之前二人會針對即將要進行的課程進行討論與溝通，例如：開學之初，分別提出有關新生適應期間該教的內容，包括常規與技巧，彼此溝通意見。如：喝水、如廁、排隊、用餐……等基本事項，並依輕重緩急，安排在開學後的一週內。而哪種活動方式較能為孩子所接受，且容易達成效果的，也會在課程決定後一併討論，例如：布偶的扮演最能吸引孩子，團體遊戲最可讓孩子融入團體生活中，都會優先使用於開學初。不過活動的進行並非一成

不變，若能依孩子當時的反應、狀況及興趣等，適時地做修正及調整，則可使活動更符合孩子的需求。

二、合班教師的互動模式

由於二人搭配的方式是採用協同教學的教學模式，因而彼此同時擁有重疊的角色及責任，為了能有效的延續各項活動的進行，二人彼此的互動及溝通的方式如下：

㈠彼此充分的配合

在活動進行中，會運用幾種方式來通知彼此、傳遞訊息，使活動能夠順利的延續或發展下去。

- 用眼神：對著搭檔拋個眼神或是眨個眼睛。
- 用手勢或打暗號讓搭檔知道可能轉換、加入，或是其他的變化等。
- 利用教學技巧：例如，我有個小祕密，你想不想聽？兩人一搭一唱地表示高度的好奇心，於是甲老師順應了乙老師的話：「既然你這麼想聽，那我就告訴你。」二人便交頭接耳地比畫著，像是在說祕密般，藉此之際，將新的想法或點子，或者是接下來的進行方式做一簡短的溝通或傳達。以下便是二人在教學相互配合時，最常見到的幾種互動方式：

1. 一搭一唱

在活動進行時，時常運用此方式，兩人你一言、我一句地交錯搭配著，彼此接續對方的話語，或者是動作之類的，將活動一步步向前推，藉以增強教學的效果，或是增加孩子的印象。例如：飛機方案中的一小片段——因金門彈藥車爆炸事件，而引發孩子們對直昇機在此事件中所扮演的角色及直昇機的用途有了熱烈討論。過程中，孩子們從各方面分享他們的舊經驗，在孩子仍不斷回想時，老

師隨機扮演新聞記者報導相關事件：

> 甲：現在我們要與直昇機上的記者進行連線，喂！喂！莉莉！有沒有聽到？
>
> 乙：有聽到。
>
> 甲：請你告訴我們現在連續假期高速公路上的路況怎麼樣？
>
> 乙：好的。現在記者所在的位置是在苗栗三義地段的上方，可清楚地看到此路段是塞車的，在往前的路段……，這是記者莉莉在直昇機上所做的報導，好，我們把現場交回給棚內的主播伊伊。
>
> 甲：謝謝莉莉為我們所做的報導，今天的報導到此，謝謝大家！

2.互相填補

當二人之間並未明確地劃分誰為主教者或協助者的角色時，這兩種角色對二人來說是機動性的，隨時能做更換的，不因偶發的事件而阻擋活動的進行。有需要時，彼此會主動地接替對方的角色，使活動持續正常的進行。例如：一位老師正拿著故事書在講故事，另一位老師在一旁協助維持孩子的秩序，同時也觀察孩子聽故事時的情形，臨時園內有急事需由正在說故事的老師親自前往處理，在此時，另一位老師便即刻接手說故事的工作，使故事得以繼續下去，不致受影響。

(二)主動的與對方溝通，彼此徵詢意見

班級要能正常且更好的運作，需要靠二位教師的付出及共同的經營，然而這都需借助溝通的管道；如果二位教師都能有溝通的意願，願意將彼此工作的情形告訴對方，使彼此都能清楚且了解狀況，不但孩子能得到較完善的照顧，也會使工作的進行更順利。另外，對於孩子問題的處理、教材的準備、活動的進行等，若能主動的徵

詢彼此的意見，會讓對方覺得備受尊重，對班級的經營也將會事半功倍，增進彼此和諧的關係。例如：乙老師發現小彩這週上課時，時常會發呆，有時眼睛看著前方，似乎在想著事情，好像有心事般，有時又提不起勁的樣子；除了因感冒之外，與她聊天、互動也未發現有何異處。於是，乙老師將發現的情形主動的說明給甲老師聽，而甲老師也表示，她也覺得小彩近來的表現確實不同以往。乙老師接著說：「不知道會不會是家裡有什麼事？因而影響到她？是不是要找一天問問媽媽，了解最近在家的情況怎麼樣？」經彼此的溝通及交換意見後，甲老師也贊同找個時間和媽媽聊聊。

(三)互相幫忙

溝通的管道打開後，彼此的感情更好，而話題也不再只限於教學或孩子上，隨著關係的向前邁進，彼此相互關心，進而相互的幫忙，當個人有困難或不便時，也能適時提供能力所及的協助。例如：寒假時，兩位老師想和園內的幾位老師利用難得的假期做一趟新加坡之旅，但因某些原因△、□、╳、※、☆……，所以乙老師不克前往，雖然有些氣餒及百般的不願意，終究無法改變事實。然而甲老師也正煩惱於出國期間孩子的托育問題，於是乙老師向甲老師表示孩子可以交給她，要她可以放心地出去玩。就這樣，甲老師愉快且安心地旅遊去了。

(四)適時的給與對方讚美與鼓勵或是感激之詞

二人常給孩子鼓勵、讚美，也常看到或聽到類似的話語：在讚美、鼓勵聲中成長的孩子，會變得有自信……等。其實不分大人、小孩都渴望別人適時的鼓勵，但這往往也是大人們最容易忽略掉的部分。所謂讚美、鼓勵，不是彼此過度或過分誇耀對方的好，而是發自於內心深處真誠的表達，感謝之情亦如此。二位老師也發覺，對於愈是親近的人，反而愈是容易遺漏或是難以啟齒，這種真情的

表情即是有感謝的心，也總是到了嘴邊，又收了回去，總是無法即時或適時的表達感激之意。鑑於此，二人便特別的提醒自己，別吝於給對方打氣及鼓勵，對於彼此的付出也不忘感謝。

三、合班教師的分工

一個班級除了活動之外，仍有許多的班務要處理、教材要準備，常須利用課程以外的時間完成，以期課程能順利進展。例如環境的整理、情境的布置，若由一人來做得花上雙倍時間，二人共同完成可縮短時間。瑣碎的班務，如表格的填列、日誌的記錄、聯絡本的書寫、教材的準備、教具的更換及分類⋯⋯等，二人通常是甲老師做這事，乙老師便做另一事，逐項將班務處理妥當。而有些事須二人共同合作，才不致有誤差，如幼兒行為的分析、與家長的溝通⋯⋯等，是須取得二人的共識，才能做出客觀的描述。有些事情須以敏銳感來察覺，並看著辦，若每次都得由一人提醒，恐怕二人關係易生嫌隙，長久下來，合作關係也會惡化。因此，分工並非壁壘分明，而是互相幫忙，以求最高效率的合作品質。

伍、二人合班的現況

一、課前的溝通與討論

兩人通常會針對近日來對孩子的觀察，所得的感想，分析其需要、興趣、課程的可行性⋯⋯等，相互提出自己的課程構想，並協調意見使其合一，以成為接下來的活動依據。

甲：孩子最近常將玩具拿去當買賣之商品，且大部分孩子也會過去參觀並表示購買之意，可以考慮延伸孩子對買賣有興趣的點，做成一主題式活動。

乙：我也看到了，但還不太能夠確定他對此興趣是否能持續，可以讓進行買賣活動的孩子來分享他們買賣時候所發現的問題及應注意的事情。

甲：也可以帶孩子去逛街或去買東西，使他們有直接及自己真正的購買經驗，以強化目前模仿的經驗。

乙：也可以請家長利用假日帶孩子參觀買賣活動，有了這麼多方面的刺激與經驗，就可掌握孩子買賣活動的興趣，也可以產生確定的主題。

甲：好，那就安排週四參觀商店，本週並針對買賣活動請親子共同蒐集資料。

二、活動中的協調

活動進行時兩位同時說話，孩子會不知聽誰的；於是一搭一唱，把活動串聯起來較易有生動豐富的內容。例：甲師一大早來便準備著稍後要用的肢體創作活動的音樂。時候到了，甲師放了輕音樂，拿了鈴鼓，先把孩子變成小石頭，變成大樹，變成毛毛蟲，變成小水珠；乙師見狀立即在甲師指令空檔給了甲師一個手勢，表示即將接手；於是，小水珠隨即在乙師的指令下變成水蒸氣，緩緩往上飄，再度落下，掉到水庫，隨河流進入水廠；甲師再次以手勢表示接手，而水滴進入製冰廠，變成一枝枝的冰棒；乙師自然接下，並讚美每

枝冰棒都有不同的模子裝著，拆掉之後，一枝枝的造型冰棒就出來了。兩位老師一搭一唱，順著水可能產生的變化繼續和孩子創作肢體動作，最後冰棒送到包裝部門包裝，再送到商店販賣，老師是老闆也是購買者……。肢體活動後，大家坐成圓形，甲師在提問題時，乙師則將身分降到和孩子一樣，說話得舉手，也同時示範了發言須舉手的規矩；而甲師想再度表達意見，也得舉手等待乙師邀請才可發言，兩位老師在活動中，忽而扮老師是主導的角色，忽而將身分回歸到和孩子平行的地位，因此活動得以完整進行到結束。

三、活動後的溝通與檢討

　　某日，乙師帶領孩子進行倫敦鐵橋的遊戲，每個孩子搭著前一個人的肩膀哼唱著倫敦鐵橋的曲子，依序穿過老師用雙手搭建而成的城門，待孩子熟悉活動方式後，乙師加入了變化，以增加遊戲的趣味性及挑戰性。就是在唱完歌曲的同時，乙師說出一句話，例如：「我喜歡你」四個字，孩子們須立即找四個人湊成一組。當曲子再開始時，孩子繼續搭上別人的肩，持續前述之活動。活動進行時，乙師心中也不免有些擔心，不知孩子是否能了解遊戲方式，且適時的做出反應，但仍依原想法嘗試。甲師也打了暗號給乙師，表示在第一次嘗試後，看了孩子的反應，大多數都能即時做反應，且正確的找到友伴的人數，可持續活動的進行，而甲師也參與配合，使活動更順利的進行。

　　當日活動後，兩位老師在進行教學討論時，便聊到此一狀況，彼此分享自己所持的想法。甲師首先道出她的擔心及顧忌，表達她擔心孩子無法立即將語詞轉換成數量的訊息接收，並做出反應。而乙師所想的是，以近二、三週對孩子的觀察，也許並沒有十成的把握，但覺得孩子應可以達成；在當時如果孩子的反應情況不佳，就會立刻改變方式，也就是直接喊數字，例如：「6」，孩子便找六個

人為一小組。另一方面，乙師想若能於活動中多達成一個目標的話，那就會選擇這樣的多目標活動來進行。乙師更進一步探究地問甲師，為什麼當時不堅持自己想法或即時的將活動做轉換、調整？甲師的回答是，看了孩子後續幾次的反應都可達到目標，便沒有調整活動的必要性了。更何況活動本身不須論成敗，任何活動都有其階段性的目標，若無法立即達到顯著的目標，亦可調慢腳步，終究可達成目標。可見，兩位老師將內心的想法提出討論，對彼此理解及持續進行活動都十分重要。

陸、影響合班教師的因素

一、有利因素

㈠互相截長補短，充分發揮個人所長

每個人都有其較特殊的才能，如何將個人所長充分發揮，足以影響班級經營的成功與否。舉例來說，擅長美勞的老師與另一位擅長遊戲的老師搭配，可使美勞遊戲化，而不再是呆板的畫畫課而已，不僅教學品質可以提升，也使老師充分獲得成就與自信。

㈡各種活動之計畫可經由討論而更為周延

每個人對事的看法及思考角度各有不同，若二人能透過討論使活動計畫更完備，所進行的活動也因二人的相互激盪而呈現更有特色的風格，活動也因此能更周延。

㈢幼兒的觀察、評量、輔導可更客觀而詳盡

人是感情的動物，因而在處理任何事情時，總會摻入個人的主觀意識，也因此影響到客觀性的判斷。二人的合作可將孩子的行為表現做仔細的觀察與評量，進一步提出更適合孩子發展的輔導方案。因為融合二人的觀點、判斷與輔導措施都可做得深入且客觀，成功率也因而大大提升。

㈣增加幼兒個別輔導之機會，使獲得更多之學習

不論是學習或行為表現，幼兒因個別差異之故，也會出現許多個別的問題。全班的團體輔導固然重要，個別輔導亦不可少。而師生比例較低，孩子受到老師個別教育的機會自然增加，每個孩子與老師個別接觸機會增加，學習與輔導效果也就容易事半功倍。

㈤可節省共同的資源，如人力、時間等

瑣碎的班務若能有效的分工，不但節省彼此的時間，亦可使班務的推展得以順利進行。因此有效的運用資源，定可節省不必要的人力與物力。

二、阻礙因素

㈠人格特質互異，易影響有效之溝通

如果二人人格特質相差頗大，對事情的認知及價值判斷迥異，對於共同經營一個班級的看法與溝通，就不易達成共識，更容易影響有效溝通。

㈡各自爭取認同，易有糾紛產生

老師們各自討好孩子及家長，爭取外人對自我的認同感，缺乏共同體的體認，易形成小團體，並產生猜忌互疑，於是糾紛隨之而來。

㈢堅持己見，缺乏理性與客觀

處理事情時，堅持自己的想法，無法接納他人的觀點，使事情變得狹促、主觀，因缺乏理性與客觀的態度，以致影響事情的完整性。

柒、結語

一個和尚挑水喝，兩個和尚抬水喝，三個和尚沒水喝。一個人的工作量如果能由兩個人來分擔，的確可以減輕不少負擔，但是在分擔的過程中，可能出現的是計較、推諉、自私、任性，也有可能出現理性、包容、互相勉勵、扶持，許許多多的可能性，就好像數學的或然率。然而在人各有其個性的前提下，你可以預測、可以假想、可以選擇改變自己，卻無法改變兩個女人親密共事的關係（至少目前如此）。所以，除了盡本分之外，把心胸放大一點兒，把手臂伸展開來，用心迎接與你我共事的每位夥伴，你我將會為兩人世界的合班關係締造一番新氣象。

_12_

我、合班教師、園長
——談幼師的人際關係及我的自處之道

國立台灣師範大學附設實驗幼稚園老師
蔡菁菁

前言

　　幼稚園中的教學品質一直都是眾人注目的焦點，但是園中的人際關係卻常被忽略，其實這才是真正嚴重影響教學的重要關鍵。人際間的互動，一直都是十分重要且不易學習的功課，老師與老師、老師與園長、老師與園方的溝通、園長與同事間的溝通、園方與家長間的互動等等，這之間的關係是相當微妙且複雜的，而這其中更以合班老師間的配合最爲奧妙，影響最爲深遠。

　　幼稚園教師的流動率高，合班夥伴的更換頻率也相對提高，因此新老師到新學校要如何適應，資深老師和園長要如何接納新老師，新老師與舊老師的配搭，舊老師間的新組合等，彼此之間的調適，都值得我們深思與探索。本文乃將根據個人經驗與聽聞，來談談合

班老師之間問題形成的原因及其影響，以及自己在其中的成長過程等三大部分。在教學過程中我與其他人的互動，包括與園長、老師、廚房阿姨、行政人員……等，有許多愉快的經驗及和諧的人際關係，但礙於篇幅及為了能找到幼稚園裡，影響人際關係之問題癥結，本文舉了較多負面的例子，希望能藉此與同在幼稚園裡服務的園長、老師們分享，進而共同尋求成長的空間，若真能達到此目標也算是自己為幼教成就一件美事吧！

壹、我的經歷

第一階段　上路

　　高職幼保科畢業後，擔任小班老師，園方將活動內容、教學工作交由老師全權處理，自己獨當一面，雖不至於太害怕卻有些緊張，因為由學生角色轉變為老師，開始學習面對「成人」之間的互動，這是頭一遭經驗。在爸媽、老師的提醒教導下，為自己訂定了幾個原則：1.盡自己的本分，把工作做好。2.以禮待人，並常常笑臉迎人。3.少說話，多做事。對於工作內容、福利、待遇等等，有不太合理的地方（比方說：一天跟五趟車，教學資源除了桌椅、簿本外其他自備，點心碗要在中午前找時間洗……等），當時告訴自己「要忍耐」，學期末再換一所學校就好了，所以園方怎麼說就怎麼做。之後四、五年的教學生涯就一直把持這樣的原則，只要不影響或干涉我的教學工作就萬事 OK。

　　頭幾年的教學生涯裡，都是單獨帶班，沒有任何經驗。與家長的互動、溝通上，則抱持坦誠、愛孩子的態度，與「先讚美再修正」的方法，先聊孩子良好的表現、再提出家長可以再配合的地方，甚

至傳遞教學理念，發覺自己一次比一次進步，因此建立了教學的信心。

第二階段　暫別

　　教學工作持續將近二年的時間，因為師院一直未開辦幼教學分班，所以無法取得合格教師資格，常被司機嘲弄為「地下的」老師，因此開始懷疑自己真的能夠勝任這份神聖的工作嗎？加上自己實在不願做違法的事，所以選擇離開幼教工作。接著在一家與音樂有關的出版社，擔任發行工作，後來接任了主管，因為這項工作使我有機會接觸行政、會計、出版、發行、錄音等，甚至也涉獵法律相關資訊，在人際互動與溝通技巧上也有許多的磨練。這段時間我一邊工作、也一邊就讀空大社會科學系。

第三階段　確定

　　雖然離開幼教工作，但對幼兒的喜愛不僅絲毫未減，甚至與日俱增，於是在外闖蕩三年後決定重返幼稚園。就在此時，恰巧師院的幼教學分班再次招生了，我也順利取得合格教師資格，重回幼教崗位。這三年幼教界有較大的改變，許多家長察覺到學前教育的重要，教育當局也開始正視幼稚園是否任用合格的幼教老師，幼教的專業愈來愈受到肯定與重視，老師們也開始知道為自己爭取權益、福利。當時所任職的幼稚園頗具規模，但學校的一些政策、規章不盡完善，例如：師生比例為一比三十；除了薪資及少量的年終獎金外，沒有任何福利制度。園內老師希望能透過團體的力量，表達看法和需求。在這段期間裡，我所學習的是如何不盲從，知道自己所要的是什麼，且如何委婉表達自己的想法。

　　在這個階段的後期，是我進入幼教工作的第四年，與搭班老師

都是首次合班的夥伴，於是開始學習與同事配搭。因為是舊識好友，理念相近，有較多良性溝通。因為兩人都是第一次，所以剛開始我們是一同設計教案，但團體討論時間則是由一人負責，另外一位則是從旁協助，但只動手不動口；之後雖然試著一同進行討論，但要能做到一搭一唱馬上回應對方的需要，還是得經過許多努力。

與家長的互動上，除了舊有的經驗外，也因著年齡的增長，加上在出版社工作的磨練，讓我有較圓融的溝通技巧，而在師院所充實的專業知識，更讓我知道如何成為家長的幫手，陪他們一同與孩子成長。

第四階段　充電

在取得教師資格，重回幼教崗位工作的第二年，師院傳來「二年制幼教師科將招收最後一屆」，因此再次回到師院進修；求學期間因朋友及老師的邀請，參與了許多與教育相關兼職的工作機會，增加了許多幼教相關經驗。其中一項是在一數學教室打工，這是一套以遊戲方式進行數學教學活動。在進行教學工作前，師院的教授和已在進行此項教學的老師會為我們做職前訓練，其中包括：遊戲數學的教學理念、觀察記錄的方法、與家長的溝通技巧、及如何傳遞給家長正確且有效幫助孩子學習的態度和方法。對我來說，這是一次難得的學習經驗，因為透過密集的職前訓練，重新整理已有的理論知識與實務經驗，並省思自己許多不足或可能忽略的地方；也因為老師們有著相同的教學理念、態度和方法，因此可免除合班的老師在執行教學工作時，因理念不同而造成不合一的問題。

當時的合班老師思想成熟有健康的人格特質，與人溝通時態溫柔和緩且十分敞開；另外，她的教學開放，且經驗豐富、理念正確。我們常一同討論孩子的特質、問題、及輔導方法，以及課程內容在執行上的問題與解決辦法，那是一段快樂且享受的教學時光，也是

很棒的學習經驗。

北師畢業後，擔任老師的研究助理，從事有關童玩、教具開發製作的工作，並配合老師在國、內外舉辦童玩展，且兼任行政與出納工作，這些工作經驗增添我不少與人溝通、獨立思考的機會。在此時也修畢空大課程，在空大時自己也選修了不少諮商輔導課程，這些都幫助我日後與老師、園長、家長……等的溝通協調。

第五階段　再出發

完成大學學業離開研究助理工作後，重返幼稚園。這幾年為要尋找與自己理念相近的學校，曾歷經幾所幼稚園。不同的合班經驗，嘗遍酸甜苦辣各種滋味，也觀察體驗到園所中人際互動的百態。有與自己教學理念不同的；有園所對老師的教學活動內容、時間與進行方式諸多限制的：有些教學活動、情境布置，因搭檔表示「我們以前都是這樣做的」，而難有自己的想法和做法，這些都需要花很多時間與園方及合班老師溝通。甚至見過情緒起伏極大，主觀意識及主導性強的老師，可能剛剛還有說有笑，這會兒大發脾氣，連孩子也得遭殃的。老師們真的需透過彼此了解接納、互相包容忍耐，才能使問題得到解決，且關係得以改善。

回顧過去所經歷的種種，深深覺得園中的人際問題、合班關係之重要與不易，希望因著這些歷程透過再次的省思，期勉自己有新的學習與成長。

貳、合班教師間的互動

合班老師的互動良好與否，一直是影響教學品質的重要關鍵。曾聽過不少合班老師相處上產生的問題；有因意見不合吵架的；有

彼此之間根本不交談的；有的這週你主教就你負責，下週我主教你別干涉的；因為這些情況使得孩子得依老師的不同而有不同標準及行為表現。這樣的情形若發生在私立幼稚園，老師頂多教完一年離職再換個環境，可是若是在公立幼稚園的老師那就難了，想換學校避開卻又放不下鐵飯碗。甚至有同學曾提過，公立幼稚園的新進老師，一到學校就被提醒：「我們都可以就好了，別太認真免得破壞規矩」或是「意見不要太多，不然工作就通通到你身上」……等等。

接下來我將試著以自己過去的經驗，以及同在幼教現場工作朋友的經驗，將合班老師間互動的問題，老師與主管的人際互動，老師與家長的互動，是什麼原因造成幼稚園中人際互動的問題？問題的重點在哪裡？所造成的影響為何？要如何改變？而在這些問題中我又學會了什麼？盼以下的分享，能幫助自己再次成長。

一、造成合班教師衝突及影響人際關係的因素

我喜歡用「家」來形容一個班級，兩個老師就像父母，不同的是，夫妻的組合是經由自己挑選、覺得喜歡、合適而在一起，但幼稚園裡的兩位老師，卻常是園長配對擺在一塊兒。試想在家裡，如果父母管教孩子的方法和態度不同，有可能二人各自堅持己見爭執不斷，或者乾脆協調由其中一個人負責。可是班級裡，兩位老師都是專業的，不但必須共同參與教學，有時候還得一搭一唱，那麼，要依照誰的標準？如果有兩個標準，孩子又會如何？有可能會呆立在那兒無所適從，或是看看當時的狀況再選擇一個對自己有利的做法，還有乾脆自己決定想怎麼做就怎麼做。這樣，造就出來的孩子可能變得神經質、投機取巧、沒有自信、缺乏安全感……等等，真是影響深遠，我們實在不能不正視這個問題。究竟什麼因素會造成兩位老師間的衝突呢？歸納出下列幾項原因：

㈠教學理念的差異

1. 教學方法

　　教學要採讓孩子自主的開放式，還是傳統的你說我做？活動的進行重結果還是重過程？如果二位老師教學想法、看法不同不能達成共識，就易造成衝突（此處僅針對老師間的理念，不包括園方的意見）。舉例來說：進行美勞活動時，甲老師覺得製作的過程以及事後工具歸位、環境收拾，比成品的美觀與否還要來得重要。但是乙老師認為，東西做出來要有一定的品質，所以為了要能像一點，再好看一些，常常超過工作時間，為要接上吃午餐的時間，就來不及收拾環境，只好留一位老師在教室收拾殘局。還有：A 老師想讓孩子多一些角落操作、自由交談時間，而搭檔乃覺得這樣太吵不好管理；或是ㄅ覺得要多些到戶外跑跑的時間，ㄆ說這樣孩子都玩野了；甲安排某些活動，乙說領一樣多的薪水有做就好不要自找麻煩……。教學理念不同是需要溝通才能達成共識的。

2. 課室管理方式

　　課室管理方式的差異也是造成老師間衝突的一大因素。在教室裡，需要訂定一些可遵行的標準，但是這個標準如何訂定？由誰訂定？如果全班的老師沒有達成共識，問題就產生了。例如：點心時間，幾個小朋友邊吃邊玩，一再提醒都無效，結果吃了二、三十分鐘還在吃，以至於影響其他人要到另一個教室進行活動的時間，於是甲老師向孩子們公布「如果在某某時間內沒有吃完的人，就沒辦法和大家一起去」。結果還有二位小朋友東張西望毫不在乎，時間到了甲老師宣布「不等了，出發！」，不料乙老師在甲老師帶隊離開時，跟那二個孩子說：「哎呀！那麼慢，不要吃了，走走走。」當時甲老師忍住了不舒服，否則衝突就產生了。還有一例是，老師對待不同孩子有不同的標準，某甲小朋友特別得丙老師的喜愛，於是就享有特別的待遇，大家都要遵守的規則他就免了，某乙不得丁

老師緣，做得好也被挑剔，搭檔若建議或介入則免不了一場戰事。

㈡個人人格特質、氣質與成熟度之差異

就過去的經驗與觀察發現，人格特質的差異及個人的成熟度，嚴重影響兩位老師甚至全園的人際互動關係。以下就以真實的例子來陳述影響人際互動的幾項特質：

1.自我概念差

當一個人自我概念較差時，容易造成過度敏感、沒有安全感，甚至猜疑覺得別人會在背後說他的壞話，好比，園長和合班老師多談幾句、家長打電話直接找合班老師，心裡就覺得不舒坦，懷疑他在跟上司打小報告、那個家長可能不喜歡我……等等。還有因自卑而顯得自大，而用較強勢的態度來表現，或者很強的防衛性行為。曾有一位老師就是如此，雖然有很強的能力，但自我概念差，所以只要有人對她所提的看法持不同意見或否決時，就會非常生氣，覺得別人是故意要找她麻煩，或是否定她、不喜歡她，因而破壞彼此的關係。

2.情緒化

情緒起伏轉變極大，可能前一分鐘才和你有說有笑，幾分鐘後忽然生氣不發一言，或是因為私人事件、一點小事，就由快樂轉為生氣。比方說：學校舉辦一個特別的活動，大家都滿高興地等待家長和孩子來到，忽然她臭著一張臉走進來不說一句話，詢問卻回答「我不想參加，想回去」，以為有誰得罪她還是發生什麼嚴重的事。說勸了半天才說：「我好氣，那位美容師讓我等了好久才輪到我。」這樣的人會讓人想盡量離她遠點，但是如果她是你的合班老師該怎麼辦？是用同理心接納她的感覺，包容忍耐。還是覺得此人莫名其妙，真是無聊，然後不理她拂袖而去？

3.自我中心

以自己的想法和利益為優先，若不合心意或無法達到自己的要

求，就會不舒服或是以負面的言詞相向。例如：暑期的值班時間依抽籤方式決定，結果不合心意，於是要求和別人換，如果大家都不想，她就說：「反正你暑假又沒計畫，我一定要在……」

4.負面的情緒表達方式

當心情不好、生氣時，就摔東西、罵孩子；或是突然改變孩子們依循的標準；對合班老師不予理會，即使活動正在進行中。如此不僅影響合班教學的配搭，也傷害孩子。

5.不尊重對方

對人的不尊重不但讓人不舒服，也容易使人想遠離他。例如：已經宣布「吃完午餐的人，可以玩一下玩具」，說畢就開始有小朋友把玩具拿下來準備要玩，結果另一位老師說：「這樣太吵了，收起來去坐著看書。」還有一位老師正用自己的方式讓孩子敲打節奏，另一位老師介入說：「我們以前不是這樣做。來！現在小朋友把……。」如此介入、打斷或否決多次，不但讓人不愉快，更讓孩子們質疑，這位老師的話可信嗎？他們會用疑問的眼神看著你，甚至你所定的規則就會有孩子不遵守。

6.強勢 VS.溫和

個性溫和的人通常與人在互動上較不易產生衝突，但是如果行事強勢的人就易與人產生衝突，或是造成別人的不適與壓力。例如：有人已經將角落布置完成，結果他不喜歡，非要用自己的方式沒得商量，此時若遇上相同個性的夥伴，那就衝突不斷了。

7.敬業先生 VS.過日子小姐

對於教學工作，有人認為可以就好，有人認為要完全投入；有人覺得就是過日子領薪水，只要孩子不出事就可以，但有人認為家長把孩子送到學校，老師的教育責任是一點也不能馬虎。曾有老師一到新學校就被警告「我們都可以就好，不要太認真」，還有的說「喂！不要破壞行情」。甚至有的老師自己不想做，但也不要搭檔做，怕主管讚賞對方，於是阻止對方進行某活動。

如果二位老師都是同一種類型，問題可能少些，但是萬一敬業先生遇上過日子小姐，那結果就很難說了。

8.急驚風 VS.慢郎中

　　急性子的人，不論做什麼總是快！快！快！若是配上慢郎中那就……甲老師的搭檔乙老師，動作非常的快，雖然甲老師的動作已算不慢，可是一旦遇上性急的乙老師就快不起來，所以每當需要一同完成工作的時候，乙老師就很急，索性自己做一做，要不就說：「喔──這樣要弄到什麼時候，你做這個就好其他的我做。」使得甲老師既難過又不好意思。

9.完美小姐 VS.差不多先生

　　對於一件工作的完成，每個人有不同的標準，以誰的標準爲主呢？差不多先生會說：「這樣就好了這麼仔細幹嘛！浪費時間。」完美小姐則說：「這樣怎麼能看？一點品質都沒有，隨隨便便。」結果不是各做各的，就是你不要弄，我自己來。

(三)其他因素

1.不習慣溝通或拒絕溝通

　　有人習慣向人完全的敞開；有的人公私分明不喜歡披露自己；有人很熱情地表達自己的關心和愛；但有人不習慣，覺得淡淡的較自在；有些人沒有與人溝通的習慣，或是曾有不好的溝通經驗，以至於索性不溝通、拒討論，你想怎麼弄隨你，但是我要做的你也別干涉。曾有某位老師容易對別人敞開自己，也習慣照顧別人，因此常關心並在意搭檔的需要而給與關照；但搭檔獨立慣了，且不習慣也不喜歡被注意，卻不知如何表達，於是就以冷漠的表情或是不回應的態度作爲回應。起初這位老師不知道，以爲自己做錯了什麼或有得罪之處，深感沮喪；之後從旁得知並適時調整自己，才改善二人的關係。另外還有一位老師以往都是獨自帶班，不習慣與人合作討論教學相關事宜，因此一開始有搭檔，面對溝通協調上就產生困

難，此時如果拒絕溝通討論的話，那麼整個班級的經營就會產生問題。

2.缺乏溝通或是溝通技巧不良

就過去的經驗與觀察，個人認為不管是理念的不同，還是工作方法有異，如果能溝通得當還有救，可是如果與人互動是用直接指正、責備對方、態度高傲，那合班的關係包準出狀況。上列不少案例中，就呈現許多負面的溝通方式。

3.不當的傳話

在一個團體裡最怕的就是私下傳耳語，以致造成誤會或問題。例如：甲老師看見新到園的乙老師與園長交談，於是告訴乙的合班老師丙：「喂！你們班的那個乙老師是怎麼搞的，一天到晚跑老闆那裡呀！」結果因猜忌造成不合。

二、教師衝突造成的影響

因為教學理念的差異、人格特質、處事方法的不同，所造成的衝突會帶來許多不良的影響，以下列舉說明：

(一)老師彼此衝突影響情緒，極可能波及孩子。比方說，口氣不好、態度不佳、口出惡言，甚至摔東西、撕毀幼兒的作品，以至於傷害孩子。另外，老師的標準不同，或下不同指令，使得孩子們無所適從，例如：甲老師說：「現在出去上廁所」，結果乙老師大喊：「通通給我回來，事情都還沒做完」。此時，孩子們到底要聽誰的呢？

(二)不良的示範。孩子是很敏感的，二位老師彼此不合，是很容易從言語態度上察覺，孩子們會覺得奇怪，老師不是說要彼此相愛、和睦相處，不可以吵架打架？那你們怎麼……？身教重於言教，真是不得不謹慎小心。

(三)教學因為老師間的衝突，課程及活動無法順利進行。許多合班老

師因為彼此不合，乾脆各教各的，你負責一週我負責一週，造成原本二比三十的師生比，卻變成一個人帶三十位小朋友，嚴重影響教學品質。

㈣影響與家長的互動及信任。有的老師因與搭檔不合，在家長前數落對方的不是，或刻意阻止與家長溝通。家長的眼睛是雪亮的，眼睜睜地看著，有什麼不對勁很快就會察覺，如此怎與家長建立信任的互動關係呢？

三、面對衝突的處理方法和自我成長

很多時候因為害怕與合班老師關係不佳，會波及孩子而造成影響和傷害，所以我常對於可能產生衝突的情況採取逃避、忍耐與接納的方法。但逃避或忍耐終究不能解決問題，使情況轉好，有時候反而造成對自己的傷害。過去，曾經以忍耐面對問題或別人負面的回應，造成很長一段時間對自己教學能力的懷疑，懷疑所堅持的教學理念是對的嗎？自己是一個值得信賴的老師嗎？幸好經過忍耐與接納並自我調整，漸漸取得合班老師的信任，進而有更多正向解決衝突的處理和學習。以下就是我個人的經歷與所見耳聞所學習到的經驗。

首先，要思考目標、慎選學校，也就是說在預備進入職場選擇應聘學校以前，先思考自己的期待與目標，然後依期待和目標，找尋教學理念、教法相近，並能使自己有所學習與成長的學校。千萬不要因為應聘的學校頗有名氣或有誘人的薪水就一頭栽進去。記得剛畢業時就曾聽聞，某某集團的幼稚園老師薪資非常高，許多人趨之若鶩，之後有老師進去才知道，教室安裝監視器，如果小朋友掉手帕、沒搭上娃娃車、摔跤……要扣薪水，一個月下來沒領多少錢。就個人的例子來說，一直期待能在教學開放，特別是園長有開放教學理念的學校服務，當我在教學上有問題、困難或瓶頸時，園長能

成為我在教學上的支持和幫助，和我一起討論研究，使自己有所學習和成長。也因為這個期待，自己更換不少學校，如今才算穩定下來。

接下來，要經常省思自己的教學和方法，有哪些地方需要調整及改進，如果遇到兩人教學理念有差異時，可以試著找到可共存的教學方法，老師也可透過省思，發現個人缺乏的部分進而加以學習，使自己更進步。例如：自己過去一直進行角落教學，可是有一段時間是在教學模式較傳統的幼稚園教學，那裡有很多大團體的活動時間，於是必須要學著不斷讓團體時間有趣多變，靜動交替，以使孩子能覺得有趣，增加活動時的注意力。這段時間使自己帶領團體活動的能力更精進了。

另外，要與合班老師建立良好的關係，可從幾個方面著手。第一，學習良好的表達和溝通，適度的敞開自己讓對方認識，並關心對方的需要，與對方建立信任的關係。但要建立這關係並不容易，比方有的人喜歡與搭檔很親近無話不談，在學校二人視為一體一同進退；但有人喜歡淡淡的，建立工作上的關係就好，不要太親密。要拿捏得當，需要透過彼此相處與溝通，協調出一個二人都能接受的互動模式，這真的是需要花時間的。只要彼此接納並信任，二人有良好的關係，那麼即使面對衝突也不需要害怕，因為有時候衝突會帶來溝通的機會，因此有建設性的衝突也挺好的。還有一項很重要且需要學習的是——「溝通技巧」，正向表達自己的負面情緒，告訴對方（或孩子）：「我今天心情不好，請不要……」提醒對方此時不要打擾你，並表達自己不好的表情、態度與對方無關，如此也可免除猜忌和懷疑，有助於彼此的溝通協調。或是不帶批評的表達，比方：活動流程有問題可以說「如果……安排……可能會比較順，要不要試試」，而不是說「拜託，這樣安排活動不一塌糊塗才有鬼」，否則問題沒有解決反而造成衝突。第二、尊重與包容對方，對於搭檔做的決定與活動，不當場打岔、批評，有任何的意見可以

私下或事後再做討論。當搭檔有負面的情緒表達時，宜加以包容，不當場起爭執，待對方情緒緩和後再進行溝通，例如：搭檔進行的活動可能有安全的考量時，可以在耳邊輕聲提醒，而不是在孩子面前大聲嚷嚷。第三、接納並愛自己，接納不同個性和教學理念的夥伴，不要因別人有不同意見時，就對自己有負面的評價。要學習自我肯定。

以上所提的幾種方法，很多時候說得容易做起來難，最重要的是常常提醒自己建立正面積極的思考模式與態度，成長與改變就不是件難事了。

參、老師與主管間的互動

老師除了合班的夥伴外，與主管（董事、園長、主任）間的關係也是密不可分的，因為從最基本的薪資福利、教學計畫，到行政事務、規章、命令的執行，園務計畫的發展方向，都需經過老師與主管達成共識一起努力才得以完成的，所以可見其關係之重要。就自己的觀察，老師們與主管通常有三種互動模式：*1.*「保持距離」：除非必要，能不接觸就不接觸。*2.*「建立親密關係」：刻意討好園長，時時表現自己的長處，但容易引起他人的不悅。*3.*「良性互動」：與園長間維持良好的互動，有意見也能正向溝通，但不刻意表現自己。當然這三種互動模式的分法並不是絕對的。

從過去的教學歷程常見到老師一國、辦公室一國，或是有所謂老師是親辦公室的狗腿一族之說，不禁要問為什麼老師與主管互動這麼不易？什麼原因造成老師與主管間互動的問題？有哪些影響？身為老師要如何調整？

一、老師與主管間的互動問題

　　很多時候老師與主管的互動問題，是因為角色與職分不同，所以所持的觀點與角度就有異，例如幼稚園配合家長需要，設有下課延托制度，如此對招生有利，但老師希望早下班不接受延托，此時如果雙方都只見到自己的需要、益處，卻不為對方著想，那麼許多的衝突就因此而起。再加上過去對雇主與員工之間的刻板印象，像又要馬兒好又要馬兒不吃草，或是給一份薪水要做三人的事等，使得互動關係更顯為不易。就目前來說，造成主管與老師之間衝突的原因不外：㈠出缺席與福利制度。㈡行政事務的決策形成與命令。㈢園長的處事態度。㈣老師本身工作習慣與態度。下面以親身經驗或目睹、耳聞的例子做說明。

㈠出缺席與福利制度

　　關於福利方面，一直都是吸引幼稚園老師考公幼的一大因素，也是造成私立園所與老師之間衝突的重要原因。以下就實際問題來談：

1. 給假方式

　　事、病、婚、喪……等假的給法由園方訂定，合理與否頗具爭議，就算不合理也無法可循，只得靠教師爭取。有一例：幼稚園瑣事多常需要加班，依慣例這是沒有加班費的，但是學校卻又規定，只要遲到三次（即使是一分鐘）算曠職。只罰不賞，只要求而沒有回饋，這在不少私立幼稚園是常見的事。

　　另一例是：廚房阿姨的婆婆過世請喪假在家，因為廚房沒有替代工作的人，結果臨時被通知必須立刻來上班。廚房阿姨表示今天剛好入殮實在不方便，園方卻表示如果不來就另請高明，為了保有飯碗，廚房阿姨勉為其難地來了，結果婆家給了個不孝的罪名。很

多時候幼稚園人手不足，老師即使生病卻也因為擔心請假沒有人替代，對孩子、搭檔有所虧欠，只得抱病上班。類似的例子不少。

2.福利獎金方面

一般的園所除了薪資外，有否節期獎金、年終、員工旅遊、離職退休制度……等等，都依各園所而有異。通常引起爭議或不滿的是須盡的義務多福利卻少，獎金的計算方式不清楚，離職退休制度、考核制度合理與否。曾有一園所公布，要增發考績獎金，大家聽了十分高興，不料獎金的來源是將每個員工年終獎金中的三分之一扣下來當作考績獎金的基金。而等到期末，考核結果出來由某二位老師得甲等，取得考績獎金，其他人乙等；至於考核辦法與結果，園方表示是由董事長決定，老師們憤憤不平，私下探詢得知，園方為要留住資深老師，所以讓這兩位得甲等，並告知考績獎金是採用輪流的方式，以後大家都會有機會。如此行事，無怪乎引起互動關係的問題。

(二)行政事務的決策形成與命令

決策內容的形成和公平與否，也是造成衝突、關係不良的因素。

1.公平性

許多幼稚園的園長就是老闆，或者雖然是董事會派任的，但仍然有大權，因此常常是園長決定了就算數，不需要任何理由。例如：園長說，這位老師很辛苦，所以休假多給兩天。如此一來，引起其他努力工作的老師心生不平。也曾有園所，當收到教育局或各單位研習通知，園長就私下指派幾位自己較為欣賞的老師前往，而非公開作業讓每位老師都有機會報名參加，使得老師不僅對園長不滿，也造成同事間彼此緊張的關係。

2.規章、條例不全

園方訂定的條例不周全，引起糾紛。例如：聘書上寫著「依規章規定……」，但園方並未明白列出或出示規章內容，結果老師不

知道所謂的「規章」是什麼？以至於缺乏權利、義務確切遵循的標準。

3.政策修改未公布

　　接聘後才修改既有的政策，或是發聘未告知已修改某某條文。曾有老師在七月底接聘後，到了十月份園長才公布：董事會決定，今年開始年終獎金每人少發三分之一，被減掉的這三分之一整合起來當做考績獎金。雖然園方提出諸多說明，但因為並非接聘前告知，對老師來說震撼頗大。例二：某園過去一直有離職金制度，曾有一工作多年離職的園長具領過，後來一位任教十年的老師，因身體不適欲離職，園方竟說今年政策已改，沒有離職金了，就算爭取也無效。如此使得老師非常不安，致全園間瀰漫著不安的氣氛，也造成老師與上級間的隔閡更加深了。

　　目前私立幼稚園既不適用教師法也不屬勞基法，雖然現行法令修改，已可採用勞基法或申請為財團法人，但適用性卻不高；另外礙於幼教老師甚至主管們非常缺乏相關法律常識及行政經驗，以至於「福利制度」與「行政事務的決策形成與命令」的問題不斷重演，再加上認知上的差距與不良的溝通模式與技巧，阻礙老師與主管間和諧關係的建立。

　　這類的問題在私立幼稚園中極容易引起爭議，雖然公立幼稚園看來較無制度方面的問題，但是據聞，也有老師兼任園長以及老師間工作的分擔不公平……等其他方面的難處，不過由於個人並非任職公立幼稚園，也未曾訪問他人，因此本文不多做討論。

㈡園長的處事方式與態度

　　「園長」顧名思義一園之長，其肩負全園領導之責且具有重要的權柄，他的處事方式與態度，關係著全園人、事運作的良好與否，園長的角色是非常重要的。

1. 扮演溝通的橋梁

園長應爲老師與董事間，或是老師與老師間良好的橋梁，是全園人際互動關係的重要人物。比方說：董事、高級主管對老師有不了解的地方，或是老師們對董事會的決議不明瞭時，如果園長能及時代爲說明，就不至產生誤解。曾有一園所，老師爲要設計下一個單元內容、畫兒歌圖、做教具，幾乎每天都加班到很晚。後來園長決定，這些工作必須在寒暑假結束前全部完成，所以放假時老師都在家裡加班。但是董事們不知情，於是表示，「現在的老師越來越早回家，以前八、九點還有老師在工作，現在六、七點就不見人影了」，董事會也因此刪去老師部分福利。試想，如果當時園長能居中協調，相信結果會有所不同，而老師與園長和董事間的關係也不會因此惡化。

2. 公布事項的方式

事項的公布，最好能有書面或個別通知。曾有一次，一位園長以傳話方式告訴一位老師：「今天活動結束後要開會喔！」結果活動結束大家背著包包要走時，園長氣沖沖地說：「爲什麼沒有人來開會」，大家表示不知道，她說：「我有告訴某某老師」，結果當然彼此都不高興，如果事前以布告欄公告或是廣播……等方式告知大家，相信能免除不必要的誤會與爭論。

3. 對老師的批評與讚美

適度的讚美對老師間的合班關係極爲有益，但負面的話語甚至惡意的批評，卻是和諧關係的致命傷。曾有一位園長常在甲老師面前說乙老師的是非，然後也在乙老師面前評論甲老師，結果造成彼此間的不愉快。反之，有另一位園長在新老師剛進園時，就先讚美未來的合班老師，並教老師們彼此間建立良好關係的方法，例如：可以找時間與合班老師喝個咖啡，然後提及園長所說的優點，並請教對方、培養感情；和孩子或家長溝通時要表明，是二個人討論的結果……等等。如此不僅幫助老師很快適應新夥伴，也有助於教學

活動的進行。

4.尊重老師的教學：

不要在課程中途干擾，例如班上正在進行教學活動時，園長忽然進來要老師交資料，或到辦公室拿東西……等，一些不是很急迫的事，會讓老師覺得不受尊重，而且中斷活動的進行。或是有園長中途介入老師的教學片段、個案的處理，因為不清楚始末、前因後果，甚至當場指責老師處理有問題，都是造成傷害、破壞關係的致命傷。

(三)老師本身工作習慣與態度

很多時候老師會抱怨園方這個不好那個不佳，但事實上，老師本身工作習慣與態度的良好與否，也是影響雙方互動關係的重要因素，列舉以下幾例加以說明：

1. 不依規定行事，例如：遲到早退、動不動就請假，違反規定屢勸不聽。曾有一位老師，從學期開始就常在上午九點還不見人影，打電話詢問時表示他身體不適，或心情不佳今天請假，每週總有一、二天，之後甚至連續三、四天，電話索性不接，最後園方只得將他辭退，不僅園方困擾，合班老師也頗為無奈。

2. 行政作業的配合度低。比方說該交的教案、教師日誌……等，三催四請遲遲未交。有老師總喜歡把教案、教學日誌、研習報告所有的工作，囤積到最後實在不能再拖了才完成交出。

3. 對園方政策有不同看法或意見時，不願在會議中公開表示與討論，卻私下議論造成爭端。很多時候老師們對某些政策或事件有疑惑，不願當面詢問或表達想法，卻私下耳語評論，而產生誤會和爭端。當然很多時候老師們不表示意見，是因為對權威的刻板印象，或是主管並不是一個能溝通的人有關，當然這又是另一個議題了，不在這兒多做討論。

二、衝突造成的影響

老師和園長或主管之間產生衝突時，必定造成極大的影響：

㈠影響老師的教學情緒與品質，進而影響孩子。當一個人的情緒不佳時，即使有再好的EQ，也難完全隱藏不顯露出來，因此如果老師與主管間有衝突產生時，第一個受傷的必然是班上的幼兒。

㈡彼此的配合度不高。當心結產生或是對方不滿時，配合度自然就降低，全園的運作就會產生問題與困難。

㈢家長的信任度減低。一個園若人事、行政運作有問題，家長是很容易從孩子的表現、老師園長的互動、家長間的口語相傳得知，必然造成家長的不信任，影響園所與家長間的配合與幼稚園招生。

三、我的成長——降低衝突的方法

這七年來，在數個園所工作所經歷的，有甘有苦，面對這些人際之間的問題，自己找到一些解決、處理的方法。

㈠選擇新園所時，需要把許多相關事項問清楚，譬如說該園的教育理念為何、聘書內容……等，不要因為該園名氣大，或是因為需要一份工作而隨便投入，或不問清楚卻事後後悔。過去我總不在乎薪資、福利或是聘約等，但幾年下來看見其中所產生的問題，才發現一個上軌道的幼稚園，這些是應有且必然具備的制度。

㈡學習溝通技巧，且不在背後說閒話，有疑問直接詢問或表達自己的看法，但態度要成熟委婉。

㈢要多充實除了教學以外的知識，吸收新資訊。

㈣學習站在不同的角度和立場看待事情。因為自己曾任主管的經驗，用同理心去體會，更能了解園長、主管的不易之處。

四、給園方的建議

一所成功的幼稚園，是要透過大家的努力與共識，才能不斷的成長與進步，在此就所見之問題提出個人淺見。

(一)建立完善的人事規章，並訴諸文字，把雙方的權利義務與現行法規，以白紙黑字寫清楚，教職員工各執一份，如此可減少糾紛。

(二)園方可定期舉辦教師研習，或提供老師一同進修的機會，使合班老師能有相同的教學理念，減少才這部分的衝突，有助於教學的進行。

(三)敞開溝通管道，聽聽由下而上傳達來的聲音，例如有園長請老師喝咖啡但不聊是非，而是說說心裡的話，有助於關係的建立。

結論

事實上，幼稚園裡的人際關係，不僅僅只是合班老師間的互動及老師與園長的關係，只是這兩項所影響的層面較廣且深，因此本文就以此二項作為深入探究及分析的焦點。

其實，另外很重要的的一項是，與家長間的溝通互動。如何和家長談得來？要建立什麼樣的關係？是老師和家長，還是好朋友？還有，與學校裡的其他人員，像廚房阿姨、行政人員建立良好關係也是很重要的，幼教界流傳著這麼一句話：「幼稚園裡最不能得罪的就是廚房阿姨」，不過也不盡都如此，我也曾經遇到很好的廚房阿姨，有空時還主動幫忙照顧小朋友呢！

不論是理念的差異、個性不同，還是角色不一樣，我個人認為，有良好的溝通技巧，和成熟人格特質的人，即使面對衝突也能保有良好的關係。因此，幫助自己成為心理健康、思想成熟的人，能接

納並尊重不同的意見和想法，學習正面表達自己的情緒。另外，也要常常充實幼教以外的知識，吸收各種資訊，使自己的眼光更遠。如此一來，相信在幼稚園的教學生涯中，必然能擁有美好的人際關係。人際關係良好，教學自然更能得心應手，小朋友們受惠更多，教學將更圓滿，自己也能從工作中享受其中的喜樂。

13
幼教教師的人際互動關係

國立台灣師範大學教育學系副教授
林育瑋

　　「幼教師人際關係」之主題在最近幾年漸受矚目，尤其是在一班兩位教師編制的政策下，搭檔合班、合作問題一再地浮現在幼教現場中。除了與搭檔的互動外，教師還須與其他教職員工、主管、幼兒、家長等互動，面對不同對象，教師所運用的互動模式可能會有不同，但所須持有的基本互動態度應是相同的。

　　蔡菁菁老師的文章中呈現出幼教現場中人際溝通的真實面。經過再三閱讀之後，出現在自己腦海中的第一個問題是：人際間的互動真的那麼不容易嗎？自己也接觸到不少為人際關係所苦的幼教師，有的身心疲憊、有的傷心離開幼教現場、有的甚至導致精神分裂等等……。到底幼教師人際溝通上出現了什麼問題？我們身為幼教人該如何正視這問題，進而尋求突破呢？這是我一直在思索及努力的。蔡菁菁老師的分享讓我們有勇氣面對且正視這個事實，而不再是以逃避的方式來處理人際互動問題。相信只要大家願意敞開心胸來溝通，且共同找尋合宜的互動模式，人際問題就不再是教師的夢魘了。

　　為回應蔡菁菁老師的文章，且讓我們對教師的人際關係有更深

一層的了解，本文將先從文獻、個人所見所聞等方面來討論目前幼教師人際關係的問題，接著提出提升教師人際關係的可能方法。希望藉由此文能夠引發更多人來思考人與人的互動關係，進而營造一個和諧的幼教工作環境，更能促成幼兒健全的社會發展。

人際關係（interpersonal relationships）是指人與人之間，因著連續且多次的溝通，所發展出來的關係（張宏文、邱文芳，民85）。在學校裡，教師除了和幼兒與園長互動外，經常都有機會要面對其他教師及家長。幼稚園中的人際互動關係包括園長與教師、教師與教師、教師與家長、「幼兒、家長與學校人員」、「幼兒與幼兒」等等。我同意蔡菁菁老師的說法，這些關係中，又以合班搭檔間的互動以及教師與園長（主管）間的互動影響層面較深且較遠。學校的人際關係良好與否，會顯著影響教師的工作表現與教學士氣（蔡培村、孫國華，民85），以及影響個體工作的滿意度或工作意願。除此之外，「與同事的關係」也能精確地預測幼教老師是否會離職（張美雲，民85），由此可見人際關係影響之鉅。

幼教師人際關係的問題

不少文獻指出，造成人際方面的問題很多是來自於溝通不良。溝通真的那麼難嗎？溝通又是什麼呢？曾端貞、曾玲岷（民85）指出：溝通是雙方站在平等機會傳達思想、意見、觀念及情感等。溝通需要學習與鍛鍊，其實是一個不斷行動和成長的過程。經過溝通可以刺激彼此思考、理性面對合作經驗、集思廣益、尋求共識和共同解決問題；也可以避免對立衝突，以免教學困擾及混亂。「成功的溝通不是改造對方，而是彼此尊重、了解與接納」，這段話道出真正溝通的意義，也讓我們思考造成目前人際溝通的問題可能是：很多的溝通是想改變對方，而非真的想聆聽對方的想法，如此的溝

通是無法達到共識的。

在目前幼教現場中，最常見到的人際互動問題有以下幾部分：合班搭檔問題、教師與主管之間的溝通問題、教師孤獨感。以下將分別加以說明：

一、合班搭檔的問題

研究發現：人際關係（尤其是搭班教師之間的溝通協調問題）是目前幼教領域人際問題和合作教學的一大挑戰。合班搭檔問題普遍存在各幼稚園中。搭檔問題不僅影響教師教學、教師班級經營，也考驗著教師為人處事的智慧。江麗莉（民 84）發現：初任教第一、二年教師所碰困難之一是人際關係（與搭班老師、與主任同事的溝通協調與配合）；彭欣怡（民 89）也發現兩位新進幼稚園教師適應歷程中，首先遇到的問題是與合班老師的相處。

歐姿秀（民 87）對目前搭檔教師合作關係做了非常貼切的分析。其將幼教老師同班共處的景況，概分為三種不同的現象：㈠「最佳拍檔」：這是一間默契十足的教室，老師們理念相同、目標一致，討論、決定意見時經常不謀而合；老師們彼此欣賞、互相支持、同心考力。㈡「夢魘組合」：教室中的工作夥伴，彼此互不以為然，明爭暗鬥，甚至分門別派互別苗頭。㈢雖不盡滿意，但可以接受或調適的工作團隊：這是老師同班共處較常見的情形。平時相安兩無事，「好啦」、「沒關係」是常見的討論對話，但許多誤會、心結卻也會在此累積；一旦面臨大的意見、習慣不同或衝突事件時，就會一發不可收拾。當衝突出現時，有些老師憑著個人人格特質、理念背景或旁人的居中協調，能夠有效化解，進而累積共識，讓彼此的關係朝向「最佳拍檔」邁進；有些老師卻無力解決，或一味逃避，致使問題逐漸累積、增加成為「夢魘」組合的危險。這三種現象存在幼教現實狀況中。

依據幼教法令規定：幼稚園每班三十位幼兒、兩位老師。從安全、保育、教育各方面來看，一班兩位教師編制是有其必要性。兩位專任教師同教一個班級，兩人彼此支援、分擔責任、減輕工作負荷，對教師的心理衛生、教學效能，以及提升學前教育品質，是相當有幫助。但也由於共同帶班之教師彼此長時間共事，互動關係頻繁，因此衍生衝突的機率也可能隨之升高。由於不同成長及師資培訓的背景，加上年齡、經驗、人格特質等因素的影響，造成教師在教學及教室管理上不同的想法及做法。這些差異使得協同教學的老師須面對合作的挑戰。

雖然兩位教師共帶一班是合乎需要的安排，但我們卻發現目前普遍存在一個現象：教室內的教學，名義上每班有兩位教師，但實質只有一位教師在承擔工作，亦即兩位老師輪流主教，主教者負責班級的所有工作，如課程設計、教材準備活動帶領、家長溝通等，副教者則只是協助維持秩序、或處理幼兒的偶發事件而已（江麗莉，民84），或甚而離開教室做其他事情，也就是說兩位老師並沒有真正做到協同合作教學。不少合班兩位教師在教學上各行其事，彼此沒有共識，合作愉快的固然有之，但視此關係為挫敗痛苦也不乏其人。這種溝通不良、教學不協調的現象，造成對幼兒及教學的負面影響和教學資源的浪費（江麗莉，民86；歐姿秀，民87）。陳珮蓉（民87）發現：如果兩位教師彼此的教學理念和價值觀差異大，處理事情的角度、看法不同，再加上沒有良好的互動和溝通，將造成班級常規經營困難且問題叢生；反之若搭檔之間相互配合，互相調整，形成良好的互動和溝通，班級氣氛則是和諧有秩序。呂翠夏（民87）也提到，兩位老師的班級常面臨角色和責任重疊的問題，兩人如何合作和分工、如何溝通與協調，以及如何適應彼此的差異是相當大的學問。

合班老師相處的關係直接影響到班級氣氛、班級經營、以及對幼兒的態度。其實教室中教師相處情形，不僅是老師間的「私事」

而已，教室內的孩子、教室外的家長、主管也都會受到影響。老師們互動關係首當其衝地影響教室的孩子。當同班老師合作無間時，孩子可以獲得多位大人的共同關照，同時也可以感受學習正向的人際相處模式；反之，老師示範的「不能相親相愛、同心合作」的負面教材，會慢慢影響孩子的人際互動模式，也會影響家長對教師以及園所的整體評價。理念不合、標準不一，孩子會因此受到影響，也有可能會造成其適應上的困難。

台北市立師院（民83）之「當前幼稚園教育問題及意見之調查研究」中，曾對「現行法令規定幼稚園每班有兩位正式老師的看法」進行問卷調查。反對一個班級設有兩位正式老師者認為：當理念不合時，教師往往互不相讓、不易協調；或是以互相輪休的方式避免共事衝突，反而造成一比三十實質師生比的情形，如此一個班級設置兩位教師並無實質意義，且未發揮實質效果，因此主張一個班級有主教、助理之不同權責的區分。如此的搭配方式是否就不會發生溝通相處的問題，這就有待進一步的探討了。

但是搭檔關係並非只會造成負面的影響，它也能提供正向的協助。陳珮蓉（民87）發現有好的搭檔來配合教學，使初任教師在教學過程中有良好的適應，會因而降低教師的挫折感；反之，則常要花較多的時間調整自己的心情以適應環境。Wildman 等人（1989）指出，每天和新進老師工作的合班老師可以提供情緒及教學上的支持，使得新進教師可以更快的適應環境。彭欣怡（民89）提到，雖然在合班老師的相處上或多或少都有不愉快的經驗，但合班老師也是一個重要的支持來源。江麗莉（民84）也發現：初任教師的樂趣來源之一是來自於與同事間的合作。所以，若能增進幼教老師人際溝通技巧、解決人際衝突的能力，將能安定教師的工作情緒，且提升工作效能。搭檔之間如何形成合作的、團隊的關係，共同計畫教學，相互觀察、討論，並彼此回饋、彼此開放討論、接納別人的意見，已成為幼教教師在職進修的一個重要課題。

二、教師與主管之間的問題

　　除了與搭檔合作關係是幼稚園教師常遇到的難題外，教師與主管之間的溝通問題也是經常出現在幼教現場中，蔡菁菁老師的文章也分享：因為人事福利制度、園長的處事方式及態度、教師本身的工作習慣及態度、決策的形成等等，都會影響教師與主管的關係。她也進而談到其實碰到問題時，只要願意心平氣和彼此溝通討論，必能釐清彼此的想法，進而共同思索出合宜的決定。

　　學校行政主管的政策方針、教學理念，確實對教師教學方向及班級經營有直接或間接的影響。若園長的理念與教師相和，彼此就能提供協助及支持；反之若理念不合，則會妨礙正常的運作。教師與園長（或校長、上司）會因基於不同立場而有不同的觀點及做法。其實很多的誤會是因為彼此立場不同，或是因為彼此的不了解或猜忌所造成的；若再加上彼此不願、或不想、或沒有足夠的時間溝通，因而造成誤會引發對立的狀況，這會造成「雙輸」，真是得不償失。

　　教師與主管之間可能的衝突，對私立幼托機構而言包括：勞資的對立或教育理念的衝突、或學校生存和幼兒利益之間的拉鋸；對公立國小附幼而言包括：校長或園長與教師理念不同，校長對幼教工作的不了解但卻有權做決定，或校長都以小學為主而忽略幼稚園的需求，或國小附幼園長沒有實權，無法要求教師配合等等。教師常會因為與主管之間彼此溝通不易或溝通失敗，而選擇沈默抗議或掛冠求去，或選擇改變職場，這對幼教來說是一大損失。

三、教師的孤立感

　　在教師人際相處時也常發現：雖然幼稚園一班有兩位教師的編制、或一園所中有數位或數十位教師，但在實際運作的情況仍是一

位老師孤軍奮鬥，教師常出現孤獨感或無助感，與搭班老師間缺少專業對話，更遑論與其他班教師了。

　　Bullough（1989）的研究發現，教師並非一起工作的，教師孤立在自己的教室中，面對層出不窮的事件；因爲教師被孤立著，他們很難常常與同事間進行專業的對話，很難形成一專業社群，進而共同省思工作中的盲點。Estes（1990）研究也指出，多數教師（尤其是初任教師）常處於孤立的工作狀況，他們沒有機會觀察其他教師的教學、或少有機會與其他教師進行教室情況與教學之溝通討論，他們缺少安全感，且常自我懷疑。彭欣怡（民 89）的研究也發現，新進教師到新的環境常會有孤獨感，雖然他也想很快融入這個團體中，但確有所困難，因爲這都需要花時間的。

　　Bernier 與 McClelland（1989）認爲，造成教師的孤立現象有可能是教師自己選擇的結果。教師間少互動的機會，或是在有限的、非正式互動機會裡，教師所選擇的互動內容往往都是「非專業性的」，也就是說彼此間並沒有很多專業性的溝通或對話機會。其實想要融入新環境，被同儕所接受，是每個新進教師所共同的期望（彭欣怡，民 89）。Da Costa（1995）提到，透過教師的合作、支持與回饋，可以降低教師過去常經歷的孤立感。教師他們通常很感激那些願意傾聽其個人工作的問題並給與回饋者。Wildman、Niles、Magliaro 和 McLaughlin（1989）的研究結果也顯示，同事是否願意提供支持和協助，是影響初任教師成長和成功的重要因素。教師間互相的支持與合作，可以打破教師間的職業孤立感和促進專業成長。

增進教師人際關係的策略

　　前面提及教師之間、或園長及教師之間的衝突，經常是因爲彼此溝通不良所造成，所以如何增進幼教師人際溝通及解決衝突問題

的能力是相當必要的。當教師教學理念不甚相符時，應如何互動呢？一般教師（尤其是初任及新進教師）會爲了維持和對方的和諧關係，而壓抑自己的想法或做法，但這並不是最佳的處理方法。楊俐容（民87）指出，教師在互動溝通的過程中，應學習表達自己的感受與想法，也要學習如何正確地解讀夥伴所發出的訊息。如果能敏銳地察覺，並以開放的心「積極聆聽」，主動表達關切，接納對方的想法，且讓對方感受到被了解，會因此減少許多不必要的誤解，且能幫助雙方釐清問題的焦點。如果雙方以心平氣和的方式來解決問題，衝突才有化解的可能，也才能增進雙方的情誼。

當教師彼此有不同意見時，要誠懇討論、共同磋商、求取共識，進而謀求解決辦法。教師可以先運用腦力激盪的方式，集思廣益，尋求各種可解決的方案，接著與夥伴共同討論，加以評估，並進而一起選出雙方都可接受的解決方案。可以在執行一段時間後，和夥伴一起衡量解決方案的成效，分享彼此的感受，再針對缺失加以修正或重新討論。相信透過這個過程，彼此能更了解對方的理念，也知道如何溝通互動，以達到平衡點。彼此有衝突時，共同協調尋求解決之道，兩人彼此尊重了解個性之後，就能化干戈爲玉帛，默契也因而培養出來。溝通時的語氣及言語的使用也要謹慎，肢體表情、遣詞用字、掌握場合氣氛都須加以注意。溝通時適時運用積極聆聽的方式，並給與對方回饋，讓對方感受溝通的誠意及被尊重的關懷。

「關懷」是溝通的重要基礎，關懷可以拉近彼此的距離，有了關懷的基礎，在彼此溝通教學、班級經營的意見及想法時，也會減少彼此的敵意及防衛。溝通時，注意肢體語言的表達、親切的問候語，多在別的同事或家長面前讚賞同事的優點，由衷的關心對方生活。但在關懷對方的同時也要考慮對方能接受關心的尺度，否則會造成對方的壓力。就如彭欣怡（民89）研究發現，教師以他過去關心搭檔的方式與現在搭檔相處，結果卻造成彼此關係的緊張，甚而造成對方壓力、影響其生活；所幸在了解對方所習慣的互動方式且

做了改變之後，彼此的關係才因而改善。

Da Costa（1995）探討搭班教師合作關係時發現，搭班教師間的「信任感」和「尊重感」，是合作關係是否成功或有效的基本前提；若缺少了彼此的信任和尊重，那麼合作關係是無益且沒有價值的。Blumberg 與 Jonas（1987）也強調搭班教師間相互尊重彼此的專長，是促使合作關係有效的必要條件。Chrisco（1989）進而提出，有效的教師合作關係必須基於以下幾項特質：教師間相互信任與尊重、相互回饋；彼此相近的價值觀、相似的專業和社會興趣及專長，且是在一種自願、緩慢、自然的速度下進行的。

要建立良好教師合作關係是需要花時間及精力，並非一蹴可幾的。兩位老師搭檔的問題到底是因為看不慣彼此的方式？不願意溝通？還是因為缺乏溝通？有的視對方不存在、有的則是勉強在一起、有的則是請調至其他學校去，但如此又能保證下一個夥伴會更好、更合得來嗎？江麗莉（民 84）的研究發現：雖然教師分別與不同資歷的教師搭檔，但仍出現溝通協調的問題，這也顯示不是換了搭檔，教師間的人際關係就沒有任何問題了。如何與背景、理念不同的同事搭檔溝通，以達到在班級經營、幼兒管教及教學理念等方面的共識與合作？這些確實需要花時間的，也確實是相當不容易的。當教師間彼此建立信任的氣氛，與搭檔間建立彼此的認同，那麼教室的運作自然順暢。

園所的其他同事和主管也能協助或適時介入合班老師間的互動關係。尤其是園所長，學期前各班搭配組合的考量安排、平時的居中協調溝通，到合作出現問題時的彌補修護，都是主管責無旁貸的工作。通常在學期前的配對安排上，主管必須憑著平日對全體老師的個性、能力、學經歷，甚至家庭成長背景、過去彼此的合作經驗等一一加以了解，考慮以互補的方式搭配合班（歐姿秀，民 87）。園長也可以尊重教師的意願，先由老師提出自己期待搭檔的人選，接著再由園長考量實際狀況，做最合宜、妥善的搭配，目前在師大

附幼就是採用這些方式來進行教師的搭配。在同班共事的過程中，園長要敏感注意教師間的合作關係，平常可以藉著各種機會如觀察、教師日誌、聊天等，了解老師的搭檔關係，必要時要適時介入負起協調及協商的責任。在問題初出現端倪時，立即分別了解、疏導，或是共同討論、溝通、扮演橋梁或提供意見，這些都是園所長所能貢獻的心力。在許多衝突當中，主管的關心即使有時只是單純的聆聽，都可能有助於舒緩情緒，或提供當事人冷靜、客觀思考的機會，這些也可發揮不少排難解紛的功能（彭欣怡，民 89）。主管切忌在老師之間作批評，或加油添醋，傷害教師之間的感情。

彭欣怡（民 89）研究發現，其他同事主動的關懷，甚至提供一些和其搭檔老師相處的方法，使得新進教師更快的和搭檔老師建立友好的合作關係。蔡菁菁老師的經驗中也指出：園內其他教師可以談心或分享教學心得，或情緒上的支持，也能幫助教師解決工作或搭檔合作的難題。Wildman 等人（1989）指出，同事提供情緒上支持，可以減低新進教師的不確定感，並可降低新進教師的壓力；同事也可提供教學資源上的協助，如提供材料、減低新進教師的工作負荷量、給與節省時間的建議。

搭檔合作的問題，雖然有人可以從旁協助，但「解鈴仍須繫鈴人」，每日長時間的相處共事，本來就存在太多足以衍生摩擦衝突的機會，彼此如何一一化解，讓「危機」成為「轉機」，是每一個與同班共事者自己需努力的課題。如蔡菁菁老師在了解對方不太能接受其關心的方式，及了解搭檔老師的習慣之後，改變自己對待對方的方式，因此改善了彼此的關係。雖然合班老師之間的理念、習慣會有所不同，但只要雙方的態度可以讓對方感到誠意和尊重，雙方的相處氣氛，應該就不至於達到夢魘組合的地步。

在蔡菁菁老師的文章提到，人格特質的差異會影響教師的互動關係。彭欣怡（民 89）的研究發現：老師關心人及在意其他人反應之特質，使得教師深陷在和合班老師關係不佳的狀況中；由於太在

意他人的反應，使得在行動前都會先考慮到對方可能有的反應，這也導致她許多事情停留在想而不敢付諸行動的情形。彭欣怡（民89）研究也指出：當與合班老師之間相處產生問題時，清楚了解對方的個性是很重要的，如此才能謀求和諧的相處之道，如曉溪未了解陳老師不習慣別人太過注意她的個性，而導致兩人溝通的問題。可見合班老師之間除了理念相互了解外，雙方的個性、人格特質也應多了解。

綜合研究（呂翠夏，民87；谷瑞勉，民86；陳珮蓉，民87；彭欣怡，民89等等）、蔡菁菁老師的文章及自己幼教現場經驗，總結提出協助教師搭檔合作的幾項要素：

(一)積極主動找出共同的時間溝通且互相激勵，常主動向對方提出有關教學、與家長互動、幼兒行為的事情，徵求意見或討論，如此可以釐清彼此的觀點。

(二)凡事共同商量，要試著凡事有轉告或轉知彼此的習慣，彼此包容。

(三)試著了解自己的夥伴，學習把同事當作朋友，藉著互動先建立友誼，再逐漸說出彼此的不同觀點。在彼此互動時不要堅持己見，或當同事提出不同意見或對自己教學有任何不同意見時，不再過度防衛，要試著接受別人合理批評，並虛心接納「異」見。

(四)教師兩人皆有責任共同將教室營造成一個愉快豐富的學習氣氛，兩人相互支援、相互學習，把自己、搭檔和孩子當成共同體，讓教與學達到最佳狀況。

(五)老師要試著發現彼此的專長、截長補短，並以欣賞和倚重的態度互相配合發揮專長；隨時肯定及讚許對方的優點，互相幫忙。

(六)兩位教師協同教學必須練就隨時變換角色的技巧。在教學中彼此是一個共同體，雖形式上可能有主、副之分，實質上投入和專注的程度是沒有分別的，隨時可以銜接、補位。

(七)教師需隨時自我省思釐清自己的教學理念，並隨時充實自己的專業知能。教師可以試著請同事協助發現自己的問題及缺點，並樂

於接受對方的建議，進而修正。

　　兩位教師若能在幼兒教育的理念上尋求共通處，那麼衝突就不會淪為意氣之爭，而是一個待兩人攜手解決的問題。當彼此理念及想法有差距時，盡可能溝通協調，或試著共同參與研習課程，以釐清觀念、建立共識、培養班上合作相輔相成的默契。在彭欣怡（民89）的研究中指出：教師也認為如果搭檔教師能上共同的研習課程，將可拉近彼此的距離，理念會更相近，教室內的衝突自然會減少許多。當老師能夠坦然面對衝突，尊重人與人之間的差異；並更進一步努力學習開放地表達自己，積極地在人與人之間尋求平衡點時，不只能為自己開拓出更寬廣的成長空間，也為孩子們做了更佳的教育示範。當教室裡的搭檔教師在經過一次次化解衝突的經驗後，能培養出更好的工作默契，達到合作無間、和諧相處的境界，而孩子也將如沐浴在春風中的花朵，得以成長、綻放（楊俐容，民87）。兩位教師之間良好溝通協調，對幼兒而言，是強而有力的社會楷模。除此之外，也因著教師間彼此溝通與合作、理念相合，彼此間有共識，如此才能同心經營好一個班級，讓班上的孩子更加快樂，學習更有樂趣，老師也會有事半功倍的教學效果（谷瑞勉，民88）。

　　我們常常在教導孩子了解自己、接納別人的同時，試問自己是否能跟同班夥伴建立健全及良好的互動關係？我們是否也該重新和孩子一起學習試著以像對待小朋友般開放、寬容的心，來對待自己的合班老師。

　　至於主管與教師之間的互動關係方面，最理想的互動情況是主管能具有開放的心胸、能察納雅言、了解老師的想法，並且尊重老師的做法；而老師方面也能運用積極、理性的溝通技巧來解決彼此間的歧見。漢菊德（民85）提到主管在和老師溝通時，須放下身段，不要凡事高高在上，能站在同等地位互動溝通，以建立共同想法，如此才有合作的基礎。除此之外，教師與主管之間也要能理性

地站在對方立場想想，以同理心的方式或平靜的心態思索彼此意見不同的原因，如此可以減輕憤怒的情緒，也才有彼此接納意見的可能性。教師宜勇於表達內心的感受及意見，不必刻意壓制；解決衝突宜趁早，不要累積至忍無可忍的地步或惡化時才處理，那後果就不堪設想了。另外也宜就事論事，不要造成人身攻擊，避免情緒化的處理，如此也才能理性且順利地進行溝通。

漢菊德（民85）特別強調園長在規畫園所發展時，須向老師說明構想，並徵求教師意見，盡量讓教師對園務行政或教學有參與感，達成共識，進而共同努力。此外，園長也要了解教職員工的工作情況、及其對園所的期待；鼓勵教師提出創意的點子，並接納不同的意見。

教師有權知道自己的權利與義務，園長宜在教師決定願意接任工作時，明白告訴園方對老師之期望、及其權利義務。另外園長宜隨時主動關心教師，使他們感受到隨時有人在背後支持他，或園長是和他們站在一條線上而非對立的雙方。如當家長對教師有任何意見時，園長宜站在保護教師的立場，深入了解狀況，再做進一步的處理；而非不分青紅皂白，就認為是老師的不是，甚至加以懲戒。園長人性化領導如：重視溝通接納及尊重他人的想法，視老師個人的專長且善加利用，共同分享資源，提供教師均等研習機會等等，對一個園所的運作也有相當的裨益。

增進教師人際互動關係的重要策略之一是進行教師之間（及與主管間）的「專業對話」。Grimmett 與 Erickson（1988）及 Kain（1996）認為，教師合作、進行專業對話互動是提供教師省思教學實務的一種歷程，可以引領教師教學的改進和進步。透過教師們積極參與定期、不定期的溝通分享，教師將能對自己的教學方法、內容做更多的省思，同事間不斷經由意見交換、感受分享、觀念刺激、溝通討論，不僅能增進同事關係的品質，也能促進教師專業成長，如此也將為教室帶來改變，並對學生的學習有著正向的影響

（Acheson & Gall, 1992）。經由同事間不斷的交換意見、分享彼此的感受、刺激觀念、溝通討論，能提升教師專業成長。目前我們園內也開放教師的相互教學觀摩，及教學分享。老師可以選擇自己想要觀摩的班級觀察，並與該班教師進行互動討論，我們相信透過彼此切磋琢磨、互相學習，更能增進專業知能。Clift 等人（1995）總結許多研究發現：同事關係是教師工作滿意度及持續專業成長的重要一環，要促進教師的專業成長及學習，個人的自動自發固然重要，但是一個能鼓舞同伴不斷學習的社群，會比純賴個人努力更能產生強而有力的影響（林育瑋，民85）。

Lesnik（1987）更指出，當教師一起合作時，比教師個別孤立的工作，課程的改革比較可能出現。Ahlstrand（1994）的研究發現，教師團隊合作的工作方式確能打破教師工作中的孤立感，他們不再害怕與人溝通每天工作中的問題。教師團隊合作也讓他們開始了解彼此，建立和諧親密的人際關係，並進而共同解決兒童的問題。教師透過相互支持，愈能知覺到專業角色，由此更能增加專業投入與專業使命感。因著團體思考與相互溝通機會增多，教師間形成更大的凝聚力，彼此達到共識，進而建立學習型社群，如此不僅能促進教師個人成長，也能提升組織的專業能力。

在建立學習社群、增進教師專業對話過程中，主管扮演相當重要的角色。Chrisco（1989）提出主管可以當個觸媒者，鼓勵教師相互協助、分享彼此的經驗和訊息，使同儕成為彼此重要的資源提供者。主管也能提供教師溝通及合作研究的機會，或成立成長團體、讀書會，或可以安排專業成長研習活動，如彭欣怡（民89）研究中提到，教師希望合班搭檔可以一起上共同的課，澄清觀念，以建立搭檔之間教學理念上的共識。主管也可以引導老師之間相互支持、尊重，彼此有向心力，相信必能建立共同願景，進而共同奮鬥。在這部分我也可以分享一些經驗，為了能使幼稚園成為一個「主動」學習型的組織，我們前年成立「讀書會」。剛開始時，我們共同選

擇與教師密切相關的書籍閱讀，並進行小組討論，彼此釐清觀念。最初都是我主帶，在討論分享之前，我會針對主題列出幾個問題，讓老師在閱讀資料時也能深入思考。在正式讀書會中，我會先做個簡單引言或理論的介紹，接著會彈性組成小組進行討論（針對事前所提供之問題），最後再集合共同分享。不少老師也確實把我們在讀書會中分享的運用於教室情境脈絡中。今年的讀書會有了很大的進展，我們除了有共同針對方案教學的研討及分享外，也有老師主動帶領其他讀書小組及成長團體：有電影欣賞、英文童書社、攝影社，還有其他小組尚在形成中，這是非常值得欣慰的。老師已漸漸地形成學習小組，相信透過這些活動更能凝聚大家的向心力，且共同協力建造更具專業的學習型幼稚園。

蔡菁菁老師的文章焦點是搭班教師以及教師與園長之間的互動關係，並未討論及分享自己與其他老師的相處或與家長的互動，其實這一部分在教師的生活中也是相當重要，或許往後也可以繼續加以探討，如此會使得我們在談幼教師人際溝通的主題上更完整。也希望有更多的學者及幼教工作者能關心這個議題，並加入這方面的研究。

人際互動難嗎？可能不太容易！但我相信只要大家願意積極且誠心地溝通，運用同理心去體會對方的想法、做法，且隨時反省及充實自己的專業知能，再而主動分享自己的淺見，以達成共識，如此一定可以營造一個和諧、溫馨的幼兒學習環境，以及主動學習的組織環境，如此便能幫助幼兒及自己快樂的成長。

參考文獻

江麗莉（民 86）：幼稚園初任教師之專業成長（I）。國科會專題計畫成果報告。NSC85-2413-H-134-009。

谷瑞勉（民86）：幼稚園班級經營——經熟與初任幼兒教師知能與實作之比較。國科會專題計畫成果報告。NSC86-2413-H153-001。

谷瑞勉（民88）：幼稚園班級經營——反省性教師的思考與行動。台北：心理。

呂翠夏（民87）：如何與你的夥伴教師合作。成長幼教季刊，9（2），頁21-26。

陳珮蓉（民87）：幼稚園初任教師專業成長歷程之研究。師大家政教育研究。

張宏文、邱文芳編著（民85）：實用人際關係學。台北：商鼎文化。

曾瑞貞、曾玲岷譯（民85）：人際關係與溝通。台北：揚智。

歐姿秀（民87）：幼教老師同班共處問題面面觀。成長幼教季刊，9（2），頁17-20。

江麗莉（民84）：幼稚園教師的專業成長歷程：一個個案研究。台北：心理。

江麗莉（民86）：幼稚園初任教師之專業成長。國科會專題研究報告，NSC85-2413-H-134-009。

江麗莉（民84）：幼稚園第一年教師的專業成長。載於中華民國師範教育學會主編，教師權力與責任，頁335-370。台北：師大書苑。

江麗莉（民84）：幼稚園初任教師困擾問題之研究。國科會專題研究報告，NSC84-2411-H-134-006。

林育瑋（民85）：幼教師的專業成長。師範學院教育學術論文集。台東師院。

歐用生（民85）：教師專業成長。台北：師大書苑。

彭欣怡（民85）：新進教師適應歷程之研究。師範大學家政教育研究所。

楊俐容（民87）：教室裡的春天。成長幼教季刊，第34期，頁

27-31。

漢菊德（民85）：如何扮好園長的角色？新幼教11月號，頁22-25。

蔡培村、孫國華（民85）：我國中小學教師生涯發展之實證分析。
　　蔡培村主編，教師生涯與職級制度，頁191-226。高雄：麗文。

張美雲（民85）：工作價值觀、任教職志與工作環境因素對幼師離
　　職或異動之影響。私立中國文化大學兒童福利研究所碩士論文。

台北市立師範學院（民83）：當前幼稚園教育問題及意見之調查研
　　究。市立師範學院。

Acheson, K.A., & Gall, M. (1992). Techniques in the clinical supervision
　　of teacher: Preservice and inser 'ice applications (3rd Ed.). New York:
　　Longman.

Ahlstrand, E. (1994). Professional isolation and imposed collaboration in
　　teachers' work. In I. Carlgren, G. Handal, & S. Vaage (Eds.), Actions:
　　Research on teachers' thinking and practice. Lonton: The Falmer Pre-
　　ss.

Bernier, N.R., & McCielland, A.E. (1989). The social context professional
　　development. In M.L. Holly, & C.S. McLoughlin, (Eds). Perspectives
　　on the teacher professional development. New York: The Falmer Pre-
　　ss.

Blumberg, A., & Jonas, R.S. (1987). Permitting access: The teacher's con-
　　trol over supervision. Educational Leadership, 44(4), 59-62.

Bullough, R.V. (1989). First-year teacher: A case study. New York: Colum-
　　bia University Press.

Chrisco, L.M. (1989). Peer assistance works. Educational Leadership, 46
　　(8), 31-32.

Clift. R.T. (1995). The importance of organizational support for continuing
　　professional development. 中美幼兒教育學術研討會──幼教師
　　專業成長，國立台北師範學院。

Da Costa, J.L. (1995). Teacher collaboration: The roles of trust and respect. Paper presented at the 1995 American Educational Research Association Annual Meeting, April 18-22,1995, San Fran-cisco, Ca (ERIC Document Reproduction Service No. ED384607).

Grimmett, P.P., & Grickson, G.L. (1988). Reflection in teacher education. University of British Columbia: Pacific Educational Press.

Kain, D.L. (1996). Looking beneath the surface: Teacher collaboration through the lens of grading practices. Teachers College Record, 97(4), 569-587.

Lesnik, M. (1987). Peer supervision and its positive administrative effects. The Canadian School Executive, 7(1), 8-9.

Wildman, T.M., Niles, J.A., Magliaro, S.G., & McLaughlin, R.A. (1989). Teaching and learning to teach: The two roles of beginning teachers. Elementary School Journal, 89, 471-493.

第3篇

幼兒園的管理

14

開放理念在托兒所領導的
應用經驗

台北市三民托兒所所長
歐姿秀

前言

　　近年來雖然「開放式幼兒教育」在社會大環境的變遷中儼然成為時勢所趨，標榜尊重幼兒、鼓勵自主學習的幼稚園、托兒所紛紛出現，但是能夠真正將開放教育的精神落實的幼教現場，似乎就沒有這麼多了。例如在觀察了台北縣、市十七個幼教班級後，廖鳳瑞教授指出：「實施開放式教育的幼教園表示，實際運作的課程與理想的課程並不完全相符。」（廖鳳瑞，民87，17頁）

　　在多年來的幼教觀察中，我發現幼兒教育是一份跟自我生命體驗息息相關的工作。尤其是幼教現場的工作者，每一個人的成長、學習經驗，甚至對於生活、人際的信念，經常會自覺、不自覺地藉由直接的互動接觸或間接的設計安排，對幼兒發揮影響力、形塑幼

兒的成長發展。因此，對於選擇「開放式教育」的幼教工作者，雖然大家可能各自有不同的實施方式，但是相信我們大多會教孩子要相親相愛、共同合作、彼此關心尊重、建立自信、培養自律性、喜愛學習；在此特別提醒，別忘了我們自己也應該在自己的生活中建立相同的信念，盡量身體力行的實踐。我常笑說，當幼教人能夠自己全面做到自己期待孩子的一切，則幼教理念在其園所已然實現一半了！

然而常聽一些幼教界的朋友大嘆幼教現場缺少具備開放精神的理想工作環境，除了家長的接受、配合度不高之外，行政管理人員的不夠支持似乎也是原因之一。雖然近年來幼教專業逐漸受到重視，幼教工作人員的素質及工作狀態也被視為提供優質教保品質的重要因素（馮燕，民84）；但是在一般人「顧客（家長）至上」、「主管最大」，或是「成本控制」等觀念中，幼教工作者的工作環境仍然經常被忽略。於是乎，「理念不合」、「不受尊重」或是「缺乏進修機會」等，一直是幼教工作者在「薪資福利」之外常見的離職因素。

不過，周遭也有許多園所長大嘆「孩子好帶、家長難纏，但員工的帶領最是麻煩」。似乎「錢多、事少、離家近」已成為現代人選擇工作的普遍標準，「好高騖遠、急功近利、缺乏自信、挫折容忍度低」，則是不少主管對幼教人員的共同評語。甚至在我初接托兒所的行政工作時，有位所長朋友好心提醒我：「對部屬不能太仁慈，否則容易紀律渙散，自己更會經常受到傷害。」幼教現場的領導實務，似乎不像教科書上所說的：現代化的教保行政應朝向專業化、科學化、民主化等開放原則（蔡春美，民83）；反而充滿不信任，以及因應而生的各種管理控制技法。

實施開放教育多年的前政大實小附幼園長蘇愛秋曾經分享她的經驗表示，開放式幼兒教育的實施有賴現代化的行政運作支援。包括科學化，重視計畫的擬定，時時研討改進；民主化，使人人平等

分工合作；效率化，讓人人主動敏捷，凡事求新求變；公開化，一切透明公開，以法治代替人治（蘇愛秋，民 83）。融合開放精神於行政管理中，在蘇老師的經驗裡，似乎又成為可行且有效的一種領導型態。

　　我想，就像幼教老師們基於自己對幼兒的看法、對教育的信念，選擇相符的教保模式一樣；我個人基於對工作人員的平等尊重、以及管理工作的人性化觀點，三年來在所長的職務上，我嘗試以開放教育的理念於所內實施的領導統御，做為自己實踐開放教育的一種方式。期間歷經理想實現的喜悅，也遍嘗不同層面的現實考驗；感謝一些人事時地的順利配合，也學習在不同角度或需要間求取平衡。藉此機會簡單整理陳述於後，短短的三年時間「想做的仍比已經做的多」，且將此篇實踐過程中的「半成品」，當成是自己一次省思性的回顧，也跟幼教夥伴們做一次真誠的分享，相互的勉勵！

壹、開放式領導的目標

　　因為一直相信「開放教育的實施需要在開放的環境中，由具備開放理念及開放經驗的成人來促成」；因此當三年前自己受命籌備德育醫護專校在台北市承辦的公設民營托兒所時，我便將「幼兒」、「家長」和「工作人員」共同列為托兒所的服務對象，同時以「全面實踐開放教育理念」為努力的精神目標。希望我們的孩子、家長及全體工作人員都能夠發展培養：1.彼此相互尊重的態度，2.關懷環境中人事物的習慣，3.終生學習的興趣與能力。（註：此三項為三民托兒所秉持的教保信念）於是乎「尊重關懷、學習成長」便成為我計畫在三民托兒所全面實踐的主要開放理念。

　　此外，張春興教授在討論人本主義心理學的學習理論時，曾經針對開放教育所提倡的「合作學習」，說明分工合作、密切配合、

各自盡力、社會互動、團體歷程等團體精神的重要性（張春興，民
86，第七章）；揭示開放教育除了尊重獨立、自主學習之外，團隊
合作亦是重要的開放精神指標。尤其當運用開放理念於機構團體的
領導工作中，團隊合作的工作共識與目標達成更顯得重要。組織管
理學家 Chester A. Schriesheim 也曾指出：領導統御指的是領導者與
部屬之間「一個互動性的影響過程，在此過程中領導者影響其部屬
自動自發地協同努力以達成組織的目標」。（蔡樹培，民 83，79
頁）因此，當我意圖將開放教育的理念運用於組織的領導統御時，
自然少不了「團隊合作」這一項！以下且簡單陳述這三個理念運用
在三民托兒所團隊領導的目標意義，並嘗試以一些過程中的事例加
以說明：

一、尊重關懷

如同開放式教育理念的前提：「教師尊重及信任兒童的獨特性
及主動性，營造開放、接納、鼓勵創造的環境。」（廖鳳瑞，民
87，14 頁）在托兒所的組織領導中，我希望本著人本主義的精神，
採用人力資源的觀念，將「人」視為一種資源，「工作」當作個人
自我表現與自我實現的重要方法（張火燦，民86）；因此尊重及信
任工作人員的獨特性及主動性，營造開放、接納、鼓勵創造的工作
環境，便是身為所長的我首要的努力目標，而以「平等」、「信任」
與提供「自主」機會則為主要的實踐內容。

為了貫徹「人人平等」的觀念，在開辦之初，三民的內部組織
系統只有兩層，後來雖然調整為三級，我仍然強調在職務協調上或
許有指揮督導的方向設計，但是絕對沒有身分地位的尊卑之分。這
樣的理念，也顯現於一開始的空間規畫，我捨棄了原有所長獨立的
個人辦公室，而將自己的辦公桌與總務阿姨並列門口的走道上，曾
有幾位所長朋友告訴我這樣實在不夠氣派（一笑），但是我並不以

為意。此外，至今每個月召開的所務會議，全體工作人員參加，並且享有同等的發言協商權利。

三民從成立之初即希望以「充分授權」的方式，提供尊重專業自主的工作環境，而我經常對工作夥伴說的一句話便是：「你希望怎麼做？你想做什麼？」因為我一直相信大多數的上班族跟孩子一樣，在感受到信任及享有自主權時，最有機會發揮潛能、表現工作績效。例如：有一位保育員主動表示想要設計一份全所的活動企畫書，經過好幾次的討論，這位保育員利用下班休息時間完成這項自告奮勇的額外任務，我們一直沿用至今並頗受好評。其他如：除了申請採購之外，每個教室有定額的零用金供老師自行運用；清潔阿姨除了每天例行的工作外，依據一週一次或每月一次的清潔項目，可以自行安排工作的順序與時間……等，都希望在管理控制外保留工作者的部分自主彈性空間。

二、學習成長

為兒童「提供適當的引導延伸」是教師在開放式教育實施中重要的職責（廖鳳瑞，民87，14頁）；同樣的，為工作人員提供訓練與發展的規畫指導則是組織領導人的必要責任。我希望在三民托兒所中，除了安排「訓練」以改善工作人員目前的工作表現、提高工作績效；還要提供「教育」以配合未來工作之規畫，使員工在將來可對組織有較多的貢獻；同時也不忘長期的「發展」工作，以促進員工不斷地學習，開發新的能力、視野與觀點，帶動整個組織有新的發展目標和發展的契機（張火燦，民86）；而其具體的實踐方式則將以「鼓勵」、「輔導」與提供時間經費等「支持」為主。

由於相信學習成長是組織永續發展唯一的道路，同時也知道許多用心執著於幼教工作的人會因為缺乏進修成長的機會而離職；因此，三民不但盡量把握外界辦理的相關研習機會，鼓勵工作人員參

加，每學期還會在所內舉行各種的研習成長活動。自開辦以來，本所員工共計參加七十餘場次之各項研習，內容包括衛生保健研習、教保特教、行政研習、親職溝通、養生保健、管理實務、藝術文化等課程。

除了鼓勵之外，在三民我們也以整體規畫、長程發展的觀念，有計畫的輔導並配合時間經費等行政支持，努力落實對工作人員學習成長的重視。例如：運用上班時間的進修，或予以公假前往或協調人力補充；每年並編列進修預算、每個人有研習補助等。在此僅以八十八年度的研修計畫為例分享如下，表達「每個人都需要學習成長」、「進修有多種方式與管道」以及「規畫、執行與考評」整體管理的理念與做法：

	保育員				
能力需要	動植物之欣賞與介紹	音樂美術藝術知能	本土人文歷史素養	個案輔導之知能	統整理論實務研究之能力
研修活動	親親自然國語日報	美育協會研習	資料彙集統整及講習	每月個案討論會議會	統整閱讀試作與研討
考核標的	充實教材教具活動	充實教材教具活動	教材教具活動之充實	共同輔導個案之成效	課程輔導親職經驗之發表

	所長	總務組長	保健組長	教學組長	廚師
能力需要	輔導與諮商知能	電腦操作與教保親職	增加發展及教保知能	輔導溝通領導知能培養	增進團膳專業知能
研修活動	書籍涉獵與講習	觀摩、閱讀與講習	教學觀摩、閱讀與講習	研討、觀摩與練習	餐飲衛生技術講習
考核標的	資料整理輔導成效	檔案電腦化與溝通改善	衛教活動教材之充實	督導成效課程計畫落實	中餐丙級技術士執照之取得

三、團隊合作

　　我期待開放教育中「鼓勵兒童自我負責」（廖鳳瑞，民87，14頁）的精神同樣能夠在托兒所的工作團隊中實現；並且在尊重個人工作目標外，也能倡導團隊合作的重要性，同時致力於將所有工作人員的努力導向共同的總體目標。一直相信聚集一群最優秀的人，如果沒有清楚的共同目標以及強烈的向心力，將無助於絕佳的工作表現。同時在開放理念中，如果缺少了團體紀律與合作精神，則必然無法實現對個人的自由與尊重，也將影響組織目標的達成。在三民，關於團隊合作的理念目標，我嘗試著以加強「溝通共識」與「分工合作」方式來實行。

　　關於團隊的合作，首先要建立共識、明白組織的共同目標。正如幼兒「兩人三腳」的合作遊戲，如果兩個人要前進的目的地不相同，是絕無可能順利抵達的。因此從三民開辦起，我便很注意凝聚工作共識，告知並溝通是第一個步驟。還記得第一次與工作人員正式見面，便分發三民的「五年工作計畫」並說明之；至今每年七、八月學期初的所務、教務會議，仍然會將年度計畫列入議題。而在八十六年九月預計開始收托特殊需求幼兒時，我們先在七月召集所有保育員舉行「融合教育實施計畫」，聽取大家的經驗與擔心，並安排規畫特教研習；同時在八月份的所務會議，說明服務更多不同需求幼兒的目標，並介紹九月入所唐寶寶的相處原則，以建立包括阿姨等全體工作人員的共識基礎。

　　除了平日例行職務的分工負責外，在三民每個人都有與別人合作的機會。包括親子郊遊等全所活動，需要動員全體員工參與籌備、執行及善後的工作；戶外教學的跨班合作計畫；教具器材管理的分班負責等。而在年度工作考核項目中，「團隊表現」與「專業知能」同樣占百分之二十評分的單項最大比重，則再次凸顯團隊合作在三

民工作表現中受重視的程度。甚至我們在學期初的家長會中，安排所有工作人員的介紹與工作說明，除了向家長說明外，也在向工作人員強調：三民「團隊合作」的精神。

貳、從新手所長開始的實踐歷程

進入德育醫管專校幼保科接下所長職務之前的四年間，我是陪伴兩個兒子成長的全職媽媽，以及在師院幼教系兼課的講師；再早兩年，我曾在兩個不同的幼兒園所帶領二歲半到六歲的孩子。而在進入幼教領域之前，我是大學經濟系的畢業生，在企管顧問公司工作一年半後出國轉念學前教育。因此擔任所長時，雖然我對托兒所的工作現場不陌生，卻是第一次統籌托育行政工作；而僅管我對管理原則理論曾有涉獵，但是帶領幼教工作團隊，卻還是頭一遭。當時的我，可以說是一個徹徹底底的「新手所長」。

三民托兒所是德育醫護管理專科學校接受台北市社會局委託辦理的托兒所，收托一百個一歲至六歲的嬰幼兒，目前配備十六名工作人員，包括十位保育員、一位助理保育員、一位護士、一位總務、一位廚師、一位清潔阿姨和所長。公辦民營托兒所雖然在收費上受到社會局的審核管理，但是因為工作人員不具公務員身分，因此人事管理權完全獨立自主；在三民由於校方的充分授權，所長得以完整地統籌管理各種工作人員相關事項。

或許是公辦民營托兒所的非營利性質，在經營策略上有較多的理想色彩，加上我身兼幼保科老師（培育師資）與所長（運用師資）的雙重角色，對於營造一個良好的幼教工作環境有較多的使命感。一直到最近都還有人告訴我：「你實在不太像（傳統印象中的）所長。」而雖然當初自己在接辦三民托兒所時，對於所長的角色扮演也有一些理想與自我期許，但是三年來在理想、理論與實務的互動

中，我仍然在尋找最合適領導模式的過程裡，持續探索一種更適合我自己、適合三民，甚至適合於一般開放幼兒園所的領導統御模式。

回顧三年來自己領導三民工作團隊的歷程，似乎可以約略分為三階段的成長與學習：1.注意領導特質的階段（85/3～86/1）；2.著重領導行為的階段（86/1～86/12）；3.因應個別需求的彈性領導階段（87/1～87/11）。簡單說明如下：

一、注意領導特質的階段（85/3～86/1）

Ralph M. Stogdill 曾經歸納出五種使領導者異於追隨者的特質：1.智力；2.支配性；3.自信；4.精力與活動力；5.相關任務的知識。雖然後來許多的研究指出，領導特質事實上並不能準確地預測何種人可以成為組織中的領導人（蔡樹培，民83），但是老實說，當初在考慮自己是否能夠勝任所長這個職務時，我跟一般人一樣都是從「領導特質」的觀點來思考這個問題的。由於自認信心不足、活動力不強、不愛支配他人，因此對於自己是否適合擔任所長、執行領導統御的工作，並沒有十足的把握。

加上第一年所有的保育員都是德育的畢業生，包括阿姨、護士、大部分的工作人員都稱呼我為「歐老師」；甚至有一位保育員在與我共事好幾個月後，忽然有所領悟地告訴我，她發現我跟她的關係其實不只是「老師—學生」，還是「所長—部屬」！不僅是稱謂上的問題，這幾年來我自己也努力在這兩種角色中，摸索一種能夠兼具老師溫暖包容特質與所長管理控制需要的領導風格。

不過在回顧省思中，我發現：即使自己已經接掌三民一年多了（從 84/6 開始籌備規畫），我還是在第二次與工作人員個別約談（85/12）通知中寫下這樣不夠自信、以及尋求回饋與支持的字句：

話題㈢「所」事建言

我一直在做一個夢，一個想在「三民」實現的夢

有關人與人之間的；有關成人與孩童的；有關理論與實務的

但是，我的年紀、閱歷依然不夠

我的能力、努力還待增進

我，還需要您的建議……

因此，我將自己此時期的領導風格視爲「注意領導特質的階段」，這個階段的我「滿腔熱情理想，但是信心不足，經常擔心工作人員不快樂、不稱職或是不能跟我親近」。但是這段期間，我也積極用心地努力與工作人員培養默契，建立互信及共識。在同一份通知上，我曾經寫下這樣一段自白與期待：

常想著：如何在團體的目標下，追求個人的目標？

如何在工作的責任下，找尋生活的意義？

記得嗎？三民的開辦理念裡，說道：

我們希望孩子、家長及工作人員都能發展、培養：

1.彼此相互尊重的態度；

2.關懷環境中人事物的習慣；

3.終生學習的興趣與能力。

且讓我們用一種了解的方式，相互成就。

而在這一年的農曆過年前，我選擇在賀年卡中夾帶一張電話卡，送給全體工作同仁，具體傳達希望大家多多溝通的期待：

姿秀賀新春　　感謝大家一年來的鼎力相助！

　　　　　　　總喜歡大家多多溝通，

　　　　　　　且送大家一張電話卡。順祝　　牛年如意

二、著重領導行為的階段（86/2～86/12）

在與工作人員相處一年半後，歷經長期的籌備等待、開辦之初百廢待興的辛勞付出，全體員工逐漸培養出「革命情感」，所務運作也逐漸穩定下來。期間經過兩次與全體工作人員的個別約談，我體會到工作夥伴們對我個人的信任逐漸增加，對我的領導方式也慢慢認同。但是在平日的溝通互動與工作觀察中，我也發現：快過一歲生日的三民托兒所，在自己溫情帶領、身先士卒的努力後，我們的工作團隊似乎需要一點不一樣的領導。

這樣的思考促使我在八十六年二月份的所務會議（農曆過年前）提出年終「講」金的構想：請同仁們以不具名的方式「開誠不布公」，為每個人寫一些打氣加油的話、或給一點善意的建議，然後投入書寫上姓名的個人紅包袋中。結果在我自己收到的十五張「講」金中，果真出現如下的話語：

「相處這一年多以來，深深感覺到您對三民『人、事、物』的關心與用心，身為一個領導者總會有許多的無奈與不為人知的辛酸，即使做得再公平，仍是別人心中的不平。其實自己有時也會有許多的牢騷，但卻更慶幸能在三民與大家共事。只想告訴您：從前覺得與您總是有距離，不敢跟您有太多的交談，但慢慢的發現只要自己敞開胸懷，距離將會縮短。在我的心裡，您已經是個很不錯的所長，只是我們大家都需要時間去了解彼此，而在這個過程中總是會有許多的風風雨雨，相信經過大家的努力必定雨過天晴，所以身為『船長』的您可千萬別被打敗了，讓我們互相加油吧！」

「您的努力我一一看見，有時任何事皆兩難，只希望結果是對大多數人有利的就好。真正了解自己的人是：知道自己的缺點

並且試圖改變它或至少提醒自己不再重演。」

「溫馨是整體目標，我們感受到、也看到了；再加一點魄力，其餘就是等待了；給三民三年的時間吧！」

似乎正如我所料，尊重接納的領導態度已受到正向的回應，有人開始發出一些需要魄力的訊息。而我也希望能藉由彼此了解的信任基礎，逐漸加強對工作規畫的執行督導與統整協調。於是，我開始將領導的焦點從「個人」局部轉向「工作」。我期待三民的工作同仁除了彼此能夠相互關懷、和樂相處之外，我們還能成為有專業表現、績效卓越的工作團隊。

這段期間，三民托兒所正好被指定接受「台北市八十六年度托兒所評鑑」；同年的七月間，我在三民進行了第一次的「工作評量考核」，並以「規畫未來、攜手共進」為主題進行工作自評後的個別約談。以上這些工作環境中的事件，讓我有機會借力使力，逐漸調整我的領導方式（既著重員工關係也強調工作績效），努力朝向我所期待的：能夠營造工作員人間的認同感、歸屬感與向心力，讓大家彼此信任、相互尊重，以便有效合作實現組織目標的「團隊領導」模式。評鑑結果，三民榮獲社會局八十六年度四項績優的肯定；而下面這段話摘自我在十二月底三民「古早味園遊會」年度親子歲末活動結束後，寫給全體工作人員的信，或許可以顯現我與同仁們共同努力後的欣慰心情：

「熱鬧的歲末活動在大夥兒的疲憊、孩子的興奮、家長的感動下結束了，要再次感謝大家的通力合作，活動前的種種準備、活動中的熱情演出、活動後的復原工作，大家耗費了不少的時間、體力與心意，但也發揮了很好的計畫、分工與統整能力，讓人不禁要為這整體的表現擊掌歡呼：我們真棒！而昨天當美芳通知我三十一日中午要召開你們事前就安排好的『活動檢討

會』時，我心中更是充滿了欣慰與敬佩：這是一個有目標、有方法、有效率的工作團體，兩年前我們不是這樣的！」

三、因應個別需求的彈性領導階段（87/1～87/11）

然而正當我初度感覺整個工作團隊逐漸穩定時，八十六年底一位保育員突然離職，廚房阿姨自十一月出缺後，也一直沒有找到合適的接任人選。除了造成學期中找人的麻煩、人手調配上的困擾外，似乎也提醒我必須及早因應人員流動的變動因素，以及調整自己「一以貫之」的領導方式。剛開始，我甚至會再度懷疑自己的能力、動搖自己對人的信念。記得在自己的省思手記中曾寫過這樣的字句：「我要重新思考一下自己是否有『己所欲施於人』的盲點，也要重新建立我對專業幼教人員的信心與期許，希望我在新的一年有新的動力好好再出發。」而此時重新閱讀許惠珠老師的《人際關係新天地──羅嘉思的人本教育》，讓我逐漸疲憊的身心再一次獲得同理與鼓舞。誠如書中所言（我將所有的「教師」字眼看成「領導人」，「學生」當成「部屬」，於是「人本教育」的省思便成了「開放式領導」的提醒）：

人本教師除了必須對人類有十足的信心外，更需要無比的勇氣與毅力。他必須不斷回答如下的問題：「我能信任學生到什麼程度？」「當我信心動搖時該怎麼辦？」「當周遭有人持反對意見時，我該如何自處？」，「人本教育就是最好的教育嗎？」人本教育不是一蹴可幾，它的效果也不是可以立竿見影。然而，你敢勇於嘗試嗎？你能夠在傳統教育與人本教育之間，選擇一個最適合你的位置嗎？（許惠珠，民84，34頁）

重新出發，我開始接受這樣的事實：邁向兩歲的三民似乎也不能豁免於一般幼兒園所的高流動率，雖然目前「開所元老」仍占一半以上，但是開辦以來相對穩定、具有共同成長經驗的工作人員與「革命情感」，勢必會慢慢被新進的人員所稀釋。同時經過這二年半來的成長轉變，原先看似相像的舊員工們也逐漸各自呈現不盡相同的獨特面貌。於是，我開始思索著如何調適自己的領導方式，以因應三民的新局面；最後我決定需要改以「因人制宜」、「因事制宜」的方式來因應。

面對異質性逐漸提高的工作團隊，我開始增加個別化的領導規畫。例如：對於新進人員，考慮其對工作及環境的陌生狀態，對工作的目標與執行方法等細節，盡量提供明確的指示。相對的，目前的新進人員工作自主權就會比三民開辦之初的新進員工，減少許多。而對於不同成熟度（含工作的與心理的）的工作人員，我會選擇採用不同程度的督導與授權方式。此時，我似乎逐漸擺脫以「齊頭式平等」作為「公平、公正」唯一指標的迷思；而開始基於對個別員工的了解、以及長期累積的信任基礎，慢慢在實施「因材施教」式的彈性領導。

同時，面對逐漸轉變發展中的所務及人事，我也開始強調管理互動中權利與義務之間的關係。過去，每次我遭遇挫折、阻礙，第一個想法便是回家反身自省：我哪裡沒做好？是不是制度規畫上沒有設計安排好？隨著理論探索與實務運作間的不斷交互衝擊，我逐漸體會到領導統御不能只有領導人一廂情願的單向思考、運作；包括員工個人、員工之間、組織內外的許多情境因素都會影響工作的進行與目標達成的狀況。除了領導者、除了制度設計之外，每個被領導的人也都需要為組織工作能否更有人性、更有績效地執行運作肩負一些責任。

參、權衡取捨之間「做中學」

　　走筆至此，忽然覺得很高興有這樣一個機會（雖然被催稿很痛苦），讓自己暫停腳步對這三年來所長職務的心路歷程做一番省思整理。在三民工作團隊的帶領上，我一直期許自己不只擔任一位力求整體工作運作順暢的「管理者」，還希望能夠扮演影響、激勵、引導別人完成共同目標的「領導人」。尤其，長期以來倡導開放教育理念，讓我在所長的職務上選擇開放式的領導模式；短短三年的經驗，讓我有機會在理論原則與現場實務間不斷地往返省思、嘗試行動，就像孩子一樣，我也在一步一步的「做中學」。目前，對於開放理念運用在托兒所的領導統御，個人最大的體驗是必須面對許多兩難局面的權衡選擇。以下且分三點簡單說明：

一、尊重與威嚴的權衡拿捏

　　短短三年的托兒所行政經驗一再讓我領悟：人際相處最重要的便是「相互尊重」。我常主張先將每個人當成享有同等尊重關懷與潛能的「人」看待，再來分辨男人女人、大人小孩、父母子女或長官部屬的分別對待分際。但是，就像傳統教室中的老師要改變過去「老師最大」的觀念轉為「尊重學生」，需要許多的學習與自覺一樣；習慣過去幼兒園中強勢領導的主管，要開始以尊重的態度與員工相處，有時候並不容易。

　　尤其在指揮管理或時間效率的考量下，對員工的尊重、自主、創造空間可能都會有所影響。即使在高度信念及自我期許下，我在三民的實施經驗中，也曾出現過一些衝突或質疑的事例。如有一次，我走進教室觀察，孩子那天或許心情較興奮、老師或許覺得太過吵

鬧不安，結果有位老師大聲斥責孩子：「你們不要以為歐老師在這邊我就不敢罵你們！」我已經忘了當時自己是怎麼「閃」出那間教室的，只覺得自己挺沒「面子」，同時也擔心老師在充分自主中會輕忽了專業應有的倫理規範。

　　另一次是，一個週六工作日（星期六不安排課程活動，聘幼保科工讀生照顧幼兒，讓老師進行準備工作）我去情商一位老師支援別班活動，結果當場被拒，老師臉色難看地表示「不行！我們班老師已經安排好週六要討論……」當下我覺得頗為難堪，老實說心裡也有些許不悅，我想「難得跟你商量，幫忙一下，也不願意！」也覺得「我這個所長真是一點威嚴也沒有，誰聽你說的話呢？」但是隨即心念一轉，想到「是我不對，臨時通知打亂別人的工作計畫」、「平時這位老師配合度還滿高的，她的反應應該不是衝著我來的」，大約十分鐘後我們再度碰面，溝通彼此的想法與需要後，協調出一個部分支援時段的變通辦法。

　　在尊重的前提下，許多的行政措施必須花更多說明、溝通與協商的功夫；有時也不免會感覺自己是個「說話沒人（乖乖）聽」的所長而感到自尊心受損。兩相矛盾之處，感覺就像初初嘗試開放教室的老師一樣，既期待開放尊重的美，又害怕自己尊嚴受挑戰的矛盾心情。

二、需要滿足與資源分配的平衡

　　我常笑說：自己念了四年經濟系，唯一記得的經濟原理便是「資源有限，慾望無窮」。這個觀念在領導統御的實務上，也是一個重要的權衡考量原則。員工與主管對工作條件、內容、目標的期望需求，通常呈現無窮多樣變化的可能；而配合工作運用的時間、金錢、人力、場地、器材設備等資源卻是相對有限的。如何在其間取得平衡，自然也是領導者永遠需要解決的難題。

比如幼兒園中的師生比例，跟老師的工作量、托育品質、人事成本都有關聯。開辦之初，由於我所編列的經費概算，被認為「雇用太多工作人員，造成收費過高」；因此被社會局的審核委員會要求裁減保育員的人數。但是，基於理想的師生比有助於實現理想的托育品質，我要求保留原預定之保育員人數，而以刪減行政助理為減少人事成本的方法。於是維持我們預定的師生比例：一至兩歲幼兒一比五，二至三歲一比八，三至六歲則為一比十五。同時為了避免在升班銜接過程中發生塞車現象，也減少老師同時照顧新舊生的辛苦，過去我們總是寧願空下名額（請候補幼兒稍候）等孩子適應得差不多了再安排下一個新生（我們不收註冊費，每月收月費，因此學期中也會有幼兒進出）；結果三民自開辦以來，雖然核定可招收一百名幼兒，但是三年下來平均每月收托量只有九十二人。經過三年未調整月費，財務逐漸吃緊，同時我也自度老師們的教保經驗技巧已有增進，因此今年我以平均每月九十五名幼兒為收托目標。但是顯然這樣的目標，如果沒有相對的能力技巧與配合意願，則將無法兼顧老師工作表現上的身心需求。

領導者由於職務的關係，經常必須在不同的需求間權衡輕重緩急，做整體性的考量與規畫；而被領導者則傾向個別或局部的思考範圍。如何增加員工的視野氣度，減少「見樹不見林」的缺失；同時經常提醒自己設身處地同理員工，避免「見林不見樹」的盲點，是領導人另一項必修的功課！

三、自由與紀律並重

如同前面所提「尊重與威嚴」間偶爾會出現的矛盾現象，「自由與紀律」似乎也是開放理念中經常被提出來的質疑，在領導統御的運用上，我也發現有這類取捨拿捏的苦惱。面對家長懷疑開放教育中的孩子會不守規矩，幼教人常會以「真正的自由是有紀律、有

一定規範的自由」來回答；在工作職場上其實也是同樣的道理。只是「老師們平常管孩子管習慣了，自己卻教別人管不得」、「伯伯阿姨年紀大、脾氣不小，實在管不動」，這是一些園所長的領導經驗。但是許多的研究也指出：注重員工個人、忽略工作紀律與績效的「放任型」領導，也未必是人人喜愛的主管模式。不只園所長們不樂意看見安逸散渙的工作氣氛，其實許多員工也不見得喜歡這樣的工作環境。

多年前，政大教育研究所王慧敏曾在其碩士論文〈教師成就動機、園長領導方式對台北市幼稚園老師工作滿意影響之調查研究〉中，以園長行政視導的「關懷面」（指注重部屬關係與滿足其需求）和「倡導面」（指明確界定權責關係、工作程序、追求績效）為領導模式的指標，調查三百九十五位幼稚園老師。結果發現，幼稚園老師最滿意的領導方式依次為：高關懷高倡導、高關懷低倡導、低關懷低倡導。我也曾在一些幼教在職進修課程中，對一些現職人員進行口頭調查，結果也大略相同。看了這些資料、理論，或許園所長們也可以放心走出「沒有人喜歡被管」或「自由等於不能有所約束」的迷思，嘗試在園所的領導實務中建立適合自己園所風格、有所規範的真自由！

結語

構思提筆以來，翻閱各種資料，腦海呈現著過往的一幕幕喜、怒、哀、樂，期待經過這段省思整理，我在開放式的領導實踐上，能夠愈見清明與自在。最後，要感謝所有前前後後與我共事的夥伴們，希望在這些歷程中我們彼此都有所學習與成長。

參考書目

王慧敏（民76）：教師成就動機、園長領導方式對台北市幼稚園老師工作滿意影響之調查研究。政治大學七十六學年度第二學期碩士論文。

許惠珠（民84）：人際關係新天地——羅嘉思的人本教育。台北：張老師文化。

張春興（民86）：教育心理學。台北：東華。

張火燦（民86）：策略性人力資源管理。台北：揚智。

馮燕（民84）：托育服務——生態觀點的分析。台北：巨流。

廖鳳瑞（民87）：幼教園所的開放式教育理念與執行研究。國科會研究彙刊，第八卷，第四期。

蔡春美（民83）：幼稚園與托兒所行政。台北：心理。

蔡樹培（民83）：人群關係與組織管理。台北：五南。

蘇愛秋（民83）：開放式幼兒園行政管理之歷程。「開放式幼兒教育」系列講座。

兩年後的後記

一、轉換了容顏，不改的初衷

　　距上一篇省思文章的完稿日期，匆匆已過兩年。再回頭翻看自己五年前籌辦托兒所、與工作同仁相處合作的點滴心得後，我發現在自我剖析的同時，也有許多的自我察覺與省思。而我在文章最後提出「兩難抉擇」的工作體驗，彷彿為自己當年的工作瓶頸暫時找到了出口。

　　記得自己在這篇文章發表後，曾邀請所裡的同事傳閱分享、交換意見，希望藉此機會與工作夥伴溝通討論自己的領導理念與心得，尋求日後面對兩難局面時取捨抉擇的共識基礎。

　　接下來兩年，托兒所運作如常之際，其實也經歷了一些內外環境的變化，像是多元收托原則下，陸續增加的特殊需求幼兒、幼兒美語熱潮與經濟不景氣影響部分家長的評價標準、社會局對公辦民營托兒所委託以六年為限的政策定案（三民托兒所至少每六年需要重新公開招標一次）、人事部分異動增聘下，目前共有十八名工作人員。因此，雖然我仍舊擔任三民托兒所的所長，但是如同生命歷程不停的轉變一般，伴隨著三民托兒所的成長，我自己對托兒所的領導經驗也有了不同的體會與調適。

　　相較於五年半前新手所長懷抱開放領導的浪漫理想，憑著初生之犢的活力熱情，當年的我其實並不十分確定該如何著手實踐所謂的開放式領導。三年後（這篇文章發表時）我在努力耕耘、逐漸收成之餘，同時也面臨著挫折困頓而需要進行省察調整（記得我在文章最後提出「尊重與威嚴的權衡拿捏」、「需要滿足與資源分配的

「平衡」、以及「自由與紀律並重」三項我仍在做中學的兩難局面）。再經過這兩年的考驗與思索，目前我暫時以「回歸幼教專業倫理」來因應工作現場種種的兩難抉擇，同時進入校園回歸理論，重新探討並思索幼教實務的困境與出路。

而在幾年成功與挫折並存的所長生活之後，「尊重關懷、持續成長、團隊合作」，仍然是此時的我最想在所長任內實踐的領導理念，期待藉由開放式領導形塑開放的組織文化，結合具備開放合作經驗的成人，來促成開放幼教精神的落實。最後，且以下面一段「在所裡像什麼？——所長的自我隱喻」，來說明自己在托兒所領導角色的兩階段變化，爲五年所長經驗做一個暫時性的註解。

二、從「拉車老牛」到「球隊教練」的心路歷程

曾被詢問過：如果要形容我這個所長在托兒所扮演的角色，我會拿什麼來代表自己？早期，我常覺得自己像隻老牛，不是因爲我是「金牛座」的，而是總覺得自己拉著一輛很重很重的車，車上坐著許多大人小孩，感到有些「舉枷」（台語，形容自找麻煩），卻不能自己卸下。因爲原來在全職媽媽的生活規畫中，預計在家陪伴兩個兒子逍遙到他們上小學，卻在老大四歲、老二三歲時就恢復全職工作，是自己選擇的挑戰（自找的）；而面對一群殷切等待三民開辦的家長、孩子，以及認真執著的工作夥伴，自己有過五年耕耘的承諾（不能輕言逃避）。

如今五年期滿（邁向第六年），面對自己生涯規畫的修訂，十分感謝工作夥伴支持我進入師大家研所的進修學習，大家各司其職、互助合作、團隊精神充分發揮，所務一切運作如常，我並沒有太多的後顧之憂；似乎原來牛車上的乘客們，開始有人跳下來幫忙推車了（包括幼兒、家長與工作人員）。

如今感覺自己像一個帶領球隊的教練，平時擬定訓練計畫，陪

伴隊員苦練默契與技能；開賽時提供場邊指導，但自己無法下場，必須信賴球員的臨場反應，及在遵守策略外的自我發揮。教練年輕的時候多半也熱愛打球，目前則關心球隊的成長環境、球迷的鼓勵、球員的發展……教練不知自己還能爲這支自己一手催生的球隊服務多久，但是可以肯定的是，他將一直關心球員、球隊及球類運動的未來。

參考資料

歐姿秀（民90）：我的成長故事——一位所長的生涯規畫與專業發展。樹德科技大學「九十年專業、創新與發展——園長成長研習營」大會手冊，12-18頁。

15

幼兒園的領導與變革

國立新竹師範學院幼兒教育系副教授

許玉齡

前言

　　在幼兒教育及保育的專業會議裡，經常會有如何提升幼教品質的討論，大家對於我國的幼教品質亟需提升已經具有共識；然而，到底要如何改善這種現況，卻因為政府幼教政策不明、經費編列稀少，加上歷年來幼教法令並未確切執行，使得我國的幼兒教育與保育制度結構發展複雜，以及幼兒園本身經營的影響因素眾多。因此，雖然大家認為提升幼兒園的素質有助於幼教品質的改善，並能使幼兒直接受惠，但是要如何達到這一個幼教界共同的目標，至今並未有一致的看法或做法。

　　最近幾年在幼兒教保的領域裡，為了提升幼兒園品質，我國已經開始有一些研究是針對幼兒園領導人來進行（蔡淑苓，民77；高士傑，民85；許玉齡，民86b；簡楚瑛、林麗卿，民86；簡楚瑛、

李安明，民88）。不論在幼教課程的轉型、或者幼教人員的工作滿意度研究，皆顯示園長的角色具有關鍵性的影響。在國外的研究中，也同樣顯示出一個高品質的幼兒園裡，其領導者本身即占有影響品質的重要地位（Bloom & Sheerer, 1992; The Cost, Quality, and Child Outcomes Study Team, 1995; Culkin, 1997）。儘管大家一致認為幼兒園長的角色非常重要，但是，對於該如何來培養一位優秀的園長，以及對於一位優良園長該具備的資格或條件，至今在幼教界仍是意見歧異。由幼兒園的工作人員心聲得知，有人以為目前幼兒園園長最須加強的是幼教的專業理念，也有人認為園長的領導管理能力亟待改進。

由於我國的幼教工作人員學歷與經歷在最近十年裡一直快速地提升，幼教人員的培育機構也已提高到大專及研究所程度，對於園所領導人的要求因此也相對提高了。再加上我國社會逐漸由菁英政治、威權統治轉型為提倡開放、自由的民主制度，使得老師們對於所服務的幼教場所是否也能逐漸進入開放的民主制度，具有很高的關切與期待。例如，在許玉齡（民86b）的研究中，就全省幼稚園老師隨機抽樣九百一十八位調查發現，目前園長的領導措施與老師們期望的理想狀況還有明顯的差距。其中對於園長的溝通、決策、領導方式、以及專業成長四大方面，老師們皆有更高的期待。

以往幼兒園領導人在園裡的行政工作多是在摸索中學習而來，他們在當上園所長之前很少人受過專業的幼教行政訓練，甚至連一般的行政管理經驗也付諸闕如；在能力上沒有預先準備的情況下，一旦接手園所長工作，要馬上從千頭萬緒的繁雜事務中理出一個穩定的方向，進而循序漸進、有條不紊地處理事務並不容易。因此在幼兒園中，幾乎所有的領導統御措施都是以應急為優先，園所長很難有長遠的思考，或有系統地分析本身的領導作為，以使得錯誤減少或者思考如何更有效率地推動園務。以往僅就錯誤中摸索的領導模式已經不足以應付多變的幼教界，而在目前幼教逐漸受到社會大

眾關注、又面臨財團和同業激烈的競爭，加上老師們流動率不低的情況下，園所是否能穩定成長，更考驗著園所長經營與管理的領導能力，因此園所的領導人所扮演的角色也益形重要。

領導理論的發展

有關領導統御的系統化及理論研究約始自本世紀初，以近一百年來的研究資料分析，結果大致可以分為四大類（Kagan, 1994）。這四類的重點分別是：領導者擁有什麼樣的性格或特徵、領導者都有些什麼行為、領導者都存在什麼樣的組織環境裡、以及何時採取領導行為最為適當。前兩類被統稱為「特質論」及「行為論」，他們主要針對領導者個人或領導者的行為做研究；後兩類可統稱「權變理論」，主要將影響領導成功與否的因素推展至領導人以外的因素。

「特質論」將領導者與被領導者做對比，用以發現領導者異於追隨者的性格特質。然而，研究者（McClelland, 1994）也發現，由一群領導者身上所歸納出的特質，無法預測下一位具有相同特質的人是否能領導成功。顯然僅從領導人特質來建構領導理論是將領導行為過度單純化了。「行為論」則是企圖從領導者的個人行為表現與團體的績效中找出關聯，希望統整出較能促進組織效能的領導行為。此兩類研究皆是將領導者與他所處的情境分離，使得研究結果無法完全適用於實務的解釋，因此隨後便有學者將研究焦點由領導者本身之外加入被領導者的狀況、所處組織的文化、以及領導者與情境互動的因素，這些研究可以簡稱為「權變理論」。其主要的研究課題是：在何時使用領導行為最有影響力，及關心領導者與追隨者所處的情境對領導過程有何影響（吳清山，民85）。這樣的理論試圖把領導行為所面臨環境的複雜度顯現出來，並且嘗試區分出各

種不同的領導形式，以便用以適應不同的情境組合。因此，使得領導行為不再是從一而終了。由單純的領導人本身因素，以至於與領導人互動的追隨者及所處的環境等，用以建構已不斷地複雜化的領導理論。隨著研究數量的增加及實證研究的範圍擴大，人類對於領導行為的研究，所考慮的因素也越來越周延。近代的領導理論為了能應用於更複雜的情境，已經將更複雜且更多元化的組織因素考慮在內，以多種不同的領導形式取代以往直線式的思考模式。領導者必須對所服務的顧客價值觀更敏銳，甚至於必須將企業所牽涉的所有人，包括消費者、員工、社區等都列入企業目標的優先順序（Heifetz, 1994; Micklethwait & Wooldridge, 1996）。

領導理論在幼教界的應用

　　當領導理論應用在教育環境時，特別是幼兒教育的情境裡，Kagan（1994）發現，這些傳統的領導理論絕大多數都是來自工商業或企業界的研究，並不完全適用在幼兒教育的領域裡。她認為傳統的領導理論都預先做了一些假設，而這些假設在幼教的領域裡並不完全成立。首先，他們假設領導者只是一個人，而且通常是一位男士──公司的總經理或董事長。再者，傳統的領導者都是任職於以銷售產品為最終目的的公司。這種領導者以男性為主並追求單一目標的機構，與幼兒教育的機構有很大的差距。通常，幼兒機構都具有多重目標，他們不僅要發展幼兒的潛能，幫助幼兒與家長一同成長，還要照顧到教師的進修需求，這些目標都是以教育人為主而非銷售產品為主。另外，傳統的領導理論還有一個假設很難適用於幼教領域，那就是他們將領導行為定位在如何提高「競爭力」而非「合作性」，然而在教育的情境裡，所有人的教育成果或者品質的提升，都是建立在互相合作的基礎上。

在重視親密關係、有彈性、多變化、且相當關心個人的幼教領域裡，的確需要建立一個不同以往的領導理論背景，以區別由工商企業界發展出來的公式化、單一化的科層體制。在幼兒園裡通常行政層級相當簡化，而園裡的事務中有一大半是跟教學有關，因此在領導過程中，教師的意見整合與主動參與意願，都是推動園務順利與否的重要關鍵。此時，園所的領導人是如何定位教師的學習動機，如何看待教師的參與意願，以及是否將教師視爲一起工作成長的夥伴，這些信念與隨之而來的作爲，將使得幼兒園的領導有著截然不同的過程與結果。

幼兒園領導與開放教育的實施

近十餘年來，開放式教育隨著教育改革的呼聲已逐漸散播了理念的種子，尤其在幼兒教育領域裡，幾乎已成了每位職前教師必讀必學的一種重要教育觀點。教師們被期待運用人性化的教育方式對待幼兒，尊重幼兒爲學習的主體的同時，在他們的工作環境中，如果仍然處處是權威式的領導，那麼開放式教育便不容易實施；因爲在幼兒受教育的過程中充滿著價值觀的傳遞與影響，一位從未感受開放式領導，而且並不真心信服或了解開放教育理念所能帶給學習者成長的教師，將很難落實開放教育在自己全權主導的教室中（廖鳳瑞，1998）。

幼兒園的領導若要融入開放式教育的精神，領導人首先需要了解何謂「開放」？雖然教育學者對於開放教育的詮釋眾說紛紜，然而他們對於實施開放教育的前提有以下幾點共同看法（陳淑琦，民83；張翠娥，民73；邱志鵬，民77；盧美貴，民77）：

1. 相信學習者有內在的學習慾望與成就動機。
2. 強調學習者的自主性、獨特性與個別性。

3.在學習過程中應考慮學習者的經驗、能力、興趣與需求。

4.相信只要提供妥善的環境，學習者有自己選擇活動與學習的能力。

5.相信學習者可由互相觀察與互相教導中學習。

6.認為輔導者與學習者的關係應是平行雙向，輔導者引導學習者由已知的經驗出發，教學相長。

7.重視溝通，在學習的過程中同時尊重輔導者與學習者的意見。

　　在以上開放教育中的理念，學習者是兒童，輔導者是教師；學校擺脫傳統領導方式，重視師生雙向溝通，尊重教師與兒童的個別性，使他們有相同的自由、主動、及參與課程決定的權利，教師不再只是某種權威的代表，課程與活動是來自師生相互溝通的結果：這便是開放教育（邱志鵬，民77；陳淑琦，民83）。相同地，若將以上的學習者視為幼兒園裡的老師，則輔導者可以是園所長。那麼幼兒園的領導若要注入開放理念，則園所長對於園所裡一起工作的老師們的看法應重新檢視；若要加入開放教育的理念，則須相信老師是具有主動學習的自主性個體。只要園所提供適當的工作機會，且雙方能充分溝通工作目標，則老師在被信任與尊重之下，將因主動成長使得整個工作團隊逐漸邁向學習型組織，每一個人也因此能充分發揮能力與興趣，最終並能達到共同企盼的教育目標。

開放教育與學習型組織

　　注入開放教育理念的幼兒園領導，最終的目標是希望幼兒園成為一個不斷成長的團隊，以使得教育的品質有所提升；因此必須了解在這個團隊裡工作的成人們，他們如何能夠在工作中獲得成長。依據建構主義的觀點，所有的成人在學習成長的過程中，都是以既有的個人認知架構作為學習的基礎，這個架構是來自於他先前的經驗、信念、價值觀、以及對於社會歷史的解讀。當新的經驗加入時，

必須經過個人反覆思索以及與他人對談交換意見，此時這些新的經驗才得以建構出所謂的「知識」，並且對個人變得有意義（Lambert, 1995）。當成人主動地參與反思性的對話時，因為加入了別人的觀點，在不斷的互動中，他們對於自己所處世界的思考會變得比較複雜周密、比較能夠容忍不同的看法，並且對於新經驗的思考也比較具有彈性以及開放性。因此，當開放式教育所重視的師生「互相尊重與溝通」被運用在幼兒園領導中，不僅有助於凝聚工作人員間的共識，同時也能夠幫助領導者與被領導者個人認知架構的擴展，學習能力的擴充，並且更是行動力的保證。因為大家在充分溝通建立共識時，也是個人在建構有意義的知識與信念的過程，同時更是自己為未來的行動找尋意義的所在。只有當行動對個人是有意義時，成人才會真心願意為之盡力，破除所有阻礙，以達到大家共同訂定的目標。

能發展出共同的工作意義是一個學習型組織的重要特徵（Senge, 1990）。在這個組織裡，領導者的任務便是設計出一種學習的過程，讓全部參與者都能學到專業處事的方法與技巧，且能有所成就。在幼兒園的領導裡，領導者將開放教育的精神運用於園務運作的規畫上，讓老師們可以發揮自主的空間，並且在發揮能力的同時也進行一種更高層次的學習，如此才能在整個組織的人都不斷地學習中，漸漸趨向於共同訂定的教育目標。要將開放教育的理念落實到園務運作的過程，需要有相當多異於傳統領導的變革。以台北市社會局委託德育醫管專校辦理的公辦民營三民托兒所的歐姿秀所長為例，她的園務領導經驗便包含了以下幾種開放特質：

1. 空間上的開放：園長的辦公空間與其他教職員共同使用且無間隔，使得園長與其他人的溝通機會增加許多。而全園唯一的會客室雖最常作為園長與教職員或與家長單獨會談的空間，但當園長未預先安排使用時，其他教職員亦經常充分利用此一空間。另外，全園的公共空間因無法同時容納所有幼兒，因此老師們在使用上都

需事先經過個別協調，因而也增加了溝通的機會，且協調的機制變得非常重要。

2. **時間上的開放**：三民托兒所的老師有權利決定各班的作息時間及全所的作息改變。在教學的需要前提下，老師們只要提出理由，經過共同的討論，同時考慮所有受到作息影響的成員的需求（包括幼兒及家長），則達到共識時即可更改。討論時所長只是討論者之一，她可以提出她思考的原因，像其他人同等被列入討論，但最後必須遵守的是所有人共同決定所做出的結論。

3. **課程上的開放**：三民的老師在剛入所時，須先認同開放教育的理念，然後在園所共同的教保目標「健康安全、自愛愛人、快樂學習」之下，全所的老師皆可自行設計課程。在大家討論過的大目標之後，各個年齡層的老師們可以自行討論上課內容，並在實施中不斷做修改。老師的專業能力充分被信賴且尊重，因而也提供了老師們討論的機會以及從中成長學習的空間。而且為了支持課程的豐富性，教師們除了向所方申請採購教材的經費外，在金額一千元之內的教材，老師可以自行判斷採買而後請款，不須事前報備。

4. **工作內容上的開放**：除了各班的教學由老師決定內容外，托兒所還提供多種學習內容，讓工作人員選擇。舉凡教學必要的課內外活動，為幼兒或為老師、家長服務的工作，所有人員包括總務及廚房阿姨都可提出意見參與規畫，或在自己權限內主動安排工作次序。甚至像參與托兒所評鑑的工作，也是在全園每個人做自評後，再進行團體討論，以共同規畫有待改善之處，然後分工完成。

5. **溝通上的開放**：三民的溝通並沒有身分地位尊卑之分。全部工作人員因場地、教具、時間、經費等資源共用，經常需要彼此相互協調，故而溝通方式也採多元化，其中包含正式與非正式的溝通機制，且兼採書面與口頭的溝通方式。每週有各年齡層的教學討論、每月有所務會議、教務會議、以及不定時的非正式討論，而

每個人自製的信箱則提供個別文字溝通機會。另外，每年有兩次員工旅遊及兩次餐聚（其中一次由所方規畫，一次由員工推選的福利委員會策畫），則提供工作以外的生活溝通機會。除此之外，園長每學期都安排與工作人員個別晤談，以增進彼此的了解，並關心彼此的工作狀況及生涯規畫。在所有的會談中，參與人員都有同等的發言協商權利，而且凡攸關個人權益的議題在實施前，必須經過所有參與人員充分地溝通，包括收托特殊需求幼兒、勞動基準法的適用或接受實習參觀等措施，均會提交會議或在個別晤談中討論溝通。

6. **資源與資訊的開放**：三民托兒所全所的軟硬體設備皆可以互相流通與共用，包括園所的檔案與所長使用的電腦。所長更是鼓勵各項相關資訊的開放分享。因此，在辦公室走廊上一大片白板分為「行政公布欄」、「教務公布欄」、「工作人員溝通版」三大區，舉凡校內外的活動通知、進修研習、相關公文皆公開張貼。甚至老師之間私下的慶生或聚餐活動，也可以在公布欄內廣為宣傳以召同好。除了所長、行政人員外，每一位員工均可以自行在布告欄上張貼分享資訊或自由留言，充分發揮布告欄的交流溝通功能。

運用開放理念領導與園所長的角色

開放教育的信念要落實在幼兒園的領導中，園長的角色必須經由正確的扮演，才可能達到相互尊重、彼此發展的效果（陳淑琦，民83）。園長在運用開放教育的精神於領導中，須扮演以下的角色：

1. 園長須是一位對於開放教育有充分信心的人，相信在這種理念下學習的幼兒及成人都能有所成長，並且願意成為此種教育及領導方式的一員。

2. 園長是引導者：就像是一位實施開放教育的教師一樣，必須視工

作人員的個別差異給與協助及引導，並提供教師更多的學習機會，例如以身作則帶領工作或為員工安排各種進修活動。

3. 園長是開放教育的行動者：以主動積極的行動力，身先士卒地示範充分的準備工作，例如蒐集資料、實踐及修改計畫、領導團體討論、組織歸納團體意見等，以使得工作人員在過程與技巧上有學習的途徑，並落實開放教育理念於成人的領導上。

4. 園長是學習者並需懂得隨時反省：一位好的學習者必須在學習過程中不斷地省思，以減少犯錯的機會，同時使得新經驗能有系統地建立，成為有意義的成果。園長必須是學習者，因為開放教育之下，每個人、事、物都在成長的變動中，不斷學習與反省才能隨之成長，並且成功地扮演引導者的角色。

5. 園長必須是資源的提供者且關懷員工的需求，因此園長必須具有敏銳的觀察力，以適時提供協助。另外也須在事後評估效果，作為進一步規畫與準備環境的依據。同時，為了在不同的需求間權衡輕重，以做整體性的考量與規畫，園長還須努力地擴展各個不同工作人員的視野，使其思考範圍不致受個人職務所限，而能關注到別人的需求，使得資源的使用達到最高的效率。

6. 園長是理念支持者：除了對於教師們每日所實行的課程內容真正做到事先溝通共識，實施時給與時間上、資源上以及人力上的支援外，也必要讓老師們看到她是開放教育理念的捍衛者。尤其當家長對於開放式教育不盡了解或有所疑慮時，園所長必須主動尋求各種機會向家長說明，或者規畫活動帶領老師們一起幫助家長，以期減少個別教師在實施上遇到的挫折感。例如運用召開入學前說明會、親職教育座談會、親子活動、教學參觀日等活動之際，將園所與教師們共同秉持的理念廣為說明。

7. 園長是家長、幼兒、老師間的權利維護者與協調者：在開放式教育理念注入領導時，首重團體成員間的彼此討論、溝通與合作。平常家長與教師可能會有對幼兒的教養意見不同的情形出現，但

不見得有時間深入討論個別孩子的輔導方法，此時，園長須先站在輔導者而非裁判者的角色，不宜立刻認定哪一方是正確的，而是應提供機會增加教師與家長的溝通；或者在與一方討論時，設身處地提供另一方的思考因素，期使雙方在了解彼此處境之下，能以互相體諒的態度共同來輔導幼兒學習。

開放的領導理念在幼兒園實施的起步

現階段實施開放教育理念在幼兒園的領導方面，最困難之處大概是園長能否信任老師並帶領教師一起經營園所，及是否相信教師具有專業道德且有能力與園長共同經營園所。因為園長必須擔負園所經營的成敗，而且有維護家長與幼兒權益的責任，故對於教師是否能「主動地」與幼兒園共同努力追求經營成長的目標，可能是園長常有的疑慮與擔心。其實就如同對待幼兒一樣，幼兒園裡的工作人員及園長必須在彼此信任的環境裡，才能順利進行協商與合作，以達到共同目標。領導人的地位因權力關係本就高於被領導者，因此要建立起信任的討論態度，必須由領導人做起；必須讓教師覺得受到尊重、有自主權，且園長必須相信只要給與適當機會，她們一定會樂於成長學習。雖然要達到共識的過程會耗費時間，然而一旦達成共識，在共識之下可使成員間都能將工作賦予意義，視為自己專業上應該做的事，則一個不斷成長學習的幼兒園團隊將儼然成形。

參考文獻

邱志鵬（民 77）：啓發教學與開放教育。幼教天地，6 期，213-218頁。

吳清山（民 85）：學校行政。台北市：心理出版社。

高士傑（民 85）：幼稚園園長領導形式、教師準備度與組織效能關係之研究。國北師院碩士論文。

許玉齡（民 86b）：台灣省幼稚園園長領導措施與教師工作滿意度之相關研究。台灣省教育廳。

陳淑琦（民 83）：開放式教育的課程設計。幼兒教育課程設計 447-486 頁。台北：心理出版社。

張翠娥（民 73）：開放式學前教育。學前教育論集，頁 103-108。

蔡淑苓（民 77）：幼稚園園長領導形式與教師工作滿意度之關係。國立台灣師範大學家政教育研究所碩士論文。

廖鳳瑞（民 87）：幼教園所的開放式教育理念與執行研究。國家科學委員會研究彙刊：人文及社會科學，8 卷，4 期，頁 579-595。

盧美貴（民 77）：個別化的教育。幼教天地，六期，頁 219-230。

簡楚瑛，林麗卿（民 86）：從課程轉型過程看教育改革落實在幼稚園學校系統層面上之相關因素。國科會整合型專題研究子計畫 NSC 85-2745-H-134-008,NSC 86-2412-H-134-001-F6.

簡楚瑛、李安明（民 88）：幼稚園園長對領導者與管理者概念之調查研究。台灣省教育廳專題研究計畫成果報告。

Bloom, P. J. & Sheerer, M.(1992). The effect of leadership training on child care program quality. Early childhood research quarterly 7, 579-594.

Cost, Quality, and Child Outcomes Study Team (1995). Cost, quality, and child outcomes in child care center. Public report.2d ed.Denver: Economics Department, University of Colorado at Denver.

Culkin, Mary (1997). Administrative Leadership. In S.L. Kagan and B.T. Bowman (Ed.),. Leadership in early care and education, pp.23-33. Washington, D.C.: National Association for the Education of Young Children.

Heifetz, R.A. (1994). Leadership without easy answers. Cambridge, MA;

Belknap of Harvard University Press.

Kagan, S.L. (1994). Leadership: Rethinking it--making it happen. Young
   Children, 49(6), 50-54.

Lambert, L. (1995). Toward a theory of constructivist leadership. In L.
   Lambert (Ed.), The constructivist leadership, 28-51. New York, Tea-
   chers College Press.

McClelland, D.C. (1994). Testing for competence rather than for intelli-
   gence. In Competence assessment methods:History and state of the
   art, eds. L.M. Spencer Jr., D.C. McClelland, & S.M.Spencer. Boston
   :Hay/McBer Research Press.

Micklethwait, J., & Wooldridge, A. (1996). The witch doctor:Making sense
   of the management gurus. New York: Random House.

Senge, P.M. (1990). The fifth discipline. New York: Doubleday.

——來！說我們的故事：幼教師的專業成長

第4篇

傑出論文

16

幼稚園方案教學之研究

台北市景豐國中

江怡旻

摘要

本研究旨在了解幼稚園之方案教學，採用文獻分析及參與觀察南海幼稚園兩個方案之實際發展歷程進行。觀察時間從民國八十五年十月十四日至民國八十六年一月二十二日。

本研究之重要發現如下：

一、 方案的定義為：兒童針對一個主題經由社會互動（同儕或師生），有興趣、有目的、有計畫且主動地進行探索。探索主題的來源及時間皆依兒童的興趣而定。

二、 方案是一個深入探討的歷程。方案教學的深入性是依孩子有興趣的主題，進行一連串連續而動態的探索；是一個直線延伸的歷程，而非圍繞著主題的幾個活動。在主題深入延伸的過程中，孩子透過討論、實際參觀或訪問專家、小組工作及扮演等方式進行探

索；在探索的歷程裡，是以孩子的舊經驗為基礎，再進一步做修正或調整，使孩子的知識結構獲得改變。

三、方案的實施為一個「決定主題→擬定計畫→實施計畫→檢討批評→擬定計畫→實施計畫→檢討批評……」的循環歷程。主題決定之後，教師撰寫主題網（主題分析或主題發展的假設）以構思主題可能的發展，並蒐集相關資料。此外，以討論來了解兒童的經驗及探索主題的興趣，讓兒童有機會親身探索實物，透過討論來做計畫，透過小組合作來完成計畫，在討論中促進兒童間的意見交流及提供家長參與的機會，皆是方案教學的實施要素。

四、教師在方案教學中準備適宜環境、提供資源、適時適當地引導兒童學習、做觀察記錄以評估兒童需要、維持教室中合作的學習氣氛、引發兒童意見交流並予兒童充裕的時間進行探索。

五、學校應提供各種機會，讓家長參與方案活動，例如：提供有關的資源、與兒童討論方案及分享兒童的學習成果等。

壹、研究動機與目的

一九九三年，就讀於台北市立師範學院幼教系三年級的我第一次聽聞「project」，那時有二、三位教授曾在課堂中，或以書面資料來介紹 project，或是透過錄影帶來呈現義大利 Reggio Emilia 的學前教育情況，也許是因課程著重的點不一樣，也許是教授們有不同層面的了解，我總覺得在我的認知圖中，似乎無法「拼出」project 的全貌。一九九四年，我參加台北市立師範學院兒童發展中心舉辦的「台北市公私立幼稚園教師在職進修」活動，研習活動的主題是：「我國幼兒教育教學模式之探討」，project 也是研習活動的一項主題。主辦單位邀請理論與實務方面的幼教工作者來探討 project 的理論與實施現況，而這些幼稚園實施的方式有相似之處、亦有相異之

點，比如說：有的源自於「全人教育」的精神（漢菊德，民83），有的以整體角落教學法和創造性戲劇活動來實施（劉玉燕，民84），有的則以萌發式課程稱之（廖鳳瑞，民85）。與會學者、專家及幼教實務工作人員因而產生熱烈討論：「何謂 project？」「如何實施 project？」但是，身處於討論、辯論氣氛濃烈的研討會中，對於project 本就認知模糊的我，更加迷惘了。而且學者對於 project 的譯法也不盡相同，有的稱之為「設計教學法」（巫慶朗，民 55；黃昆輝，民 57；簡楚瑛，民 82），有的稱之為「方案教學」（呂翠夏，民 82；幸曼玲，民 85；侯天麗，民 85；漢菊德，民 83，84，85；簡楚瑛，民 81，83）。到底project是什麼？這些問題一直在心中縈繞不去，所以我決定以project為研究主題，一方面澄清自己對project的疑問，也期有益於有意從事 project 之教師對 project 之了解。

貳、研究方法

在我的研究中，我採用文獻分析和參與觀察兩種研究方法進行研究。

一、文獻分析

我利用教育學術網路系統蒐集與project有關的文獻，共得期刊二十五篇、書籍七本及一篇論文。另外，方案研討會的錄音帶及 Reggio Emilia 學前教育機構出版的教學錄影帶也是我了解方案教學的管道。

二、參與觀察

　　我實地觀察一所幼稚園實施project的情況，以下陳述我如何選擇研究地點、研究對象，及我如何進入現場、進行研究與分析資料。

㈠研究地點——台北市立南海實驗幼稚園

1.為什麼我在南海幼稚園進行觀察？

　　近年來，「project」常是研習活動的一項主題，例如：國立新竹師範學院於八十三年主辦「方案課程發展模式研討會」及台北市立師範學院兒童發展中心於八十四年及八十五年辦理的「台北市公私立幼稚園教師在職進修活動」中，以方案爲主題；此外，台北市立師範學院兒童發展中心也於八十五年四月二十二日至六月二十二日，邀請各界專家學者參加「我所知道的方案教學」專業討論會。然而國內實施方案教學的幼稚園卻不多，從文獻及受邀於研討會發表的幼稚園來看，有五所幼稚園是常被提及的：台北縣佳美幼稚園、台灣師範大學附設實驗幼稚園、台北市南海幼稚園、新竹慈心幼稚園及高雄市經一幼稚園。事實上，這幾所幼稚園我都參觀過，在考慮我自己的時間及園方的意願後，以南海幼稚園爲研究對象，並徵得園方的同意，以原名呈現園方之資料。

2.關於南海幼稚園

　　位於台北市萬華區的南海幼稚園，處於以市集、運輸與修護業爲主的社區，於民國七十六年由現任園長漢菊德創辦，從園舍至課程均爲園長所規畫，園長以落實「全人教育」的理念，創立該園獨有的「統整性課程」與「新倫理體系」。

㈡我的研究對象——大白班

　　大白班有三十位孩子，有十一位六歲的舊生，其中男生五人、

女生六人，在十九位新生中，有六位是五歲的男生、二位五歲的女生、六位六歲的男生及五位六歲的女生。大白班的二位教師（甲老師和乙老師），兩位教師皆畢業於台北市立師範學院幼教系，且同是在七年前進入南海幼稚園擔任教職，兩位教師常常與新進教師搭班上課，直至今年（一九九七年）九月才一起同班上課。

在觀察的過程中，發現兩位教師默契很好，兩位老師也覺得彼此之間的溝通的確是頗為容易。

(三)研究程序

圖一呈現整個研究進行的程序，我採消極被動的態度進入現場進行觀察，以現場筆記、錄音、照相、訪談與蒐集文件等方式蒐集資料，檢視所蒐集的資料後，如果發現初步難以理解、感到困惑的地方，我便會回到現場，提出我的疑問，請老師或孩子說明為什麼。所以，整個研究程序就如箭號所示，是一個循環的歷程。

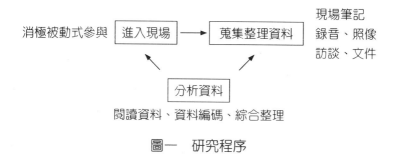

圖一　研究程序

1. 進入現場

我於八十五年十月十四日開始進入大白班觀察。我的參與程度隨著參與的時間而遞增。在進現場觀察前，我本想採完全不參與大白班活動的方式進行觀察，以當「觀眾」的心情，記錄大白班師生的「演出」。但我畢竟是存在於大白班，我在看照片時，孩子會圍過來和我聊天，孩子向我提出幫忙的要求時，我不可能置之不理，

所以在進入現場之後，我採「消極被動」式的參與，不主動積極與研究場域的人們互動。但在孩子有需要的時候，我會依老師的指示幫助孩子，但仍盡量減少對研究場域的干擾。丁雪茵、鄭伯勳（民83）曾指出：「當研究者進入現場觀察時，該情境的本質多少受到影響而改變。……因為研究過程本身就是一種社會性的互動。而研究者的角色也必然影響雙方之間的關係與互動模式，進而影響被研究者提供資料的意願與研究者詮釋及了解的程度」（p.4），我認為我是存在於大白班，自然而適當地與教室中成員互動並不干擾研究的進行，且因為彼此關係的增進，也增加被研究者提供資料的意願。

　　觀察大白班的時間由八十五年十月十四日至八十六年一月二十三日，從早上十點二十分至十一點三十五分，歷時四個月，在現場觀察共四十二天，訪談教師三次，訪談園長一次。

2.資料的蒐集與整理

　　資料蒐集的地點依著方案進行的空間而改變，我的研究現場主要是在大白班教室，但也會隨著活動的需要而延伸至走廊、禮堂、操場，甚至東園圖書館。研究期間，我以「現場筆記」、「錄音」、「照相」、「訪談」及「文件蒐集」等方式蒐集資料。

㈣資料的分析

　　Bogdon 和 Biklin（1992）指出：「資料的分析包括不斷地閱讀資料、重組資料、將資料分解成有意義的小單元，重新綜合整理資料、尋找資料中何者是最重要的、何者是值得學習的，以及你將決定告訴別人什麼？」

　　在反覆的閱讀資料後，我以資料給我的第一個觀感來下編碼名，並且將其寫在觀察記錄的「分析項目」欄，包括代號、第幾筆資料、概念及資料來源。經過數篇資料的編碼後，我開始能掌握哪些類別是之前有發生過的，那些是新出現的，於是我後面的編碼常回頭與前面的編碼進行比較；如果發現某些類別彼此重疊，則再把它們合

併起來，來發展主要類別與其次類別之間的連結組織。

　　完成初步的整理後，我不斷地再檢視已完成的編碼類別，我發現有些類別其實可以再被細分為幾個類別，而新衍生的類別可能又與原已發展出的其他類別有所關聯，於是我便再重新分析類別之間的從屬關係與脈絡，建立其間的關係，並作為分析資料的架構，由此我將大白班的團體討論的現象分析如附圖二。

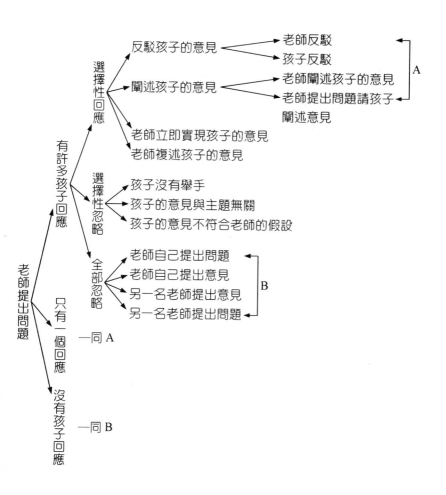

圖二　團體討論現象分析圖

三、資料的可信賴度

高敬文（民77）指出：「質性研究者必須採用各種方法，來驗證他所蒐集的資料是經得起考驗以及是可以驗證的。Guba（1981）指出可信性（credibility）、遷移性（transferability）、可靠性（dependability）與驗證性（confirmability）四點，做為質化研究資料信賴度的解釋」（p.72-73）。

在我的研究中，我以「文獻分析」及「觀察法」的方式來研究方案教學，並且以「參與觀察」、「訪談」、「拍照」及「文件蒐集」等不同資料蒐集方法進行交叉驗證（cross-check）。此外，我請園長及老師檢閱我的觀察記錄、訪談記錄及研究報告，目的是請老師確認記錄的確實性。二位教師皆認為我的記錄描述非常詳實，甲老師甚至說：「看到這麼仔細的描述，有時會冒汗，原來自己這麼急著說話」。（85/10/28 訪談）而在平日觀察時，我也會訪談老師和孩子，以澄清我對其行為動機及想法的疑問。比如說：八十五年十一月八日大家分組做機場內的物品時，小掄提出要做時刻表，我在小掄動手做時刻表的時候訪問他。

> 小掄一邊畫時刻表一邊向我說：「時刻表是一格一格的。」
> 我：「你怎麼知道。」
> 小掄：「火車站的時刻表是這樣。」
> 我：「那飛機場的時刻表呢？」
> 小掄：「我不知道，我沒有去過。」
> 我：「那你怎麼知道飛機場也有時刻表？」
> 小掄：「我想的。」

訪談小掄之後，才知道其提出飛機時刻表是由火車時刻表的聯

想，而非真正看過飛機場的時刻表，難怪他說：「幾點幾分要飛過來那個，像火車的那個」。（85/11/8 訪談）

在整個研究中，我以錄音及照相的方式留下可靠的稽核記錄及豐富我的描述。我的參與觀察採全程錄音，所以觀察期間教室中的聲音全部收錄在錄音機裡；雖然整理錄音帶是一件耗時耗力的工作，但的確為日後的回溯提供最可靠的記錄。此外，我以照相機記錄孩子工作的情況及教室環境的改變。我從現場筆記、錄音帶的記錄，再配合照片所顯示的情境，因此能有豐富的記錄。

除了在現場筆記中記錄我的心得及問題外，我也會將心得及問題與指導教授或另一位研究生討論。在分享的過程中，我闡述我的意見及為什麼會有這樣的意見，藉此機會再次自我澄清、自我分析、自我覺察，而教授與同儕給與我的回饋，則幫助我從另一個角度看事情，這是另一種省思的刺激。

由上可知，我以各種方法來提高本研究的可信賴度——以「長期且持續的觀察」、「三角校正」及「參與者的稽核」提高研究的「可信性」，以「豐富的描述」來增加研究的「遷移性」，以「留下稽核的記錄」來提升研究的「可靠性」，以「三角校正」、「實施反省」來增加研究的「驗證性」。

參、研究發現

一、文獻的發現

在所蒐集的文獻中，對 project 著墨最多的首推國外的 Kilpatrick、義大利的 Reggio Emilia 學區教育人員、美國的 Katz 與 Chard，以及國內的簡楚瑛。

(一) Project 的譯法

在文獻中，各家學者對於 project 的譯法各不相同，簡楚瑛（民83）將 project 譯為含有「計畫」、「設計」及「發展」三個概念的「方案」。

韋氏字典（Webster's Third New International Dictionary, 1981）對「project」之定義為：通常由一組學生為補充或運用教室的學習所從事的工作（task），工作的內容包含各種與興趣有關的心智和身體活動。我認為簡楚瑛將 project 譯為「方案」頗能符合韋氏字典對 project 的定義，所以本文亦採用簡楚瑛之譯法，將 project 譯為方案，將 project approach 譯為方案教學。

二、方案的定義

(一) 各家的說法

Kilpatrick（1921）將「方案」定義為：在社會環境中，全神貫注從事有目的的活動。在活動之中，學生有興趣，且自動自發地決定活動的計畫、進行的方式，並完成計畫。此一定義提出了方案的目的性、計畫性、兒童有學習興趣，及兒童主動學習的角色。

Reggio Emilia 的教學人員指出：方案是一種探索及研究，探索主題是基於成人對兒童的觀察。在探索過程中，兒童有足夠的時間來思考及發展行動。方案結合教師與兒童的經驗，共同建構知識。Reggio Emilia 的教育工作者對於方案的定義，除了說明 Reggio Emilia 學前教育的方案是一種由兒童思考及發展的探索或研究之外，具有重視先前經驗、師生共同建構、成人對於兒童的觀察及探索時間的彈性四個特點。

而 Katz 和 Chard（1989）認為方案是：由一位或一位以上的兒

童針對一個特殊的主題（topic or theme）進行深入性的研究。Katz 和 Chard 對於方案的定義有幾個特點：學前階段的方案適合小組工作、須透過人際的互動來完成、進行的時間有彈性、是有計畫、有組織的活動。

簡楚瑛（民83）將方案定義為：針對兒童感興趣之特定主題，所進行之深入研究。探索方案的時間因兒童的能力、興趣與主題的特性而有差異。

(二)比較

仔細分析 Reggio Emilia 的學者與 Katz 和 Chard 對於方案的定義，發現兩者是大同小異的。相同的是，二者除了皆承續Kilpatrick 對於方案最初的定義（源自於兒童興趣而產生的思考或計畫的探索或研究），基本上都支持Kilpatrick認為方案的目的性、計畫性、兒童有學習興趣與兒童主動學習之觀點。此外，二者對於方案主題來源的多元性、探索時間的彈性，及社會互動均有一致的見解。簡楚瑛對方案的定義與 Katz 和 Chard 對方案的定義相同，均認為方案是針對主題進行的深入性研究，探索方案的時間有彈性，透過人際互動完成方案，且年幼的兒童適合小團體的方案探索。唯簡楚瑛明白指出「應用方案教學法所發展出來的課程稱之方案課程」。由上可知，各家學者對方案的看法頗為一致。

Reggio Emilia 學者特別指出方案主題產生的方式是源自於成人對兒童的觀察，並且提出師生共同分享經驗及建構的觀點，而在Katz 和 Chard 所論述的方案教學定義中，並未說明主題產生的方式。但依據 Katz 和 Chard 方案實施程序的說明；決定主題的重要指標有三：一是合乎兒童的生活經驗，二是兒童感興趣，三是兒童能實際操作。教師依上述指標衡量主題的合適性時，即是賴於其對兒童的觀察。因此在 Katz 和 Chard 所論述的方案教學中，方案主題的產生也是基於「教師對兒童興趣的觀察」。同樣的，「師生共同分享經

驗及建構」，Katz 和 Chard 對方案的實施也提及。

　　Katz 和 Chard 在對方案的定義中，明白指出「年幼的兒童適合以小組方式進行方案」（p.3），因爲年長的兒童可能有領導作用。雖然 Reggio Emilia 的教學協調者 Gandini 在定義方案時，沒有提到這一點，但是 Reggio Emilia 學校的創辦人 Malaguzzi 曾經詳細地提出團體大小對於小組的影響，他認爲兩個人的小組工作可以在社會及認知方面造成很大的成長動力，二人小組提供兒童真正了解溝通的節奏和調整觀點的機會。教師觀察二人小組的互動歷程，也了解兒童的成長與改變。但是三人小組所造成的小組動力卻是不一樣的，因爲這是不均衡的人數，可能造成聯盟或分裂的情況。而且 Malaguzzi 認爲，五人以下的小組才能夠發揮促進兒童認知學習的最大效果，五人以上的小組使得成長動力變得複雜，人數太多的小組使得兒童無法在互動過程中批評自己與他人的意見，而重新獲得見解（Rinaldi，1993）。而且 Katz 和 Chard（1995）在參觀 Reggio Emilia 時，也提到：「Reggio Emilia 的課程之所以能夠發展出深入且豐富的探索方案，與參與方案的人數有關。因爲小組式的探索方案讓年幼的兒童能真實的參與討論與辯論，而調整自己的觀點（p.3）。」並且，在我觀察 Reggio Emilia 的幾卷教學錄影帶（「Portrait of Lion」、「Long Jump」、「Dinosaurs」及「The Amusement Park of Birds」）中，我也發現參與方案的人數也都是以小組爲主，所以 Reggio Emilia 的方案與 Katz 和 Chard 的觀點應是一致，也是以小組方式來進行方案。

三、方案教學的實施

㈠各家說法

　　Kilpatrick 將方案教學的實施分爲四個階段，分別是：決定目

的、擬定計畫、實施工作及批評結果。

　　Reggio Emilia 課程中的方案，在形成主題之前，教師需考量兒童對此主題有哪些相關的經驗，形成方案可能發展的假設，並再與兒童討論，以了解兒童對先前經驗的記憶、及其興趣與教師假設的符合程度。但實際的方案活動仍是以兒童所萌發的興趣為主。

　　Katz 和 Chard 認為方案的實施是先選定主題，並撰寫方案的發展計畫（包括主題網與蒐集相關資源），然後進入方案的發展。方案的發展包括三個階段：階段一：以探索性活動為主；階段二：以建構性活動為主，教師提供兒童實地參驗與訪談專家的經驗；階段三：提供兒童一個分享、回顧與評量學習歷程的機會。

　　簡楚瑛（民 83）認為方案課程的實施，要先設計教學計畫，並撰寫「方案課程規畫流程表」，做為實際進行方案課程的藍圖；而在方案結束之時，舉辦發表會，增強兒童的學習效果及增進家長對兒童學習的了解。

㈡比較

1.在主題決定方面

　　Kilpatrick 在「決定目的」階段，僅只提到教師應布置適宜的學習環境，引發兒童的學習動機，至於如何決定目標並沒有詳述。在 Reggio Emilia 學校，方案主題的決定主要是教師觀察兒童的興趣，並未提到選擇主題考量的指標。而 Katz 和 Chard 以為方案主題的來源非常多元化（如：與社區有關、正在發生的事情等等），教師以問題討論的方式來確定主題。至於簡楚瑛對於主題決定的論述，多與 Katz 和 Chard 相同。

2.在撰寫主題網方面

　　Kilpatrick 沒有論及主題網。Reggio Emilia 所出版的書刊中，也沒有提及主題網的撰寫。因此，一般人都認為 Reggio Emilia 學校在主題進行前，並沒有對主題的發展預先做考慮，而是以當時兒童萌

發的興趣進行活動。但在 Reggio Emilia 教學實務的錄影帶中（如：The Amusement Park for Birds），我發現該校教師不僅整理兒童先前所具有的相關經驗，並依此對主題可能的發展提出「假設」，並且也與孩子討論以了解兒童對先前經驗的記憶，及其興趣與教師「假設」的符合程度。我認為「假設」與「主題網」的功能一樣，能使教師構想方案可能的發展，也符合「以兒童的經驗為出發」的理念，因為 Reggio Emilia 的教師還與兒童一起討論與主題相關的先前經驗，以觀察孩子的探索興趣。

　　Katz 和 Chard 以為在方案主題決定後，教師應設計主題網，構想主題可能發展的方向；教師除了依個人的經驗與知識撰寫之外，也可以與兒童討論主題網，將兒童的意見納入主題網中。

　　簡楚瑛對於主題網的看法與 Katz 和 Chard 觀點一致，均認為可以利用腦力激盪的方式，來製作主題網；但主題網只是教學計畫之一部分，其他尚有課程規畫流程表，來使「教師審視教學內容領域是否平衡、學習形態及形式是否具多樣性，事先規畫活動進行的可能流程」。我想，可能是因為簡楚瑛論述的是方案課程，與 Katz 和 Chard 論述之方案教學有所不同。課程本身即須重視活動的平衡性，所以需要有「課程規畫流程表」。

3. 在方案實施的階段方面

　　我覺得無論是 Reggio Emilia 學校方案的實施情況，或是 Katz 和 Chard 所論述之方案發展階段，基本上有 Kilpatrick 提出方案教學四個階段（決定目的、擬定計畫、實施計畫與批評結果）的影子。簡楚瑛對於方案教學的實施，較著重於教師設計教學計畫的部分，對於實施歷程的描述較無著墨，因此不列入分析。

　　Kilpatrick「決定目的」與 Reggio Emilia 學校及 Katz 和 Chard 所提的「選定主題」其實同義，因為方案是針對特定主題進行探索，決定的主題等於是決定了方案的目的，比如：在 Reggio Emilia 學校所實施「鳥的樂園」主題中，孩子的目的就是為小鳥建立一座樂園。

—— 來！說我們的故事：幼教師的專業成長

又如在Reggio Emilia「購物」為主題的方案，即是決定針對「購物」有關的概念進行深入的探索。

Kilpatrick的第二個階段「擬定計畫」與第三階段「實施計畫」，在 Reggio Emilia 方案實施的八個階段之中不斷循環出現。比如：在「鳥的樂園」主題中，孩子擬定在「樂園」中建一座噴水池，所以先至學校附近的噴水池進行觀察，然後畫下設計圖，經由討論、再觀察與再討論的歷程，最後在學校的前院搭建了一座噴水池。而Katz 和 Chard 所提第二階段「發展與實行」中的「討論」及「執行與記錄」，也就是 Kilpartick 所說的「擬定計畫」與「實施計畫」，比如：在「購物」的主題中，孩子想在教室裡設置商店，因此利用討論來擬定參觀商店的計畫，並實施這個計畫——參觀商店。

Kilpatrick的第四個階段「批評結果」，其實就是「循環符號化歷程」中每一次活動後的「討論」。而 Katz 和 Chard 所提的第三階段「結束工作」，提供兒童一個分享與評量學習歷程的機會，當然有「批評結果」的影子存在。

雖然，Reggio Emilia 學校實施的方案、Katz 和 Chard 之方案教學都有Kilpatrick所提方案教學四階段的架構，但二者在內容上仍是有些異同，分別敘述如下：

Reggio Emilia 學校和 Katz 和 Chard 二者相同的是：

(1)最初皆是以討論來了解兒童的經驗與探索興趣。

(2)皆讓兒童有機會親身探索實物。

(3)重視討論。

(4)重視小組互動的意義與價值。

(5)重視教師在討論時扮演幫助兒童表達及促進深入討論的角色。

二者不同的是：

(1)對於提供各種機會讓家長參與兒童的學習重點不同

例如，Katz 和 Chard 認為：家長可以隨時與兒童討論方案、提

供教學資源、參觀教學與教師溝通等方式參與方案，幫助兒童超越家庭生活與學校生活之間的鴻溝。Reggio Emilia 學校所闡述的重點為該校提供班級會議、小組會議、個別家長與教師會議、有主題的會談、與專家的會面、工作會、實驗室、假日與慶典等活動，讓家長參與學校的活動。二者皆重視家長對於兒童學習的積極參與，但 Katz 和 Chard 所論述的是家長如何參與孩子的方案活動，而 Reggio Emilia 學校所論為家長如何參與學校的活動與了解孩子的方案，並沒有說明家長如何參與孩子的方案活動。

(2)循環的歷程

Reggio Emilia 學校重視在每階段的探索後，以視覺表徵的方式將自己對主題的認知表達出來，再針對兒童的藝術作品加以討論，並且重複此一歷程。雖然 Katz 和 Chard 提到方案的第二階段是一連串「執行與記錄」與「討論」的實地研究歷程，並且「執行與記錄」與「討論」可能是不斷循環的。但是，對於執行記錄與討論的內容卻未加以詳述，因此，其「執行」的內容是否與 Reggio Emilia 學校一樣，是不同層次的體驗（由回憶經驗、模擬情境、再至實地研究），還是都僅只於實地參觀呢？其「記錄」的方式是否與 Reggio Emilia 學校一樣，強調多元化的視覺表徵形式？表達的重點是否與 Reggio Emilia 學校一樣，同為兒童對主題的認知呢？其「討論」的依據與目的是否與 Reggio Emilia 學校一樣，皆是以兒童的作品為依據，討論兒童對主題認知的改變呢？囿於 Katz 和 Chard 並未陳述，無法得到解答。

四、成人的角色

㈠各家說法

　　Kilpatrick認為在方案過程中，教師的職責是提供適宜的環境引起兒童的學習興趣，再引導兒童自定計畫、完成計畫，並在最後，引導兒童檢討計畫的得失。

　　在Reggio Emilia的方案中，除了教師之外，藝術教師、教學協調者及家長都在兒童的學習上扮演相當重要的角色。教師除了是兒童的夥伴、觀察者與引導者之外，更是兒童學習過程的記錄者與研究者。藝術教師除了教導兒童使用不同媒介表達思想外，還經常與其他教師一起討論，以協助教師熟知藝術的概念及藝術對兒童的意義。教學協調者具有支持老師專業成長、促進學校與家長的關係及處理行政業務的功能。在Reggio Emilia學校，家長有九種機會（班級會議、小組會議、個別家長與教師的會議、有主題的會談、與專家會面、工作會、實驗室、假日與慶典的活動、其他如旅行、郊遊、登山等活動）參與學校的活動，在兒童學習上扮演著積極參與的角色。

　　Katz 和 Chard（1989）認為在方案教學中，教師及家長都是兒童探索方案的資源。教師主要是提供相關經驗、資源與學習氣氛，以促進兒童的探索，並不斷地為每一個兒童的學習做個別性的記錄及促進意見的交流。父母則有幾種方式參與方案教學：與兒童分享方案的資訊、參加學校座談會、提供方案教學所需的各種資訊和資源，參與方案最後的高潮活動。

　　簡楚瑛（民 83）提出教師在方案課程中，所扮演的角色分別是：提供兒童接受挑戰的機會、記錄兒童的作為、提供教具來支持兒童的討論、讓兒童討論何種表達方式的溝通效果最好、直接教給

兒童一些技術上的技巧、對兒童的作品本身表示意見、針對兒童缺乏的技術能力來進行改正、向兒童學習、給兒童充裕時間進行工作與鼓勵兒童思考。父母則可以參與方案最後的綜合活動。

(二)比較

*1.*方案教學中，各家學者對於教師角色的論述，歸納起來不外乎是下列幾項：

(1)準備適宜的環境、提供資源。

(2)適時適當的引導兒童學習。

(3)做觀察記錄以評估兒童需要。

(4)維持教室合作的學習氣氛。

(5)引發兒童意見的交流。

(6)給與兒童充裕時間進行探索。

　　此外，雖然 Katz 和 Chard、簡楚瑛與 Reggio Emilia 學校皆提到教師應記錄兒童的學習狀況，但是後者對於教師如何記錄、如何使用這些記錄（文件）及記錄的功能較前二者有詳細的論述。

*2.*在家長方面

　　Kilpatrick 未特別提到家長在方案教學的角色，簡楚瑛對父母對方案教學的參與僅止於參加方案最後的綜合活動，以了解兒童的學習成果。而 Reggio Emilia 學校及 Katz 和 Chard 二者皆重視家長對於兒童學習的積極參與，但 Katz 和 Chard 所論述的是家長參與兒童的方案之各種方式，然 Reggio Emilia 學校所論為家長參與學校活動之各種可能，至於家長如何參與方案教學，則不得而知。

*3.*藝術教師與教學協調者

　　Reggio Emilia 學校尚有藝術教師與教學協調者的角色，這是其他學者所未曾提到的。我認為 Reggio Emilia 學校之所以能發展以各種視覺表徵的方式，來進行方案的探索，與藝術教師的角色很有關

係。因為藝術教師受過專業的藝術教育，除了能教導兒童以不同的媒介表達思想外，還有協助教師熟知藝術概念及促進教師間溝通的功能。而教學協調者對於教師專業成長之協助，及促進家長與學校協調的關係，也都間接促使方案更豐富的發展。

五、方案的哲學理論

在閱讀方案教學的文獻時，最大的疑惑是方案的教育哲學觀或是理論背景是什麼？Reggio Emilia 的創辦人 Malaguzzi 提到數十位影響他教育理念的人士，但是否能代表這些人士的理念就是方案教學的理論基礎呢？而 Katz 和 Chard 則並未說明其方案教學的哲學觀為何？但從不斷的閱讀中，我覺得二者對於方案內涵的論述，都有進步主義、建構主義及生態系統論的觀點。敘述如下：

㈠進步主義

Katz 和 Chard 及 Reggio Emilia 學校皆認為兒童是主動的學習者，教育應以兒童為中心，以兒童的興趣為依歸，教師的角色是引導者而非權威指導者，這樣的教育觀與進步主義的教育哲學是一致的。

㈡建構主義

Katz 和 Chard 及 Reggio Emilia 學校對學習知識的看法均與建構主義一致，強調兒童需經由探索實物與人的互動後自行形成來學習知識，此與建構主義的觀點相同。

㈢生態系統論

Katz 和 Chard 及 Malaguzze 均提到父母參與課程的方式及意義，可見兩者都了解應從生態系統論的觀點來看兒童的發展。並且 Reggio

Emilia 學校的教學協調者,除了幫助教師專業成長與處理學校行政事務外,也從事連繫學校之間的事務、與國外教育學者溝通及為兒童教育及福利爭取權益,這似乎顯示 Reggio Emilia 學校也重視外系統與大系統對兒童的影響。

此外,Kilpatrick 的方案教學係由杜威「問題解決法」及「做中學」理論發展而來,自然有進步主義及建構主義的精神,而簡楚瑛論述方案教學之定義與 Katz 和 Chard 一致,所以也有進步主義、建構主義及生態系統論的觀點。

六、我的心得

反覆地閱讀文獻之後,個人覺得各家說法相當雷同。Katz 和 Chard 對於方案教學之論述與 Reggio Emilia 學校方案之內涵也是大同小異;二者對方案的定義、方案的實施及成人的角色大致相同。只是 Katz 和 Chard 提出主題網的撰寫,Reggio Emilia 教師做主題發展假設;Katz 和 Chard 提出「執行與記錄」與「討論」的循環歷程,而 Reggio Emilia 實施的是 Forman 所歸納的「循環符號化」歷程。此外,Reggio Emilia 獨有的藝術教師、多元化視覺表徵、教學協調者與系統性的文件記錄,則為 Katz 和 Chard 所沒有論述的。

其實仔細追溯各家學者的背景經驗,我想她們之間相似性高是有原因的。因為 Katz 和 Chard 及簡楚瑛都曾參觀 Reggio Emilia 的學前教育,也都發表過幾篇描述 Reggio Emilia 學前教育的文章(簡楚瑛,民 82;Katz, 1990;Katz & Chard, 1992, 1995);簡楚瑛曾閱讀過 Katz 和 Chard 所著之 *Engaging Children's Mind:The Project Approach*。這些經驗是否或多或少都會影響其對方案教學之論述呢?就如同簡楚瑛對方案之論述感覺上多是承襲 Katz 和 Chard 的觀點,但她另外又整理方案教學的學理,對於設計教學計畫有更詳細、更結構性的論述。

肆、觀察的發現

在大白班將近四個月的時間，我觀察了「飛機」和「書」這兩個方案活動的進行（因篇幅之限，本文僅討論「飛機」方案），並且訪談大白班的兩位教師、二十名孩子及園長。另外，我也參加園方舉辦的研討會，蒐集園刊、大白班教學日誌、及主題分析記錄。反覆的閱讀我所蒐集的種種資料，幾經建構與解構的歷程，我以方案的定義、方案的實際歷程、方案實施三部曲之分析為題，呈現我在現場發現的方案教學。

一、南海幼稚園之方案

漢園長認為：「方案是一個深入性的探索，起源於孩子的疑惑、需要與興趣，是一個計畫性的活動，是一連串的師生互動，而且在師生互動中老師的角色是模糊的……老師的角色是模糊的意思是以幼兒為主。老師也可以提供環境，這是必須的，不然環境就會是空空的。……從小孩子探索發現的問題開始，老師要接納孩子，小孩子才可能再發展深入的探究，這是方案的產生，這也是我們對於孩子的尊重。」（86/5/10 訪談）

甲教師對方案的定義為「讓孩子從頭到尾參與一件事、完全參與……我說的參與是孩子主導」（86/3/28 訪談），乙老師認為「方案是讓孩子做決定，方案是老師和孩子一起來規畫、討論和做決定」（85/10/28 訪談）。而方案主題的來源很廣，可以是「老師看孩子的興趣來決定也可以，園長提供的訊息也可以，孩子有興趣那也可以，但是要能激起孩子的共鳴」（乙老師，85/10/28 訪談）。

由上可知，南海幼稚園的方案是：以孩子為主的深入性探索，

探索的主題來源不論是園長的資訊、教師的意見，或是孩子的困惑，皆需能引起孩子的共鳴。探索深入的程度很有彈性，是跟著孩子的興趣走。教學中，教師是尊重孩子，且應提供孩子探索的環境，與孩子一起規畫、討論及做決定。

二、「飛機」方案的發展歷程

「飛機」方案歷時七週，其間斷斷續續共二十一天。它的發展歷程依序描述如下：

1. 八十五年十月初，由於雙十國慶即將到來，大白班教室上空常有飛機飛越。八十五年十月五日（星期六）的早晨，飛機飛越過大白班教室，傳來一陣特別的聲音，引起孩子對飛機的討論。

2. 教師撰寫主題網

由於兩位老師都覺得孩子似乎對於飛機的討論很有興趣，便分頭找尋與飛機相關的資料，針對「飛機」這個主題，進行主題分析的工作（附錄一）。園長討論完畢，便開始蒐集相關資源。

3. 小平和小婷展示在家中自製的竹蜻蜓與紙飛機，並進行比賽

小平與小婷即分別利用假日在家的時間，做了竹蜻蜓與紙飛機，並在星期一（85/10/9）帶到大白班與大家分享。老師引導小平與小婷介紹自己做的竹蜻蜓和紙飛機，並應孩子們的要求進行竹蜻蜓與紙飛機的飛行比賽。

4. 幼兒蒐集與分享家中關於飛機的書籍、玩具、圖片

老師鼓勵孩子分享家中關於飛機的書籍、玩具及圖片，並請家長一起與孩子合作蒐集或創作。每當孩子帶來關於飛機的物品，老師總會在團體討論的時候，讓全班的孩子一起分享、討論。

4-1 討論模型飛機飛行的動力
85/10/14

幾名孩子帶來模型飛機，在分享介紹時，老師以「看到什麼會旋轉？」、「這架飛機利用什麼來旋轉？」、「你的飛機怎麼飛？」等問題引導孩子觀察；孩子發現有的飛機是利用齒輪來運轉，有的則是依賴電池，而有的卻只能利用手來控制。

4-2 討論如何使竹蜻蜓飛得高又遠

孩子向小平學做竹蜻蜓，但唯獨小中做的竹蜻蜓飛得又高又遠，老師請小儒與小中進行竹蜻蜓的飛行比賽，並討論如何使竹蜻蜓飛的高又遠。

85/10/14　10：30

甲老師請小中展示竹蜻蜓（紙片和吸管製品，兩片紙斜斜的向下摺）

小中將竹蜻蜓旋轉出去，竹蜻蜓向上飛得高高才落下來。

孩子驚叫：「哇！」

甲老師再請小儒拿上星期做的竹蜻蜓（同樣也是紙片和吸管的製品，但兩片紙片是平平的），小儒一發射就往下掉。

甲老師：「有沒有不一樣呀？」

小萱說：「有！小中的比較厲害，飛得好高。」

甲老師：「為什麼？」

小儒說：「我的吸管已經爛爛了！」

甲老師：「喔！是吸管爛爛的飛不高呀！那用竹籤幫你修理一下。」

乙老師將竹籤插入吸管內，修理完畢，請小儒再飛一次，還是往下掉

小中說：「是因為我的紙有斜斜的摺。」

甲老師：「喔！這樣呀！」

小儒一聽馬上學著小中的竹蜻蜓摺，再飛一次還是不行高飛

甲老師：「請小中來摺，然後同一個駕駛員來試飛兩部竹蜻
　　　　蜓。」

小中摺完後試飛竹蜻蜓，還是一架飛高高，一架飛不起來

甲老師：「嗯！爲什麼？」

小中：「我的竹蜻蜓是爸爸修理過的。」

甲老師：「爸爸會修理，你會不會？你應該可以比爸爸更厲
　　　　害！」

甲老師接過竹蜻蜓也試著飛，但還是往下掉。

小中指著竹蜻蜓的紙片向甲老師說：「這樣風進不去，要往後
轉，風才可以進得去」。

甲老師：「喔！是這樣呀！我試試。」

甲老師往後一搓竹蜻蜓的桿子，竹蜻蜓飛出去，高過甲老師的
頭，掉到皮帶上，甲老師回頭找不到，孩子看了都大笑。甲老
師再試一次，果然往前轉和往後搓的效果迥然不同。

甲老師向孩子說：「喔！原來是要讓風往裡頭吹，這樣摺（往
前摺）的要往後轉。」

　　經過檢討、修正、試飛，再檢討……，在一連串的試驗後，才
了解要使竹蜻蜓飛得高，必須把竹蜻蜓以與翅膀彎曲的相反方向轉
出去，才能使風吹進翅膀，讓竹蜻蜓飛的高又遠。

5.分組畫飛機場平面圖

　　因爲孩子帶來的飛機模型與自製的飛機玩具數量頗多，經由討
論決定搭建停機場停放飛機，並分組規畫停機場的跑道、修理場。

85/10/14　10：40

剛剛孩子分享完從家裡帶來的飛機玩具和圖畫書

乙老師：「這些東西可以放在教室給大家欣賞嗎？」

孩子有的說可以，有的說不可以

甲老師：「不可以的請放回去，那可以的要放哪裡？」

小德：「放桌子上。」

乙老師：「就通通放桌子上呀！」

小德：「對！」

乙老師：「會不會很亂。」

甲老師拿起圖畫書有飛機場的那一頁說：「有沒有辦法像這樣，讓大家很清楚的看」。

小涵：「做飛機場。」

乙老師：「好！怎麼做？」

小涵：「拿一張大大的紙放在桌上，上面可以畫。」

乙老師轉身進辦公室拿黃色全開海報紙

乙老師：「怎麼做？」

小中指著桌子說：「這邊畫跑道……」

孩子七嘴八舌

甲老師：「有沒有好方法讓大家更清楚？」

小德：「分組。」

乙老師笑著說：「分幾組？」

小德：「分五組。」

甲老師看著小德說：「怎麼分？」

小德笑而不答

甲老師：「飛機場有什麼？」

孩子七嘴八舌的說：「跑道、修理場、停飛機的地方、等飛機的地方。」

乙老師彎著四根手指說：「這樣分幾組？」

孩子說：「四組。」

孩子以舉手的方式決定組別，分完組後，老師請每一組拿一張紙和色筆開始畫。

但由於孩子之間並沒有共識及共同創作的經驗，教師奔走於各

組之間。

6. 集體創作兒歌「造飛機」

85/10/15

在進行團體討論之前，突然有孩子哼起「造飛機」的旋律。老師問孩子：「歌詞可以怎麼改？」小傑：「飛去看塞車。」於是全班合力創作了兒歌「造飛機」。而隔天在團體討論的時候，小傑也分享了一段與媽媽共同創作兒歌「造飛機」。

7. 利用身體表現會旋轉的東西

小舒帶來手會旋轉的芭比娃娃，老師請孩子模仿芭比娃娃旋轉，進而以身體的任何一部位表現旋轉。十幾位孩子以不一樣的身體部位旋轉，手指、臀部、腰部、臂部、腳踝、肩膀、膝蓋、手腕……，最後連嘴巴和眼珠子都能表現旋轉。

8. 請任職於航空公司的家長（小容的爸爸）來介紹飛機、機場，並畫下飛機場平面圖

兩位教師認為「對於飛機，我們（教師）懂得比較少，去參觀飛機場是最好的，孩子可以直接觀察飛機」（85/10/28 訪談），便透過家長的關係，積極聯繫松山機場，甚至是空軍，但還是不方便直接至機場參觀。於是情商任職於桃園機場的家長（小容的爸爸），於八十五年十月十六日來大白班介紹飛機與機場，與孩子唔談。

85/10/16　10：35

小容爸爸拿著華航客機模型和乙老師坐在前面。

小容爸爸：「飛機的東西都很貴，都是從國外買回來的，飛機飛回來之後，因為上面沒有人和行李箱，飛機的翅膀內也沒有油，就變得比較輕。」

小驊插嘴說：「會斷、下雨的時候，翅膀會斷。」

乙老師和小容爸爸都看小驊。

小容爸爸：「不會，飛機的工程師會把飛機固定好。」

之後，介紹了飛機場的各項設施。

甲老師：「爲什麼跑道都要直直的？」

小于：「因爲跑道，飛機一飛就會飛起來。」

甲老師：「爲什麼跑道要直直的？」

孩子：「因爲飛機很大。」

甲老師：「也可以啦！但有沒有更明確的？」

小容爸爸：「跑道爲什麼要直的，其實你可以到操場做一個實
　　　　　驗，飛機直直的跑，愈跑愈快，愈跑愈快，風的力
　　　　　量愈來愈大，飛機就會飛起來；可是如果你彎來彎
　　　　　去的跑，那就跑不快，不相信，你可以試試看。」

甲老師：「那我們明天就來做實驗。」

之後又介紹了空中廚房、塔台、草坪、停機坪等機場的設施，
並在紙上畫下飛機場的位置圖。

9.探索飛機的跑道

　　由於小容爸爸詳細地說明直直的飛機跑道有益於飛機起飛的速
度，而引發了孩子們討論與試驗飛機的跑道。

　9-1 試飛直直的跑

　　由於小德與小平在前一天下午即自行試飛，所以老師請他們示
範飛直直的跑道。

85/10/17　10：20團體討論的時候

乙老師：「昨天小容的爸爸好像有提到一件事。」

甲老師：「ㄟ！老師有問呀！爲什麼這個要那麼直？」

乙老師：「請小甫說。」（小甫有舉手）

小甫：「跑道。」

乙老師：「為什麼跑道要這麼直。」

孩子七嘴八舌的。……

乙老師：「小德你說說看。」

小德：「我們昨天還沒下課的時候有試驗過。」

乙老師：「真的呀！跟誰試驗。」

小德：「小平。」

乙老師：「你們怎麼試驗？」

小德：「我們就先直直地跑，然後愈跑愈快……。」

乙老師：「好那我們現在讓一個位子給你示範，來這邊的小孩
　　　　　後退一點，好，我們來看他怎麼飛。」

小德從牆邊由慢漸快的跑向門邊。

小中：「好像要飛起來。」

乙老師：「你看他有不一樣的地方喔！跟真正的飛機很像。」

小德再飛一次

小舒：「他腳會動，他用跑的。」

甲老師：「他剛開始速度怎麼樣？」

小中：「慢的。」

甲老師：「然後呢？」

小中：「再變快。」

乙老師：「他有記得昨天小容爸爸說的喔！他說飛機剛開始的
　　　　　時候速度很……」

孩子齊聲道：「慢。」

乙老師：「然後呢？」

孩子齊聲道：「變快。」

甲老師：「那你們自己有沒有想試試看。」

孩子大喊：「要。」

孩子紛紛的舉起腳，只見到大白班一片腳。之後，全班便至操
場試飛直直的跑道。

由於許多孩子也想自己試一試，所以全班至操場，觀察小德與小平的示範後，孩子們依照號碼也親身體驗試試飛直直跑道的感覺。

　　9-2 試飛彎彎的跑道
　　由於一直是陰雨綿綿的天氣，甲老師請孩子幫忙想辦法，討論試飛彎彎跑道的方法。

85/10/22　10：33
甲老師宣稱：因為下雨而無法至操場試飛彎彎的跑道，令她很
　　　　　　頭痛，請孩子幫她想辦法。
……經過一陣討論後，乙老師請小中發言。之前，小中沒有舉
手直喊：「我知道、我知道」，但老師並沒有理會
小中：「不用在教室，在操場也可以。」
甲老師：「可是在下雨。」
小中：「不用紙也可以。」
甲老師：「有什麼更簡單的好方法？」
小中：「用椅子排。」
甲老師：「可以請你示範一下嗎？」
乙老師：「需要幾張椅子？」
……，結果順利的以椅子排了彎彎的跑道。並且以二人為一組，
一名孩子扮演飛機，聽從另一名扮演塔臺的指示，進行試飛彎
彎跑道的試驗。

　9-3 討論直直跑道與彎彎跑道的差異

85/10/23
團體討論時間，先是討論直直跑道與彎彎跑道的試飛心得。
85/10/23　10：10

甲老師：「我想聽聽小朋友說話呀！我想聽你們跑過直直的跑道和彎彎的跑道，有沒有什麼感覺呢？」

乙老師：「跑起來有沒有什麼不一樣的感覺？」

小婷：「直直的跑道跑得直直的，彎彎的跑道跑起來有一點彎。」

甲老師：「對！那你跑起來的感覺是什麼樣的呢？小儒。」

小儒：「直直的跑道比較快。彎彎的跑道比較慢。」

乙老師：「喔！他覺得直直的跑到比較快，彎彎的跑道比較慢。」

甲老師：「小涵請說說看。」

小涵：「彎彎的跑道沒有風，直直的有風。」

甲老師：「喔！彎彎的跑道跑起來沒有風，直直的跑道跑很快就有風，還沒有人有其他的感覺？小驊。」

小驊：「我覺得彎彎的跑道好像開彎彎的路。」

小掄：「彎彎的跑道如果沒有彎好的話，大台的飛機會撞到。」

甲老師：「喔！如果是很大台的飛機跑彎彎的跑道可能會撞到旁邊的牆壁。好！每個小朋友的感覺都不一樣喔！那你們覺得直的跑道比較方便還是彎的？」

孩子齊聲說：「直的。」

甲老師：「剛剛甲老師聽大家講的結果好像也是直的比較容易飛，彎的會撞到牆壁。」

……之後又有幾名孩子分享心得。

10.討論機場的設計圖及搭建場地

　　經由表決，決定選用小容爸爸畫的機場位置圖搭建機場，並將設計圖放大於教室地板上。

11.討論及製作機場工人的裝備——工作帽、工作袋及工具櫃

　　甲老師打扮成工人的模樣（頭戴工作帽，身背工作袋），分享

其變成機場修理工人的夢境，引導孩子進行搭建飛機場之前，應做好機場工人的裝備——工具袋、工作帽與工作櫃。

85/10/23　10：58

甲老師在辦公室準備好工人的裝扮

甲老師：「我昨天夢見我在一個地方，穿著牛仔褲，背著一個奇怪的東西，又帶一個帽子。拿著奇怪的東西摳摳摳（拿出鎚子）。我不知道這是什麼地方，可是今天我來到學校，一看！咦？怎麼我昨天晚上看到的地方和小容爸爸畫的地方很像。我就一直聽到轟轟轟的聲音。轟！」

小中：「飛機的聲音。」

甲老師：「我不知道，因為我在夢裡頭！就一直聽到轟轟轟的聲音，可能真的是飛機的聲音喔！對！（拿下帽子）這是什麼？」

小偉：「工作帽。」

乙老師：「工作帽！什麼是工作帽？」

小偉：「那個東西掉下來才不會打到。」

……討論工作帽的用途。

85/10/23-24

機場工人裝備的製作歷時兩天。

12.在教室依設計圖畫機場

85/10/28

全天班的孩子利用下午的時間，以粉筆將小容爸爸畫的機場位置圖放大於教室中，由於孩子的走動，粉筆線逐漸模糊，孩子共同討論解決的方法（85/10/29）。

85/10/29　10：40

甲老師：「昨天全天班的小朋友用粉筆把小容爸爸的設計圖畫
　　　　在地上，今天早上你們有沒有發現什麼？」

孩子：「快要不見了。」

小涵：「重新畫一次。」

乙老師：「再畫一次會不會又這樣呢？」

小涵：「沒關係用一張紙蓋著。」

小掄：「沒有這麼大的紙。」

小平（至美勞區拿了膠帶）：「沒有關係，先用膠帶把它黏起
　　　　來。」

乙老師：「用膠帶把線黏起來。這也是一個好辦法耶！」

甲老師：「可是這個線已經模模糊糊了。」

小容：「好浪費喔！」

小旭：「不然用紙來鋪。」

甲老師：「怎麼用紙鋪呢？」

小舒：「浪費紙。」

甲老師：「不一定要用新的紙。」

孩子：「用廢紙箱的紙。」

小平：「用紙剪成一條一條。」

乙老師：「小平剛剛說，用紙剪成一條一條，然後貼在線上。」

小旭到美勞區拿了一張大紙比在地面上：「這樣用紙貼。」

乙老師：「他的意思是圓形的地方用圓形的紙貼，方形的紙用
　　　　方形的貼……關於機場的線的問題，今天回家先跟媽
　　　　媽、爸爸討論，想辦法，明天再討論。」

13.利用各種材料搭建機場

　　經過討論孩子決定分組以各種材料（黑色珍珠板製作跑道、紙
板製作圓形候機室、紙箱製作修護場……）來搭建機場的跑道、停

機坪、大廳、塔台、草地、消防隊、空中廚房。機場搭建了兩天（85/10/30；85/11/1），之後在團體討論的時間，孩子陸陸續續又提出許多建議，使得機場的設備更加豐富與細緻，例如：塔台的燈、樓梯；大廳（候機室）的屋頂、時刻表、免稅商店等。

14.利用各種材料製做飛機

在搭建機場的同時，由於小強的爸爸提供一架組合式飛機，引起孩子做飛機的興趣，所以有另一組孩子利用各種材料（陶土、黏土、保麗龍、紙板……）製做飛機，飛機的製做歷時二天。

15.在甲老師的引導下，討論與製作機場外的馬路和街道。

85/11/7　10：45

之前討論機場尚未完工的工作有屋頂、時刻表等，一些孩子繼續做機場，一些孩子還沒有選擇工作。

甲老師：「沒有工作的小朋友，請到甲老師這邊來，我們有新的任務喔！好！坐下。想想看喔！老師想請你們解決一個問題。飛機場我們已經蓋了，飛機展示場也蓋了，請你們想一想飛機場附近有什麼東西？」

小萱：「有車子和房子。」

甲老師：「飛機場外面的車子和房子給誰住呀？！」

小萱：「人。」

甲老師：「給附近的人，很好。為什麼要有車子？」

小偉：「可以載人。」

小容：「人從外國回來。」

甲老師：「喔！因為有一些人從國外回來，或者是要出國，就要坐車子，走這馬路，講的很好。還有什麼東西？除了房子、車子、人、馬路，還有什麼東西？」

孩子想不出有什麼東西，所以甲老師向孩子們介紹隔音板的功能及放置地點。

甲老師：「我們的教室現在很豐富，可是牆上還是空空的，它在抗議了！」

小中：「那我們去布置牆壁。」

小偉：「牆壁上可以種樹。」

小萱：「種草。」

小中：「車子、房子。」

其他的孩子七嘴八舌，甲老師拿了一個紙板和筆。

甲老師：「好！現在看我。爲什麼我們現在要在這小小的、縮小的牆壁畫呢？」

小中：「因爲直接畫上去，會用不掉。」

甲老師：「你是說，若是在牆壁上直接畫會用不掉是不是？對了，所以牆壁要怎麼畫呢？先在小小的牆壁上畫，然後再到大牆壁上去做。好！來！剛剛有小朋友說機場附近有房子有車子有樹，可是應該先畫什麼東西呢？」

小中：「馬路。」

甲老師：「馬路要畫在哪裡？來我們請一個小朋友先畫通往機場的馬路，好，小中你來畫，我們來看看小中把馬路畫在哪裡。喔！其他小朋友要注意看（小中畫馬路），路只有一邊嗎？通常一條馬路怎麼分兩邊？」

孩子分別把之前提的建議都畫在設計圖上，並分組做馬路、欄干、房子和樹。

16.分享工作心得

在團體討論時間，透過工作心得的分享，全班的孩子除了了解彼此的工作情況，提出建議之外，並可以共同決定今日的工作內容。

85/11/8　10：50

乙老師：「昨天下午我覺得好奇怪喔！壁面多了一長條黑黑的

東西，我覺得好奇怪喔！有好幾個小朋友昨天跟我在
布置機場的時候，也問我『老師那是什麼？』我一直
動腦筋在想。」

乙老師：「我請小羽告訴我，到前面介紹一下。」

小羽：「馬路。」

乙老師：「馬路，為什麼馬路是黑色的？我覺得好奇怪喔？」

孩子：「柏油。」

乙老師：「喔！因為是柏油，那旁邊一卷一卷的是？」

小中：「欄杆。」

乙老師：「欄杆呀！你們除了做柏油馬路、欄杆之外，你們還
有沒有要做什麼東西？」……

小朋友介紹了昨天畫的馬路設計圖。

甲老師：「我們昨天小朋友還有討論到機場旁邊還有房子和
人。」

小容：「可是都來不及畫。」

孩子又提了一些要做的工作：專賣店、馬路、欄杆、紅綠燈、
車子。於是孩子各自選擇自己想要的工作進行分組。

17.討論機場扮演遊戲的人數及輪流的方式

　　八十五年十一月十九日機場完工之後，甲老師問孩子：「你們
想在裡面玩嗎？」孩子異口同聲：「想！」經由討論，終於採用想
玩的人登記號碼輪流的方式，進行機場的扮演遊戲。

85/11/19　11：00 討論如何玩機場遊戲。

甲老師：「可是我們的飛機場這麼小，你們人這麼大，我們怎
麼來玩飛機場的扮演遊戲呢？」

小搶：「小心一點。」

小婷：「蹲下來。」

小中：「輪流。」

乙老師：「這麼多人怎麼輪流？」

小旭：「排隊。」

小中：「用別人的飛機。」

乙老師：「每天都要站在那裡排隊？什麼事都不能做！只能站在那裡排隊。有更好的方法嗎？」

小綸：「可以一個人玩好，換下一個人，另一個人玩好，再換下一個人。」

乙老師：「那是不是裡面的人在玩，外面的人排一長排，一直在那邊等？到我們上課了還在那邊等？」

小中：「下次就會輪到了」

乙老師：「怎麼樣才知道今天輪到誰了呢？」

小婷：「做記號。」

乙老師：「怎麼做記號？」

小中：「照號碼寫下來。」

小偉：「一號、二號、三號。」

乙老師：「小婷，你可不可以重新再說一次。」

小婷：「就是我們把前面先玩過的號碼寫下來，然後下一次再玩的時候，才知道已經玩到那裡了。」

乙老師：「你的意思是：比如說今天有十個人要玩，那我們把他們的號碼登記下來，可是今天只玩了五個，就剩下五個，對不對？」

小中：「然後要寫下來五個。」

小婷：「對！」

乙老師：「這樣懂不懂她說的話？」

孩子齊聲說：「懂！」

小婷的意見獲得全班的支持，所以採用有意願扮演的孩子先登記，再輪流玩扮演遊戲。

討論扮演的方式及決定有意願扮演的人數之後，以自由選定及猜拳的方式進行角色的分配。

85/11/19　11：13

甲老師：「那有沒有人志願要做機場的工作？你們二個，太好了！12、13號。」（甲老師登錄號碼）「有沒有人要做廚房的工作。（四人舉手）哇！這怎麼辦呢？」

孩子說：「剪刀、石頭、布。」

以猜拳的方式決定小甫是空中廚房、小尉是塔台、小萱和小婉是清潔人員……，孩子依著自己選擇的角色進行扮演。

孩子們也會在團體討論的時間，分享扮演心得，然後再繼續玩扮演遊戲。

85/11/21　10：40

甲老師：「有沒有人願意分享？小甫來。你上次扮演什麼？」

小甫：「空中廚房。」

乙老師：「空中廚房。那你都做什麼事。」

小甫：「煮飯。」

乙老師：「煮飯給誰吃？」

小甫：「客人。」

甲老師：「小舒跟小萱，來，你們二個來說說看？你們昨天的工作是什麼呀？」

小婉：「清潔。」

小萱：「擦地板、掃地。」

乙老師：「我覺得這二個清潔工很用心喔！我都看他們一會兒掃地、一會兒刷地、一會兒擦地。」

甲老師：「把地板刷的挺亮的。」

……繼續扮演塔台、修護場和飛機的孩子也分享了心得。

10：58

甲老師：「不是登記要玩飛機場扮演的小孩留下來。其他的小孩請到那邊。」

甲老師：「（喊第二組的號碼）17、18、21、23、25，小同請坐，27號小傑。好！」

甲老師：「5號是誰？（小中舉手）現在分配一下角色，看你們還記得嗎？塔台是誰？（小羽舉手）塔台是小羽。飛機是誰？17、18號。修護場是誰？23號。（小同舉手，甲老師告訴小同）你是警察啦！你忘記了。」

18.小鹿班來參觀

85/11/21

在扮演機場遊戲的時候，小鹿班的老師帶孩子來參觀，由小舒扮演解說員，介紹機場。

85/11/21　11：00

孩子各自在搭建機場外的街道，及扮演飛機場遊戲時，小鹿班的老師帶著十五名孩子走到大白班門口。

小鹿班老師向甲老師：「參觀一下，好嗎？」

甲老師：「好呀！我來找一位解說員講一下。」

乙老師：「小舒來講一下，好不好！」

小舒點點頭，接過甲老師的麥克風：「這是大廳，就是在這裡面等飛機。（走到機場的一角）這是空中廚房，空中廚房是煮菜的。」

小驊：「還有泡咖啡的。」

小舒：「這是消防隊，失火的時候要趕快去空中廚房救火。」

甲老師笑著說：「只救空中廚房？！」

小驊：「這是修理場。」

小舒：「修理場是修理飛機的地方。」

小德：「修護場啦！」

小舒：「空中警察局是看有壞人把他抓起來。」

甲老師指著跑道說：「這是什麼？」

小舒：「飛機的跑道。」

小驊：「有二條，一條是起飛的。」

小鹿班老師：「喔！一條是起飛，一條是降落的。小朋友看看
　　　　　　　地上有不同的飛機喔。」

……小舒又介紹了修護場、塔台、停機坪等設施的地點及功能。

甲老師：「你沒有告訴小朋友機場上面為什麼有草。」

小舒：「是下雨的時候要把水吸起來。」

小掄：「因為飛機裡頭的油是在草裡頭。」

甲老師：「還有什麼不了解的請問。」

由於小鹿班的孩子沒有疑問，謝過大白班的老師和小舒後，小
鹿班的師生離開大白班。

19.討論為什麼要拆除機場

　　方案進行的第二十天（85/11/25/10：25），孩子從各學習區探
索回來，圍坐成一圈。乙老師向孩子說：「有孩子跟老師說，我們
的機場占了教室很多地方，上課有一點不方便。還有爸爸、媽媽跟
老師說『機場好像建很久了』，你們覺得呢？」由於老師提出這項
意見，全班旋即進行討論是否拆除機場。

85/11/22　10：30

團體討論是不是要拆除機場，因為有一些孩子反對，有一些孩
子贊成，老師請孩子說明意見。

甲老師：「那為什麼你們要繼續把它留下來，可不可以告訴
　　　　　我？」

小中：「因為這樣子還可以再玩。」

甲老師：「那如果我們多留幾天呢？」

小平：「如果我們一直留的話，我們上課不都是要像這樣子坐在這裡（貴賓室）。」

因為孩子提的閣樓、辦公室、貴賓室都另外有用途，不適合上課，經由表決還是要拆除機場。接著便討論什麼時候拆。

乙老師：「留幾天比較合適？」

小舒：「十天，留十天。」

小彥：「留三天。」

……孩子陸陸續續提了幾個意見，經由表決，決定三天後拆除機場。

20.進行拆除機場及善後整理的工作

經由討論，孩子分成二組進行拆除機場與整理教室的工作。

85/11/25　11：05

在禮堂看完幻燈片

甲老師：「我們上次討論決定今天要拆機場對不對？」

孩子：「對！」

乙老師：「拆下來的東西怎麼辦？」

孩子：「廢物利用。」

乙老師：「如果拆下來的東西，真的是破破爛爛的，就不要了，好不好？」

之後又討論要先把作品放到工作櫃、拆完東西要刷地、不要爭先恐後等注意事項。孩子選完負責拆除的區域後，紛紛進教室拆東西。

甲老師：「要想一想這個東西還可以再利用嗎？如果很用力地拆會怎麼樣？」

小容：「破爛。」

小涵：「對！這個可以留著。」

甲老師：「膠帶輕輕的撕掉，很好！」

孩子分工合作把機場拆除了，並將大白班教室清理完畢。

　　經歷七週二十一天的「機場」方案，隨著機場的拆除終於畫上句號。由上述活動流程可知，「飛機」方案的每一個活動進行之前，老師都會與兒童討論「昨天做了什麼」「今天還要做什麼？」「怎麼做？」然後再以分組的方式完成計畫。其發展的歷程就是「討論→做出討論的內容（扮演或建構）→再討論……」。因為孩子對於飛機聲音的好奇，而引發對飛機的討論；因為孩子帶來的飛機玩具太多了，而需要搭建機場安置這些飛機；因為要搭建機場，所以請服務於桃園中正機場的小容爸爸來與孩子晤談；因為小容爸爸的詳細介紹，孩子產生試驗飛機跑道的興趣，並搭建設備豐富的機場；豐富的機場情境引發孩子扮演的興趣；但由於老師提出父母之意見——機場占地太廣，使得教室動線不良、上課不便，經由討論與表決之後，孩子們決定拆除機場結束「飛機」方案。

伍、結論與討論

一、方案的定義

　　從文獻分析與南海幼稚園大白班的實際觀察，發現方案是孩子針對一個主題經由社會互動（同儕或師生）互動，進行有興趣、有目的、有計畫、主動的探索。探索的主題來源很廣泛，探索的時間很有彈性，皆依兒童的興趣而定。

二、進行方案的人數

　　Katz 和 Chard 與 Reggio Emilia 學校皆認為，學前階段的方案教學應是以小組來進行（Katz & Chard, 1989; Malaguzzi, 1993b），但是大白班進行的「飛機」方案，都是全班師生共同參與的。大白班的老師和園長都認為只要是孩子有興趣，方案可以是全班參與。

　　但是我發現在大白班的方案活動中，並不是每一個孩子都積極地參與，在團體討論的時候，有些孩子總是熱烈的回應，但有些孩子則是很少表達意見。針對此一現象，兩位教師表示因為參與團體討論的人數太多，以至於有些孩子的參與度較低，若以小組方式進行討論，那麼則可以促使所有孩子的意見交流。而在團體討論後的分組工作，常常是四、五個孩子一起合作一項工作，例如：飛機場的跑道、塔台的屋頂；在這樣的分組工作中，即使沒有老師協助，因為人數較少，孩子發現問題後，自然地會各自提出意見，相互回應並討論出解決的方法。

　　我認為大白班孩子在團體討論與小組工作時所產生的現象，與 Malaguzzi 對小組人數的看法一致；小組式的探索方案，才能使每一位孩子都能真實的參與討論以調整自己的觀點。但是，至於進行方案的適宜人數應為多少？適宜人數是否因主題之性質而會有所不同？再者，除了人數之外，小組成員的背景知識是否也是考慮的因素？這些問題有待進一步的討論。

三、方案探索的深入性

　　各家學者都認為方案是一個深入探索的歷程，探索方案的時間很有彈性（Gandini, 1993；Katz & Chard, 1989；簡楚瑛，民 83；漢菊德，民 82）。我認為，方案教學的深入性即是依孩子有興趣的主

題，進行一連串連續而動態的探索，方案活動是一個直線延伸的歷程，而不是圍繞著主題的幾個活動，這是方案教學與單元教學的相異點。回顧大白班所進行的方案活動，我認為多數是動態而連續的發展歷程，換句話說，活動產生的過程是：老師或孩子發現問題、討論解決的方法並執行計畫，然後再討論有什麼問題。

但少數不是由孩子興趣引發的活動就沒有這樣的歷程，比如：在「飛機」方案中，老師引導孩子在搭建機場之前完成機場工人的裝備，所以孩子花了二天的時間製做工具袋、工具帽及工作櫃，但孩子在搭建機場或扮演機場遊戲時，並沒有再利用這些裝備，沒有再繼續加以延伸。也就是說，孩子做完這些機場工人的裝備之後，便將其放置在一邊，這些裝備雖使教學情境更豐富、更具體，但方案的進行並未得到發展。

漢菊德（民 85）表示：「深入性並不能以方案進行的時間判斷，也不能將方案的廣度視為深度……深入性並不在知識內容的多少，而是在思想方法和層次上，深入研究的程度，在南海，是跟著幼兒走，直到他們興趣缺缺為止。」（p.28）但我覺得飛機方案似乎不是因為「孩子興趣缺缺」而結束，而且在討論是否要結束「機場」的時候，有些孩子還是捨不得，也許又回到之前所討論的問題——參與方案人數太多，有的孩子已經興趣缺缺，但有的卻還意猶未盡。

在主題深入延伸的過程中，孩子透過討論、實地參觀或訪問專家、小組工作及扮演等方式進行探索，在這探索的歷程裡，是以孩子的舊經驗為基礎再進一步做修正或調整，使孩子的知識結構獲得改變。在觀察大白班的經驗中，有一個例子實在令我印象深刻；八十五年十一月七日討論如何製作候機室圍牆的時候，有的孩子提出直接利用膠帶黏紙板，但有的孩子雖認為膠帶無法將紙板垂直的黏在地板上，但卻也說不出一個好方法，此時小偉：「像以前做『車站』（上學期的方案）一樣呀！就是把紙剪成一條一條，一個摺這

邊，一個摺那邊……。」候機室圍牆的問題經過討論後，得到解決的方法。此後，再面臨相似的問題時（如圖書館的圍牆），孩子都能再利用小偉的方法予以解決。又例如：在「飛機」方案中，孩子透過「試飛」的經驗，來比較直直的跑道與彎彎的跑道之差異；小舒和小驊等人能清楚地向小鹿班師生介紹機場。

四、方案實施的循環歷程

綜合文獻分析與觀察發現，雖然各家學者對於方案教學的論述，及大白班所實施之方案教學各有其步驟，但都具有「決定主題（發現問題）→擬定計畫→實施計畫→檢討批評→擬定計畫→實施計畫→檢討批評……」的循環歷程。我認為，上述循環階段是方案能夠持續深入性發展的一大因素。

在 Reggio Emilia 學校的方案中，孩子針對某一主題經歷不同層次的探索，以多元化的視覺表徵方式表達對主題的認知，並以孩子的作品做為討論的媒介，我認為這樣「探索→表徵→以表徵物為討論媒介→再探索」的循環歷程，使孩子對主題的認知更加深入，也讓教師了解孩子對主題的認知。而大白班方案活動的發展歷程是：「老師或孩子發現問題→討論解決的方法→執行計畫→發現問題……」

我認為大白班實施方案之循環歷程與 Reggio Emilia 學校實施之方案在層次上略有差異，前者比較是在方案活動延續的層次，而後者比較是方案主題探索的層次。也就是說，我發現大白班方案實施之循環階段是呈現於方案活動的歷程中；而 Reggio Emilia 學校的方案是讓孩子經歷回憶與主題相關的經驗、在教室模擬的情境中感受主題、親身至實地探索等，在此歷程中，孩子有不同層面探索主題的經驗。

五、教師的選擇性回應

Reggio Emilia 學校的藝術教師 Vecchi（1993）認為：「孩子通常只能部分的表達出一個新的觀點，而他的表達方式可能對自己與其他的孩子都不是很清楚，教師注意到這個觀點包涵的潛在價值是刺激團體成長的一個火花，因此教師引導兒童以更清楚的方式表達這個觀點……」（引自 Edwards, p.153）

在大白班實施方案的討論中，教師有「選擇性回應」的行為，根據大白班教師的說法，因為時間的限制，面臨諸多孩子意見時，會考量其意見的可行性、與教師假設的符合程度及材料是否可得等指標，予以選擇性的回應。

我認為大白班的方案活動（甚至是執行方案活動的計畫）皆是產生於團體討論時，被教師選擇性回應的意見。選擇性回應的產生除了大白班教師的詮釋之外，是否也因為老師意識到在孩子的許多建議中，有幾位孩子的意見是具有刺激團體成長的功能，而進一步引導孩子以更清楚的方式表達意見。換句話說，大白班教師選擇性回應的引導方式是否呼應 Reggio Emilia 藝術教師 Vecchi 對於教師引導孩子學習的觀點？此有待進一步的研究。

六、方案小明星

在大白班方案教學的分析中，發現有「方案小明星」（比較積極參與討論，並且能提出獲得教師回應之意見的孩子）之現象。「方案小明星」這個概念並不見於文獻之中，是我觀察大白班的發現，在大白班團體討論的時候，有幾名孩子（小中、小婉、小德、小平、小掄、小偉、小涵及小婷）的意見總是被老師回應，得到進一步的闡述，進而成為全班方案的活動或計畫。仔細分析後，我發現因主

題性質的不同，會出現不同的「方案小明星」，例如：在「飛機」方案中，小平、小德、小中、小容及小偉常常提出較深入的看法，也常常得到回應，經由進一步的分析，我發現「飛機」主題的「方案小明星」都有搭乘飛機的經驗，並且小容和小偉的父親都是某航空公司的修護工程師。

由上可知，孩子之所以能成為「方案小明星」，是因為他們有較多與主題直接或間接有關的經驗，使他們儼然成為此一領域的「專家」。我認為這些與主題相關經驗較豐富、具有比較高層次意識的孩子，把他們所知道的、所意識到的，分享給那些懂得比較少、意識層次比較低的孩子，透過這樣的互動，使得方案活動能繼續發展，而孩子在活動過程中，知識與能力也提升到比較高的層次。我想，孩子經由與「方案小明星」（較有專長及能力的同儕）的社會互動而獲得成長，與 Vygotsky（1978）所謂「最佳發展區域」（Zone of proximal development）的概念一致。

由於文獻並未論及「方案小明星」，到底方案小明星是否為一普遍現象，也存在其他班級的方案中？其他班級「方案小明星」的功能與特質是否與我的發現一致呢？這些問題都有待進一步的研究。

事實上，我認為方案小明星與教師的選擇性回應是促進大白班進行方案的最大要素，但是否有益於方案所有參與者知識的成長呢？就我對「知識建構」的認知而言，知識的產生是源自於個體與環境互動時產生的認知衝突，再以同化與調適的方式修正原有的認知結構，以建構知識。但在大白班的方案活動中，老師通常以選擇性回應的方式，引導孩子以較可行的方式解決問題，我認為此一引導方式可能減低認知衝突的功能。因為根據 Piaget 的認知理論而言，學齡前孩子的思考尚屬於具體運思前期，語言所造成的衝擊勢必比讓孩子從「做中學」來得小。在八十五年十一月七日觀察大白班師生討論如何搭建候機室屋頂的時候，我的感受尤為深刻──小驊建議做可以掀開的屋頂、小婉提議做透明的屋頂，老師回應小婉的意見，

引導孩子針對小婉提的意見繼續討論，之後便決定做透明的屋頂。那時我的想法是：為什麼不讓孩子都試試呢？到底誰的意見比較可行，試過之後不就明白了嗎！「做中學」不也是一種引導方式嗎？

七、教師的「做」與「思」

此外，值得提出來進一步加以討論的一點是：教師做與思之間的省思。第一次訪談大白班教師（85/10/28）時，我先請教老師對方案的認知，之後再問：「老師所認知的方案教學與老師現在實施的方案教學是一致的嗎？」甲老師回答：「不一致的地方會盡量減少。」當我進一步深究：「可不可以舉例說明？」甲老師：「沒有細細的研究。」而當我再問老師：「實施方案是不是有什麼步驟或方法？或是方案教學的實施有沒有什麼要素？」甲老師：「這等你研究，再告訴我們。」我進一步的追問：「可是你們會帶方案！」乙老師：「我們沒有仔細想過是不是有什麼固定的模式，我覺得這是經驗。」第二次訪談（86/3/18）時，我又問了相同的問題，乙老師的答案也是：「沒有去想，可能有吧！」由此可知，老師會「做」方案教學，但沒有詳細分析「做了什麼？」與「如何做」。

教師「做」與「思」之省思，在平日進行的活動中也可察覺。八十六年十月十五日觀察大白班進行編寫「造飛機」兒歌與利用身體表現「會旋轉的東西」活動後，我很好奇的問老師「為什麼會和孩子編寫『造飛機』兒歌？」「會什麼會想以肢體表現『旋轉』的概念？」老師的回答是：「這是教學經驗」、「孩子會很有興趣」……，若再進一步追問「這些活動背後是不是隱含著什麼目的或意義」時，老師們即無法予以正面的回應。當我將大白班團體討論現象分析圖（附錄二）呈現予老師校閱時，老師表示：「這個組織圖可以涵蓋我們討論的現象，但是之前我們沒有這樣子的分析……」（甲老師，86/5/10 隨機訪談）

關於上述現象,令我產生一些疑問:1.為什麼老師會「做」,卻不見得知道「為何如此做」;2.老師不知覺「怎麼做」,反映了什麼;3.教師詳實的記錄方案活動過程,也利用這些記錄以討論出方案的可能發展,但教師從這些記錄中「解讀」出什麼?這些問題實有待進一步的研究。

八、方案內容的均衡性

針對方案內容的「均衡性」,文獻中除了簡楚瑛(民83)提到之外,其他學者並沒有加以討論;我想因為簡楚瑛所論述的是方案課程,在培養「完整兒童」的教育目標下,課程本身即應考量均衡性的問題。而 Katz 和 Chard(1980)認為方案教學是課程的延伸或補充,方案教學的目標之一即是使課程均衡地發展。

我覺得方案內容的「均衡性」可以從二個層面來看:一、是從主題網與實際方案活動來比較實際活動是否涵蓋主題網的設計。二、是教學目標的均衡,就像是認知、情意與技能。

(一)主題網與實際活動之對應

綜合文獻可知教師在主題確定之後,須預先構思主題可能發展的方向或撰寫主題網(主題分析或假設),此項工作幫助教師進一步思考並蒐集相關的資源。Reggio Emilia 學校的教師為使方案的發展更切合兒童的興趣與需要,所以先整理兒童的先前經驗,以提出方案發展的假設,並進一步與兒童討論,以發現孩子的興趣與假設的符合程度。但文獻也均提及方案的進行依孩子興趣而發展,不一定與主題網或主題發展的假設一致(簡楚瑛,民 83;漢菊德,民83,85;Katz & Chard, 1989;Edwards, 1993;Gandini, 1993)。也就是說,從文獻的發現可知方案的實際發展不必涵蓋主題網的所有內容。

實地觀察大白班進行方案的經驗中，我得到實際的例證。大白班實際進行的方案活動有二個方向：其一是針對「主題分析」中的某幾個點做延伸，例如：「飛機」方案依主題分析的「飛行條件」的「機場」發展進一步的探索。其二是發展出原先主題分析中沒有涵蓋的項目，例如：「飛機」方案的「會旋轉的東西」及「機場外的馬路」。我認為此與簡楚瑛（民83）提到的「可以針對主題中某一個概念，予以放大，深入的探索」有異曲同工之妙。

　　由此，我認為方案實際發展的活動沒有必要涵蓋主題網的所有設計，因為主題網所呈現的是主題可能發展的所有方向，但是真正進行的活動，還是針對孩子有興趣的部分做持續而深入的延伸。

㈡教學目標的均衡

　　盧美貴（民78）認為：正確的幼兒教育要能夠引導兒童成為一個認知、情意與技能三方面發展完整的「全人」。由此可知，課程須達到認知、情意與技能三方面之均衡發展。

　　仔細分析大白班方案的實際活動與主題網（參附錄三、四），則可發現實際進行的方案活動都較傾向於實做方面，較多屬於技能層次的活動，例如：製作飛機場、機場外的馬路及飛機；而主題網中較傾向於不能實做、或較屬認知或情意層次的活動，例如：飛機的歷史、飛機與人類的關係，則在方案中未見發展。

　　我覺得方案活動會傾向於孩子實際動手做的原因，可能有下列三點：其一，受限於孩子的背景知識。因為方案活動是經由討論產生，若依照我的分析，在討論過程中，方案小明星的意見通常會得到教師的選擇性回應，經由表決而成為方案活動。因為方案小明星的意見都是源自於先前的經驗，所以可能是孩子本身的背景知識屬於比較具體的、可實做的經驗，較缺乏認知層次與較抽象的部分。其二，教師可能希望透過具體情境的營造，讓孩子在「模擬的」情境脈絡中建構知識。因而孩子須建構出情境與主題相關的情境。其

三，也可能是因學前階段孩子的思考尚在具體運思前期，而老師也意識到孩子認知發展可能有的限制，所以盡量將方案活動引導爲具體操作的層次。

此一現象的隱憂是孩子的經驗可能無法擴展；對於已有舊經驗的部分，當然可以經由同化與調適的歷程，使得知識結構更加精緻，而孩子根本缺乏舊經驗的部分，則無法得到擴展。但若是老師有此知覺，而將孩子有興趣但無背景經驗的概念帶進來，即可以消弭此一疑慮。至於，能引起孩子的興趣與學習動機的概念，我想即是Vygotsky（1978）所謂在「最佳發展區」之內，「含苞待放」的「花朵」──亟待發展，趨向於成熟的概念（引自陳淑敏，民84）。

我想，誠如漢園長所言：「除了方案以外，南海幼稚園還有學習區、感性活動……」，方案只是南海幼稚園課程的一部分，在方案中沒有討論出來的活動，也可能在其他的時間加以補充，譬如：在分享時間，老師講述萊特兄弟的故事，或是利用下午的時間看介紹飛機演進的錄影帶。所以，我認同Katz和Chard及漢園長的觀點，將方案教學定位爲課程的補充或延伸，使課程更加均衡發展。另外，以較整體的角度來看，孩子在幼稚園的學習經驗中，經歷不同主題、不同領域的方案，所以方案內容均衡性的問題，我認爲可以衡量整體的學習經驗，而不是單從一個方案的活動來思考。

九、成人在方案教學中扮演的角色

㈠教師

綜合文獻可知，方案教學要能有豐富的發展，教師需準備適宜的環境、提供資源、以討論來了解孩子的先前經驗與探索主題的興趣、適時適當的引導兒童學習、提供兒童探索實務的經驗、做觀察記錄以評估兒童需要、維持教室合作的學習氣氛、引發兒童意見的

交流並予兒童充裕時間進行探索。

　　在我所觀察的大白班方案教學中，二位教師也呈現上述多樣的角色。教師會將與主題有關的圖書與資源都布置在大白班的教室中，例如：書櫃的書會隨著主題的不同而調整，教師也會將與主題有關的圖片與照片貼在牆壁上。除了上述圖書、照片等資源外，實地參觀與訪問專家的活動也是教師提供孩子探索主題的資源。在分組工作的時候，老師觀察孩子的工作，適時的給與意見或提供材料，例如：

85/10/24

大白班的孩子正在做工具櫃，小翰以兩個箱子中間黏一條紙板要做飛機的跑道。

甲老師：「如果兩個箱子不一樣高，跑道會怎麼樣？」

也在一邊工作的小涵說：「跑道會歪歪的。」

甲老師：「有什麼方法可以確定兩個箱子是一樣高的？」

小翰說：「用量的。」

甲老師：「用什麼量？」

小涵說：「筆。」

小翰說：「用玩具。」

正當孩子發現玩具和筆都無法量出箱子的高度時，乙老師把一卷皮尺放在孩子的腳邊說：「這個可以利用嗎？」結果，孩子在甲老師的引導下，利用皮尺量出了紙箱的高度。

此外，教師也利用各種器材記錄孩子的工作情形，依此記錄討論孩子的學習狀況及方案可能的發展。在團體討論時，教師會以問題來促使孩子發表意見，甲老師最常說的一句話便是：「來！請說說你們的意見。」讓孩子有充分的時間進行。

　　我認為教師在方案教學中扮演各種角色的最大目的是：幫助孩

子以各種方式來延伸對主題知識的建構，比如：在「飛機」的方案中，老師請小容爸爸來介紹機場和飛機，和孩子創作「造飛機」的歌詞，以身體來試驗飛行飛機跑道的感覺……。換句話說，老師引導孩子以聽、唱、做、肢體表現等方式讓孩子展現對飛機的認知。雖然不見得與 Reggio Emilia 學校的循環符號化歷程（針對主題，孩子有各個層次的探索機會，以多元化的視覺表徵方式表達對主題的認知，並以其作品做為討論媒介）相同，但孩子的確是經歷各種方式的探索歷程；而在八十五年十一月二十一日小鹿班突然來訪觀察時，小舒與小驊能清楚地為小鹿班師生解說「飛機場」的例子來看，孩子對於飛機有更進一步的認識。

(二)家長

綜合文獻可知，Reggio Emilia 學校及 Katz 與 Chard 皆重視家長對於孩子學習的參與。在我觀察的大白班教學中，家長的確是多方面的參與方案教學，諸如：提供與主題有關的人力及物力資源、回應孩子的學習、與孩子討論主題以撰寫親子集。

我想，家長若能進一步地投入方案活動，例如：直接至教室參與孩子的方案工作，不僅更能了解孩子的學習情況，亦可協助方案教學之進行。因為在我觀察的大白班方案教學中，無論是兩位教師帶領全班三十個孩子進行方案活動，或是一部分的孩子與一位教師探索主題，另一位教師帶領其他的孩子進行小組工作，教師一方面須引導孩子的學習，一方面又得記錄孩子的學習歷程，實在是分身乏術。在無法增加教師人員編制的行政考量下，若是家長能投入方案教學，或是協助錄影，或是協助拍照，或是和孩子一起工作，皆能增加孩子與成人互動的機會，而得到適時適當的協助。

當然家長在深入的參與方案活動之前，須對方案教學有一定的了解，比如：尊重孩子的興趣、適時適當地予以協助等。所以在家長實地參與方案活動之前，教師須與家長充分地溝通、閱讀文章，

甚至是觀摩教學，以增加彼此的信心。

(三)其他成人

Reggio Emilia 學校除了教師之外，另聘有專業的藝術教師及教學協調者，不僅能直接幫助兒童以更多元的方式發展方案，也支持了教師的教學及專業成長。

在我觀察大白班的方案教學中，除了有家長與老師的參與之外，園長也參與其中。園長與教師討論主題分析，幫助教師思考主題發展的方向，並提供教學所需的媒材與建議。

但是，在教師所需的協助可能會因時間而有所改變，例如，在南海幼稚園剛實施方案教學時，老師所需來自於園長的協助較多，那時漢園長除了與教師討論主題可能發展的方向外，也發表文章與提供教學媒材等方式提供教師間接的協助。但至今（1997 年）南海幼稚園已經有六年，漢園長表示：「他們（教師）現在很會做主題分析，有時候也都不來和我討論了，都是教師之間自己討論比較多。」（86/5/10 訪談）由此可知，此時，教師之間的討論更有助於教師實施方案教學。

但值得進一步思考的一點是：教師的背景經驗相近，本身又忙於教學，教師之間的討論對於教師的助益有多大？是否需有一名「旁觀者」提供不同層次的思考刺激，而這「旁觀者」需具備什麼特質或知能？或許 Reggio Emilia 的教學協調者可做參考！

伍、「建議」

一、給幼兒園的建議

對於有意實施方案教學的幼稚園，我有下列三點建議：

(一)善用家長資源

綜合文獻及實際之觀察可知，家長在方案教學中，以提供資源及孩子討論等方式參與孩子的學習。但若能至教室直接參與孩子的方案工作，或是協助錄影；或是協助拍照；或是和孩子一起工作，不僅能增加孩子與成人互動的機會，也更能了解孩子的學習情況。因此，建議有意從事方案教學的幼稚園，能善用家長的資源以促進孩子的學習。

(二)協助教師成長

Reggio Emilia 學校設置有藝術教師與教學協調者，前者協助教師之間意見的交流及以視覺表現的方式延伸孩子的學習，後者則是促使教師專業的成長及與家長建立良好的關係。在大白班的方案教學中，園長雖與教師討論主題分析，並提供教學媒材及建議，教師之間雖會彼此討論教學，但可能囿於背景經驗相似，而缺乏彼此不同層次思考的刺激。因此，建議有意從事方案教學的幼稚園，能提供協助教師成長的支援者。

(三)重視孩子的學習記錄

綜合文獻可知，教師在方案教學中須觀察並記錄孩子的學習情

況，以評估兒童的學習需要。除此之外，在 Reggio Emilia 學校，學習記錄也是師生、親師及教師之間溝通的媒介，並有促進教師專業成長的功能。在實際的觀察中，大白班的二位教師以錄音機、拍照及錄影等方式記錄孩子的學習情況，並依此了解孩子的興趣及方案可能的發展。因此，建議有意從事方案教師的幼稚園，應重視孩子的學習記錄，除了得以了解孩子的興趣以延伸方案活動外，還可成為親師、師生與教師之間溝通的媒介，並進一步促進教師的專業成長。

二、給未來研究的建議

對於未來的研究，我分別就研究方向及研究方法，提出建議。

㈠研究方向

我的研究目的是探討「方案教學是什麼？」然而在研究的過程中，發現有許多有趣的現象值得做深入的研究。

1. 進行方案的人數

Reggio Emilia 學校及 Katz 與 Chard 皆認為，學前階段的方案教學適合以小組方式進行。在大白班的觀察中，發現在團體討論時，有些孩子比較不積極參與，但在分組工作時，孩子卻都能發現問題、提出意見並討論解決的方法。可見小組較適合方案，但小組的人數應以多少為適宜呢？是否如 Malaguzzi 所言「五人以下的小組」呢？因此，建議未來研究可以針對參與方案的人數與參與者的背景知識進一步的探討。

2. 教師選擇性回應的引導方式

我在大白班的觀察中，發現教師在團體討論時，大部分都以選擇性的回應某一個孩子的建議，再經由討論、表決決定方案的活動計畫。選擇性回應是否即為教師在方案教學的引導方式呢？除此之

外，在方案教學中是否還有其他不同層次的引導方式或內容呢？這都是方案實施很重要的問題，建議未來研究可以針對此一議題做深入的探討。

3.教師「做」與「思」之省思

　　經由觀察與訪談大白班教師的方案教學，我產生「為什麼老師會『做』，卻不見得知道『為何如此做』」的疑問。由於方案活動的決定大部分是基於教師選擇性回應的引導方式，因此凸顯教師「如何引導」與「如何決定『如何引導』」的重要性，但在訪談時，我發現教師似乎不知覺「怎麼做」與「為什麼如此做」的問題。我想是否因教師時間與能力的限制，所以雖有詳實的記錄，但未能從中再深入的省思「做」與「思」之間的關係。建議未來研究可以針對教師的教學省思做進一步的探討，此一發現也提供教師、幼稚園與師資培育機構思考。

4.方案小明星

　　在我的研究中發現「方案小明星」的存在，我也試圖解釋「方案小明星」的特質與存在的功能，但「方案小明星」的存在與功能卻有待未來研究加以證實及討論，因此建議未來研究可以針對此一議題深入地探討。

5.孩子在方案教學中的表現

　　在 Reggio Emilia 學校，孩子會針對主題進行討論，並以各種藝術表徵展現自己對主題的認知。在 Katz 和 Chard 所論述的方案教學中，孩子針對主題進行討論、擬定計畫、執行計畫，並以各種方式（語言、扮演與寫生）做記錄。在大白班的觀察中，發現孩子要會發現問題、提出意見、會做計畫、會做決定及做出討論的計畫（建構或扮演等）。方案教學中孩子積極、主動的表現是否與其他教學法有所不同呢？這樣的表現對於孩子的學習的意義為何呢？都是未來研究探討的主題。

(二)研究方法

在研究方法方面，我有下列建議：

1. 針對其他研究對象進行研究

本研究只觀察南海幼稚園的大白班，而且大白班兩位教師從事方案教學已有六年的經驗，在實施上相當的順利。但是，不同經驗背景的教師實施方案教學時是否也如此？不同環境氣氛的園所進行方案教學會不會有不同的風格？這些都無法從本研究中得到答案。因此建議未來研究可以針對其他班級或園所進行研究，以多方面了解方案教學實施的現況。

2. 鼓勵教師從事方案教學之研究

雖然我盡可能地蒐集與大白班方案教學有關的資料，盡可能地站在當事者的立場來看大白班的方案教學，但畢竟我不是時時刻刻都生活於大白班，而且對於大白班師生而言，我仍是一名研究者，對於非觀察可得的資料（例如：教師內心的想法）的蒐集不免有些疏漏。

方案主題是如何決定的？教師如何引導孩子進行探索？教師回應孩子意見之考量為何？……方案實施的所有歷程對於教師而言，應該是最熟悉、最清楚。以大白班為例，教師本身即利用各種媒材記錄孩子的學習，並且依此彼此做討論，如果可以進一步組織讀書會，共同研究有關方案教學之現象，並加以分析、歸納，不僅可以了解孩子的學習情況與自己的教學，更可以銜接理論與實務。若是將研究的結果加以發表，更有助於他人對方案教學的了解。秉持「教師就是研究者」的理念，我建議教師應該致力於由教學實務出發的教師研究。

後記

　　因為自己對於方案教學的好奇，便一股腦兒地投入方案教學研究。在這將近一年的探索歷程中，經由文獻的分析及實際的觀察，我對方案教學的迷思逐漸澄清，但如何將我所了解的方案教學呈現在論文中，對我是另一項挑戰。由於我採質性研究的方式進行探討，自然是很詳實地描述我所觀察到的現象，因為方案是由教師、孩子與家長之間的互動所交織而成，所以論文中呈現的不只是方案過程的描述，任何涉及方案活動的人、事、物均可在本文窺知。這分詳實的記錄即將發表，但它對所有參與方案的人有何影響？我不知道，也無法預知。

　　所以在撰寫論文的過程中，我一直和自己持續性的對話與辯證；除了詳實地描述方案實施的歷程，並以當事人的意見詮釋行為的意義外，是否必須把自己對觀察現象的回應呈現在文中，因為我的回應乃源自於我的觀察，但質性研究是否可以依第三者的觀點來詮釋當事人的行為？第三者賦予當事人行為的意義與當事人行為的實質意義是否有不可避免的差距？考慮當事人可能有的感受後，我決定把自己的意見放在心底，我想任何人（包括我自己）都可以從這份詳實的記錄中，產生自己的意見與看法。

　　但這一份掙扎並未真正的結束！在論文口試時，口試委員就是認為在論文中看不到屬於怡旻的東西，而形成一場勸服我將我的看法寫下來的「拉鉅戰」。我想我對質性研究的認知影響我的行為，但為了使這篇論文更具意義與學術價值，我接受口試委員的意見，將原先我一直刻意避免的幾個點，一一寫下來。

　　原先，我以為我會是很痛苦的，但在我將心底的意見呈現在論文時，我居然有一種說不出來的舒暢感，或許因為它本就是存在的，也或許它本應屬於這篇論文的一部分，把它寫下來，對我來說是一

種思想壓抑的解放；而且從另一個角度來看，我的回應也可能「刺激」當事人再次的省思，不也是一種具體的回饋。唉！這段後記並不是在為我的行為做任何的辯解，只是真實地記錄行為產生的脈絡，希望對自己有所交待，也提供後人思考的借鏡。

陸、參考書目

一、中文部分

M. Q. Patton（吳芝儀、李奉儒譯，民84）：質的評鑑與研究（第一版）。台北：桂冠。

呂翠夏（民82）：方案教學又一章。國教之友，45卷，3期，頁18-21。

呂翠夏（民82）：從活動中學習——方案教學的實施方法。國教之友，45卷，2期，頁27-32。

巫慶朗（民55）：克伯屈教育思想之研究。國立政治大學教育研究所碩士論文，未出版，台北。

幸曼玲（民84）：從情境認知看幼兒教育。幼教天地，11期，頁13-32。

幸曼玲（民85年6月22日）：我所知道的方案教學。演講稿，未發表。

Syliva C. Chard（林育瑋、王怡云、鄭立俐合譯，民86）：進入方案教學的世界（I）。台北：光佑。

侯天麗（民84）：管窺方案教學。新幼教，6月號，頁28-33。

佳美、新佳美幼稚園老師家長合著（民84）：與孩子共舞——佳美幼稚園主題教學的實踐歷程。台北：光佑。

夏林清（民85）：實踐取向的研究法——一些質性方法上的思考。載於胡幼慧（主編），質性研究——理論、方法及本土女性研究實例（第五章）。台北：巨流。

孫敏芝（民75）：教師期望與師生交互作用——一個國小教師的觀察研究。台灣師範大學教育研究所，未發表，台北。

高敬文（民77）：質的研究派典之理論分析。屏東：東益。

許良容（民82）：談建構主義之理論與教學觀點的爭論。國教輔導，38卷，2期，頁8271-8275。

陳正乾、丁雪茵、林慧芬譯（民82）：後皮亞傑觀點對幼兒教育的一些啟示：幫助小孩子領悟（MAKING SENSE）。幼教天地，9期，頁17-37。

陳正乾、李慕華譯（民82）：詮釋的聲音：質的研究在幼兒教育上的應用。幼教天地，9期，頁17-37。

陳芊莉譯（民86）：幼兒教育的理論基礎。師友，355期。20-23頁。

陳淑敏（民84）：Vygotsky「最進發展區域」概念內涵的探討。屏東師院學報，8期，頁505-525。

黃政傑（民76）：課程評鑑。台北：師大書苑。

黃瑞琴（民80）：質的教育研究法。台北：心理。

黃昆輝（民57）：克伯屈教育思想之研究。國立台灣師範大學教育研究所集刊，10輯，頁177-302。

楊國賜（民77）：進步主義教育哲學體系與應用。台北：水牛。

廖鳳瑞（民83）：幼教課程趨勢——生態系統論之應用。家政教育，12卷，6期，頁22-34。

廖鳳瑞（民84）：從幼教趨勢看幼兒教育的發展。發表於世界幼教趨勢與台灣本土經驗研討會。

廖鳳瑞（民85）：萌發式課程。載於國立台灣師範大學附設實驗幼稚園（民85），開放的足跡——師大附幼萌發式課程的實踐歷程（第五章）。台北：光佑。

漢菊德（民 79）：優異的學前教育——簡介義大利里基懊幼教中心。南海傳真，3 期，頁 42。

漢菊德（民 83）：台北市立南海實驗幼稚園教學實驗報告——全人教育與方案教學。發表於方案課程發展模式研討會。

漢菊德（民 84）：方案教學裡的師生互動。南海傳真，17 期，25-29。

漢菊德（民 85）：南海方案教學。發表於海峽兩案幼兒科學教育學術研討會。

劉玉燕、王文梅（民 84）：佳美幼稚園主題教學——一個從無到有的生產創造過程。載於世界幼教趨勢與台灣本土經驗研討會論文輯。台北：光佑。

劉仲冬（民 85）：量與質社會研究的爭議及社會研究未來的走向及出路。載於胡幼慧（主編），質性研究—理論、方法及本土女性研究實例（第十章）。台北：巨流。

蔡淑芬（民 84）：朋友你在那裡？——方案教學初探。新幼教，8 月號，頁 43-46。

賴素靜、林瑞清（民 84）：「跳遠」方案。新幼教，8 月號，頁 28-31。

簡楚瑛（民 82）：義大利瑞吉歐學前教育系統對我國學前教育之課程與教學的啓示。教育研究資訊，1 卷，6 期，頁 111-121。

簡楚瑛（民 83）：方案課程之理論與實務——兼談義大利瑞吉歐學前教育系統。台北：文景。

嚴詳鸞（民 85）：參與觀察法。載於胡幼慧（主編），質性研究——理論、方法及本土女性研究實例（第十章）。台北：巨流。

二、英文部分

Bogdan, R., & Biklen, S. (1992). Qualitative research for education: an introduction to theory and method. (2nd ed.). Boston: Allyn and Bascon.

Bredekamp, S. (1993). Reflections on reggio emilia. Young Children, 49(1), 13-17.

Diffily, D. (1996). The proJect approach: a museum exhibit created By kindergarten. Young Children, 51(2), 72-75.

Ducharme, C.C. (1993). Historical roors of the project approach in the United States: 1850-1930. Naeyc History Seminar Nov. 12, 1-33.

EdWards, C. (1993). Partner, nurturner, and guide: the roles of the Reggio teacher in action. in C. Edwards, L. Gandini, & G. Forman(eds.), The hundred languages of children: the reggio emilia approach to early childhood education. Norwood, NJ: Ablex.

Edwards, C. (1995). Encouraging creativity in early choldhood classroom. Eric digest. ed389474.

Filippini, T. (1993). The role of the pedagogist. in C. Edwards, L. Gandini, & G. Forman(eds.), The hundred languages of children: the Reggio emilia approach to early childhood education. Norwood, NJ:Ablex.

Firlik, J.R. (1994). Reggio Emilia, Italy preschool: the synergies of theory and practice. ed382313.

Firlik, J.R. (1996). Can we adapt the philosophies and practice of Reggio Emilia, Italy, for use in American schools? Early Childhood Education Journal, 23(4), 217-220.

Forman, G. (1993). Multiple symbolization in the long jump project. in C. Edwards, L. Gandini, & G. Forman(eds.), The hundred languages of children: the Reggio Emilia approach to early childhood education. Norwood, NJ: Ablex.

Gandini, L. (1993). Fundamentals of the Reggio Emilia approach to early childhood education. Young Children, 49(1), 4-8.

Katz, G.L. (1990). Impression of Reggio Emilia preschool. Young Children, 45(6), 11-12.

Katz, G L. & Chard, S. C. (1989). Engaging children's mind: the project approach. Norwood, NJ: Ablex.

Katz, G.L. & Chard, S.C. (1992). The contribution of documentation to the quality of early childhood education. Eric digest. ed393608.

Katz, G.L. & Chard, S.C. (1995). Lesson from Reggio Emilia: an American perspective. paper presented at the conference on "Nostalgia del futuro. liberare speranze per una nuova cultura dell'infanzia"(milano, Iitaly, Oct 1995). ed388425.

Kilpatrick, H.W. (1918). The project method. Teachers College Record. 616(4), 319-335.

Malaguzzi, L. (1993a). For an education based on relationships. Young Children, 45(6), 9-12, 17-18.

Malaguzzi, L. (1993B). History, ideas, and basic philosophy. in C. Eedwards, L. Gandini, & G. Forman(eds.), The hundred languages of children: the Reggio Emilia approach to early childhood education. Norwood, NJ: Ablex.

Mehan, H. (1978). The structure of classroom events and their consquence for student's performance. San diego: University of California.

New, R. (1990). Excellent early education: a city has it! Young Children, 45(6), 4-10.

Piaget, J. (1972). Science epistemology. NY: The Viking.

Rinaldi, C. (1993).The emergent curriculum and social constructivism.

Katz, G.L. (1990). Impression of Reggio Emilia preschool. Young children, 45(6), 11-12.

Spiggiarl, S. (1993). The community: teacher partnership in the govenance of the school. in C. Edwards, L. Gandini, & G. Forman(eds.), The hundred languages of children: the Reggio Emilia approach to early childhood education. Norwood, NJ: Ablex.

Van Ausdal, J.S. (1988). William Heard Kilpartick: philosopher and teacher. Childhood education, feb, 164-168.

Vecchi, V. (1993). The role of the atelierista. in C. Edwards, L. Gandini, & G. Forman(eds.), The hundred languages of children: the Reggio Eemilia approach to early childhood education. Norwood, NJ: Ablex.

三、錄影帶

Forman, G., Gandini, L., Malaguzzi, L., Rinaldi, C., Piazza, G., & Gambetti, A. (1993). An amusement park for birds. Ammhert, MA: performanetics press.

附錄一　觀察及訪談時間表

日期	時間	觀察／訪談
85/10/14	09：50-11：35	第 1 天觀察「飛機」方案
85/10/15	09：40-11：40	第 2 天觀察「飛機」方案
85/10/16	09：50-11：30	第 3 天觀察「飛機」方案
85/10/17	09：45-11：40	第 4 天觀察「飛機」方案
85/10/22	10：00-11：40	第 5 天觀察「飛機」方案
85/10/23	09：50-11：40	第 6 天觀察「飛機」方案
85/10/24	10：00-11：40	第 7 天觀察「飛機」方案
85/10/29	10：00-11：35	第 8 天觀察「飛機」方案
85/10/30	10：15-11：30	第 9 天觀察「飛機」方案
85/10/28	16：40-17：40	第 1 次訪談甲老師與乙老師
85/11/01	10：20-11：35	第 10 天觀察「飛機」方案
85/11/07	10：20-11：35	第 11 天觀察「飛機」方案
85/11/08	10：10-11：40	第 12 天觀察「飛機」方案
85/11/18	10：25-11：40	第 13 天觀察「飛機」方案
85/11/19	10：20-11：35	第 14 天觀察「飛機」方案
85/11/20	10：15-11：30	第 15 天觀察「飛機」方案
85/11/21	10：15-11：40	第 16 天觀察「飛機」方案
85/11/22	10：20-11：35	第 17 天觀察「飛機」方案
85/11/25	10：15-11：40	第 18 天觀察「飛機」方案
85/11/26	10：15-11：35	第 1 天觀察「書」方案
85/11/27	10：10-11：40	第 2 天觀察「書」方案
85/11/28	10：10-11：30	第 3 天觀察「書」方案
85/11/29	10：15-11：40	第 4 天觀察「書」方案

85/12/04	10：20-11：40	第 5 天觀察「書」方案
85/12/05	10：15-11：40	第 6 天觀察「書」方案
85/12/09	10：10-11：35	第 7 天觀察「書」方案
85/12/11	10：15-11：30	第 8 天觀察「書」方案
85/12/12	10：20-11：40	第 9 天觀察「書」方案
85/12/13	10：20-11：35	第 10 天觀察「書」方案
85/12/14	10：20-11：35	第 11 天觀察「書」方案
85/12/26	10：15-11：40	第 12 天觀察「書」方案
86/01/04	10：20-11：35	第 13 天觀察「書」方案
86/01/06	10：20-11：35	第 14 天觀察「書」方案
86/01/08	10：15-11：40	第 15 天觀察「書」方案
86/01/09	10：20-11：35	第 16 天觀察「書」方案
86/01/10	10：15-11：40	第 17 天觀察「書」方案
86/01/13	10：20-11：35	第 18 天觀察「書」方案
86/01/14	10：15-11：40	第 19 天觀察「書」方案
86/01/15	10：15-11：40	第 20 天觀察「書」方案
86/01/16	10：20-11：35	第 21 天觀察「書」方案
86/01/20	10：15-11：40	第 22 天觀察「書」方案
86/01/21	10：15-11：40	第 23 天觀察「書」方案
86/01/23	10：20-11：35	第 24 天觀察「書」方案
86/03/18	14：00-15：20	第 2 次訪談乙老師
86/03/20	16：20-17：10	第 2 次訪談甲老師
86/05/10	10：00-10：40	訪談園長

附錄二　大白班團體討論現象分析圖

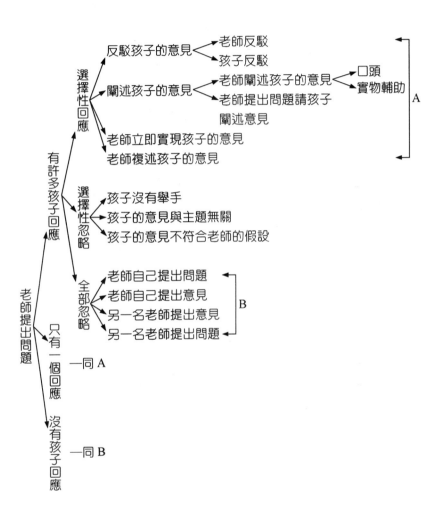

附錄二　團體討論現象分析圖

附錄三 「飛機」方案主題分析

教學主題分析紀錄

年_____月_____　　　　　　　　　日期_____至_____

幼兒發展 之主題：_____	課程系統：	自我_____同儕關係_____家庭_____幼稚園_____鄉里_____ 社區_____本土文化_____多元文化_____自然_____

預期目標	

內容分析（團討決議項目）	發展領域	相關資源及活動
航空器┬客機┬國際 　　　│　　└國內 　　　├商務機 　　　├貨物運輸機 　　　├軍用機┬戰鬥機 　　　│　　　├攻擊機 　　　│　　　├轟炸機 　　　│　　　├巡哨機 　　　│　　　├偵察機 　　　│　　　├加油機 　　　│　　　├警哨機 　　　│　　　└教練機 　　　├水上飛機（飛艇） 　　　├垂直／短場起降飛機 　　　├直昇機（見另頁直昇機分析表） 　　　├特技飛行機 　　　└滑翔機		1.火箭：新編光復圖鑑 19 2.我想搭飛機和船：光復最好的幼兒百科 6 3.不朽的科學家：應用科學 4.紙飛機：漢聲精選圖書 14 5.國語幼兒月刊 11 月號 76 期 6.知識百科圖鑑問與答：人類文化公司 7.飛機：理科出版社
註：幼兒決定、計畫及其活動發展見「教室日誌」記錄。		

（接下頁）

（續前頁）

內容分析（團討決議項目）	發展領域	相關資源及活動
歷史 ┬ 鳥兒 ├ 1903 萊特兄弟動力飛機 ├ 雙翼機 ├ 單翼機 ├ 收輪式飛機 └ 超音速飛機 結構 ┬ 機器 ┬ 主翼 │　　　├ 尾翼 ┬ 水平尾翼 │　　　│　　　└ 垂直尾翼 │　└ 機身 ┬ 雷達 │　　　　├ 電子裝置 │　　　　├ 盥洗室 │　　　　├ 客艙門 │　　　　├ 輪收藏室（機輪）┬ 主輪 │　　　　│　　　　　　　└ 鼻輪 │　　　　├ 行李室 │　　　　├ 行李櫃 │　　　　├ 餐飲準備室 │　　　　├ 升降梯 │　　　　├ 引擎進氣口 │　　　　├ 輔助動力裝置 │　　　　├ 滑輪風扇引擎 │　　　　├ 油箱（儲油室） │　　　　└ 座椅 製作過程 ┬ 設計 ├ 黑洞實驗 ├ 裝配組合 └ 飛行試驗 飛行條件 ┬ 安全的機身		8. 裡面是什麼？飛機 15：兒童日報出版 9. 最新戰鬥機：將門文物 10. 交通：華一兒童知識寶庫 62 11. 轉動的輪子：博達著作代理有限公司 12. 飛行員皮洛：華一書局 13. 輪和翼：孩子的第一套學習文庫

（接下頁）

（續前頁）

内容分析（團討決議項目）	發展領域	相關資源及活動
飛行員┌學習外文 ├學習專業科目 ├飛行訓練 ├副駕駛 ├飛行模擬機訓練 └正駕駛 機場┌跑道 ├停機坪 ├塔台┌查看雷達 │　　└指揮飛機 └修護場┌主翼 　　　　├引擎 　　　　├駕駛艙 　　　　├客艙 　　　　├雷達 　　　　└鼻輪 加油設備 航站大廈┌海關檢驗 　　　　├出入境手續 　　　　└候機 停車場 車輛┌電源車 ├氣源車 ├拖車 ├拖車 ├機内餐飲車 ├行李拖車 ├升降梯車 └牽引車		

（接下頁）

（續前頁）

内容分析（團討決議項目）	發展領域	相關資源及活動

┌加油車
       └衛生車
安全設備┬引擎的警告燈
      ├引擎的滅火裝置
      ├聲音記錄器
      └飛行記錄器
緊急裝備┬滅火器
      ├救生衣
      ├氧氣面罩
      ├救生艇
      ├信號槍
      └緊急逃生門與滑梯
與人類的關係┬進步
        ├科技
        ├省時
        ├便捷
        └拉近人之間的距離
◎直昇機
直昇機發展┬中國竹蜻蜓　發條竹蜻蜓
       ├風車式
       ├自動陀螺機
       └直昇機
直昇機名字的由來
直昇機的別名┬風車
        ├旋風鳥
        ├打蛋器
        ├砍刀
        ├Helo
        └Copter		

（接下頁）

內容分析（團討決議項目）	發展領域	相關資源及活動
結構┬引擎 　　├傳動系統 　　├主旋翼 　　├尾旋翼 　　├機身 　　└機尾 性能（特點、優點）┬可作垂直上升 　　　　　　　　　├滯空 　　　　　　　　　├克服地形與節省時間 　　　　　　　　　├可做任何方向起飛與降落 　　　　　　　　　├飛行高度可及一萬呎 　　　　　　　　　├飛行航程約 2-3 小時 　　　　　　　　　├飛行速度約 0-100 浬 　　　　　　　　　├降落場地受限甚小 　　　　　　　　　└安全性高 用途┬農牧上┬維護農作物┬吃乾雨水 　　│　　　│　　　　　├除霜 　　│　　　│　　　　　└噴灑農藥 　　│　　　├播種與施肥 　　│　　　└驅趕牛羊（直昇機在牧場上被稱 　　│　　　　為「小丑」） 　　├工業上┬探勘石油 　　│　　　├架設電線 　　│　　　├建築房屋 　　│　　　└開發森林 　　└公共服務上┬郵訊的傳遞 　　　　　　　　├指揮交通與疏通 　　　　　　　　├救災與救護 　　　　　　　　└緝私與緝盜		

（接下頁）

（續前頁）

內容分析（團討決議項目）	發展領域	相關資源及活動
└ 軍事上 ┬ 運輸 ├ 通訊連絡 ├ 傳遞命令 ├ 指揮與射擊 ├ 傷患救護 ├ 海上偵潛 ├ 突擊與特種任務的進行 └ 反戰車作戰 未來發展 ┬ 就地形而言 ├ 就資源而言 ├ 就經濟發展而言 └ 就軍事而言		

附錄四 「飛機」主題方案實際進行活動

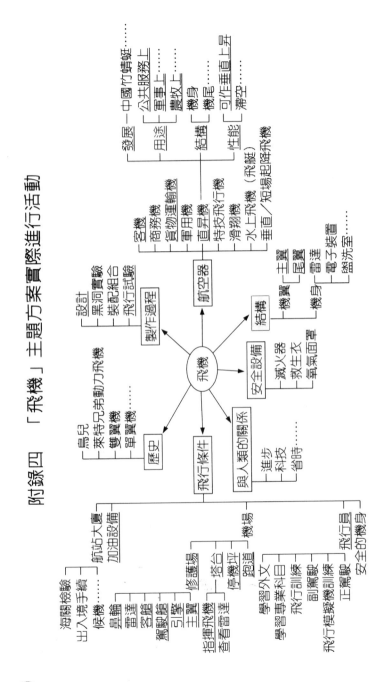

17

從幼稚園參與評鑑之經驗
看幼稚園教學轉變之歷程

國立台北師範學院幼兒教育系
薛婷芳
國立台灣師範大學人類發展與家庭學系
廖鳳瑞

摘要

　　本研究從台北市八十六學年度一所自願申請評鑑的幼稚園參與幼稚園評鑑的經驗，了解受評幼稚園如何經歷評鑑，以及探討幼稚園評鑑如何影響受評幼稚園的教學與保育的過程。本研究以質的研究方式，從幼稚園的角度來詮釋評鑑的實施。研究發現：㈠評鑑與評鑑委員的訪視對受評幼稚園產生衝擊，引發幼稚園在教學的反思與轉變；㈡幼稚園的轉變是持續而循環的，並非直線式的；㈢除了評鑑之外，還有其他因素促進受評幼稚園的轉變與成長，包括園長的領導模式、園內教師的參與度、行政的支持、評鑑制度本身、幼

稚園的體制，而這些因素對幼稚園成長與發展的影響符合生態系統理論的觀點。

從受評幼稚園的經驗中，本研究發現八十六學年度台北市幼稚園評鑑的問題：自我評鑑時間太短、兩次評鑑時間間隔太短、評鑑的歷程太短。本研究依據研究結果提出有關幼稚園評鑑實務及研究的建議。

關鍵字：幼稚園評鑑、認可模式、幼兒教育

壹、前言

幼稚園評鑑自民國七十五年開始制度化實施以來，每年政府所投資的經費與人力甚巨，以台北市八十五學年度為例，政府投資約新台幣三百八十多萬（包括說明會、獎勵績優及評鑑委員評鑑費用），並動用二十七位評鑑委員。但國內以往對於幼稚園評鑑方面的研究，大多偏重於制度面的說明與檢討，或個人經驗的陳述，對於評鑑的目的是否達成則少有研究。

國內以往有關幼稚園評鑑的研究可以分為五種：㈠對評鑑內容進行探討：例如李阿成（民 73）談幼稚園教育評鑑；蔡春美（民75）談幼稚園評鑑的意義與內容；王靜珠（民 76）談幼稚園園務與教學評鑑；高傳正（民 77）檢討幼稚園評鑑內容。㈡評鑑委員談個人實地評鑑之經驗：例如劉穎（民 78）從幼稚園評鑑談幼稚園的環境與設備；任秀媚（民 81）從幼稚園評鑑談幼稚園教保活動問題。㈢從理論層面探討評鑑的優缺點：例如賴志峰（民 86）以後設評鑑的觀點探討八十二至八十四學年度評估台北市私立幼稚園評鑑實施的優缺點。㈣探討幼稚園園長對評鑑的觀點：例如李明中（民 86）「台北市幼稚園園長對幼稚園評鑑觀點之研究」。㈤教育主管機構出版之評鑑報告：在每年度評鑑結束後，教育主管單位會出版「公

私立幼稚園教育評鑑報告」，於其中提出受評鑑幼稚園的優缺點與建議，提供評鑑相關人員（政府、受評幼稚園、家長）做決策之參考。

從上可見，以往對幼稚園評鑑的探討或從某單一個角度（政府當局、評鑑委員、幼稚園園長）談評鑑，或透過問卷、調查方式了解不同對象對評鑑的詮釋，都是站在結果論的角度分析評鑑本身的良窳，且都是於評鑑完成後才進行分析工作，並未實地進入現場了解評鑑與幼稚園的互動情形或幼稚園經歷評鑑的過程，以致無法解開評鑑這個「黑箱」的迷思，真正了解評鑑實際的運作過程、評鑑對幼稚園的影響以及如何影響等內涵。因此，本研究想從幼稚園局內人的角度，來了解幼稚園在實際參與幼稚園評鑑的過程中如何看待評鑑？經驗什麼轉變？以及如果有轉變，促使他們轉變的因素是什麼等議題？從中探究幼稚園評鑑的內涵與成效。

貳、相關文獻探討

本節探討有關幼稚園評鑑的文獻，全節並分為三部分：第一部分敘述評鑑意義的演進；第二部分呈現幼稚園評鑑的意義與目的、功能、模式與成效；第三部分呈現本研究之個案所在地，台北市所實施的幼稚園評鑑。

一、評鑑的意義

評鑑（evaluation）原指評價或價值的確定（黃政傑，民 83）。在近幾十年來，評鑑的意義經歷了幾次的改變，一般學者將評鑑意義的演進依其性質分為四代：

㈠評鑑等於測驗；㈡評鑑是課程目標和學習表現一致程度的判

斷；㈢評鑑是專業的判斷（黃政傑，民76）及㈣案主模式（Guba & Lincoln, 1989）。以下簡要敘述各代評鑑的意義：

㈠第一代：評鑑等於測驗

第一代評鑑認為評鑑與測驗之間並無多大的區別，可交互使用；認為評鑑的目的是基於各種測驗結果、重要事件、主觀印象等證據研判其結果（江啟昱，民82；黃政傑，民83）。此類評鑑只能知道兒童或學生是否具備某種特定能力，但卻無法判斷這能力與學校實施的課程有關或是否符合課程的目標，也無法了解學生為何不具備該能力。因此，第二代的評鑑便因應而起。

㈡第二代：評鑑是課程目標和學習表現一致程度的判斷

第二代評鑑起於一九三○年代的Tyler（1950），他認為評鑑是「判定教育目標真正實現到什麼程度的過程」（p.69）。由此可知，第二代評鑑的重點在於測定教育目標在課程與教學的方案中達成的程度，是一般課程評鑑常使用的方法。然而，它雖然強調學習目標的達成，但卻不考慮課程的目標是否可欲、是否合理，使得第三代評鑑繼之而起。

㈢第三代：評鑑是專業的判斷

第三代評鑑的意義強調評鑑是一種專業判斷的過程，注重各專門領域中專家的經驗與專長。然而，以專業判斷為評鑑者，由於依賴專家的判斷，常缺乏資料分析與評估的一致性，也甚少運用科學的精密測量，使評鑑結果的可信度和客觀性偏低，造成推論上的困難（黃政傑，民83）。

㈣第四代：案主模式

晚近，美國學者Guba與Lincoln（1989）認為，如今評鑑已經

步入了以利害關係人（stakeholder）為主的第四代評鑑。依據他們的說法，第四代評鑑是根據利害關係人的主張（claims）、關注點（concerns）與爭論（issues）為前提，以協商（negotiation）與溝通為核心做決定的過程。儘管第四代評鑑也有評鑑的目標，並不排除專業的標準，也不排除使用測驗，但是其目標、評鑑的方法與標準，是由所有與該事件有關的利害關係人（包括校長、教師、家長、政府官員、學者專家等）共同來決定。因而，第四代評鑑是從受評對象的問題與需求出發，以共同協商對話的方式，由各關係人共同找出最具體可行的方案（Guba & Lincoln, 1989）。

二、幼稚園評鑑

此節討論幼稚園評鑑的意義與目的，以及幼稚園評鑑的模式與幼稚園評鑑對幼稚園的影響。

㈠幼稚園評鑑的意義與目的

幼稚園評鑑是學校評鑑的一環，而學校評鑑為教育評鑑的一種，因此，在探討幼稚園評鑑的定義與目的之前，首先要了解教育評鑑與學校評鑑。

Stufflebeam（1971）認為，教育評鑑的目的在「追求改進，而不在證明什麼」（p.21），而「評鑑就是描述、獲得和供給有用的資訊，以便從兩個對立的事件中做決策的過程」（p.23）。Worthan 與 Sanders（1973）則認為教育評鑑的目的有七點：1.能指出優點與缺點，作為改進的第一步；2.可及早發現，以免將來無法或難以矯正；3.在教育行動中指出必須的要求項目；4.指出可以有效的運用於教育中的人力或其他資源；5.揭示所希望達成的教育效果；6.提供教育計畫與決策有用的資料；7.協助了解教育費用使用狀況，減少教育的浪費。

幼稚園評鑑應用教育評鑑的原理與方法，以評估幼稚教育實施的成效與價值，其意義與目的能幫助幼教從業人員在參與評鑑的程序中，診斷幼稚園缺失、提供改進建議，並評斷幼稚園是否達到高品質的標準，作為教育行政主管單位行政決策及視導之參考（教育部，民 82；陳漢強，民 82；蔡春美、張翠娥、敖韻玲，民 81；National Association of Education for Young Children（NAEYC），1991）。

(二)幼稚園評鑑的模式

　　模式在評鑑中具有甚多功用，Tyler（1972）指出使用模式可幫助實際的評鑑，因模式建立了評鑑歷程的可能步驟，並提出評鑑歷程中需加以探討的變項及其相互關係，使評鑑人員了解其任務所在（林錦雲，民 72）。教育學者所提出的教育評鑑模式頗多，例如 Tyler 的目標導向評鑑模式、Stake 的當事人中心評鑑模式、Stufflebeam 的 CIPP 評鑑模式（黃光雄，民 78）等。本節僅就認可模式（Accreditation Model）加以介紹。

　　美國聯邦教育署（U. S. Department of Health, Education, and Welfare, 1968）對認可的定義是：「認可是一個自願的過程，透過此過程，認可機構或協會以初期、定期性的評鑑，對達到標準的大學、學院或特殊的研究方案給與承認」，而「認可」之過程包括四個基本要素：1.學校清楚陳述其教育目的；2.針對其目的，由學校做「自我評鑑」；3.隨後由學者專家到校進行訪視評鑑；4.透過超然的委員會，根據所獲取的相關資訊決定該校是否符合認可之條件（引自 Young, 1983）。因此，早期認可制度的目的在著重排除不符最低標準的學校，其角色類似「警察」。但是，今日認可機構扮演著比較積極的角色，由「警察」改變為「服務」，試圖協助學校改進其方案（黃政傑，民 76）。

　　一九八〇年代初期，美國幼兒教育協會（NAEYC）開始將原用

於高等教育的認可制度運用於幼稚教育機構（Bredekamp & Glowacki, 1996），認為自動自發的評鑑制度可提升幼教界的專業聲望。因此，該協會成立一個非營利的單位——幼兒教育學術委員會（National Academay of Early Childhood Programs, NAECP）來負責幼教機構評鑑制度的設計、評鑑標準的訂定和評鑑人員的訓練。

三、評鑑對幼稚園的影響

有關幼稚園評鑑對幼稚園影響的研究並不多，美國 Herr、Johnson 和 Zimmerman（1993）以問卷調查方式，探究美國 NAEYC 的幼稚園認可制度的成效。他們從曾接受過 NAEYC 認可評鑑的 1031 所幼兒園中，隨機抽取 106 所園長，以問卷調查園長對該協會幼稚園認可制度的意見。他們發現，幾乎所有的園長（95%）都表示三年的評鑑期限到期後，他們仍會再次申請評鑑，原因有：1.認為參加評鑑可以讓該園保持成長（49%）；2.通過評鑑是一種品質的保證，可作為別園的模範（39%）；3.評鑑過程反映幼教的專業性（32%）；以及 4.通過評鑑的確可以提高教職員及家長的士氣，使園內教師皆與有榮焉（24%）。這項研究顯示，幼稚園評鑑對美國幼稚園確實產生影響且發揮教育的作用。

國內學者賴志峰（民 86）以後設評鑑的角度檢討台北市八十二到八十四學年度幼稚園評鑑制度，以問卷調查法詢問台北市大部分幼稚園園長，結果發現學者專家與受評幼稚園對幼稚園評鑑制度的評價好壞參半，但他對評鑑的功能未有著墨。同樣地，李明中（民 86）也訪談七位幼稚園園長以了解他們對評鑑的看法。他發現這幾位園長認為評鑑所發揮的功能包括四點：1.發現優缺點、改善缺失；2.促進學校成員反省與更新；3.作為上級單位管理幼稚園之參考；與 4.提供指標導引等四項。但他對於評鑑如何達到這些功能並未加以探討。

上述研究僅在評鑑過後探討幼稚園評鑑的結果與作用，並未探討幼稚園接受評鑑的歷程，評鑑如何改善幼稚園與幼稚園改變了什麼的問題。換言之，並未從受評幼稚園的角度去看幼稚園評鑑的過程、結果與成效。

四、台北市幼稚園評鑑

本小節描述八十六學年度台北市幼稚園評鑑內容與程序。台北市自民國七十四年開始實施公私立幼稚園評鑑，是國內首先實施幼稚園評鑑之行政區。台北市之幼稚園評鑑制度與內容歷經數度的修改，至八十二學年度時，台北市採用教育部所制訂的幼稚園評鑑制度。教育部制訂的評鑑制度以 CIPP 模式為架構，採園方自評→訪視→複評之程序，評鑑內容包括：「行政與理念」、「環境與設備」、「教保活動」三個層面。

但是歷年來，學者專家、評鑑委員與公私立幼稚園園長對該評鑑制度多有批評，批評之意見歸納如下（台北市政府教育局，民83，民84；周淑惠、江麗莉，民84；翁麗芳，民85；賴志峰，民86）：

1. 評鑑內容不適用、過於瑣碎、重點不明。
2. 偏重「齊頭式的平等」，對公私立幼稚園所採用之評鑑標準一致，忽略公私立幼稚園在人事、經費之基準點不同，造成對私立幼稚園的不公。
3. 評鑑委員之標準不一，常依個人喜好評鑑。
4. 部分評鑑委員幼教專業知能不足，或不了解幼稚園的運作機制。
5. 評鑑時間過短（半天），難以了解幼稚園運作的全貌；以半日所見評斷幼稚園的情況，以偏概全。
6. 偏重書面資料之審核，忽略幼稚園實際的運作。
7. 對不符合評鑑標準之幼稚園未有後續的輔導或改進補助，而對經

營惡劣之幼稚園也未見後續之懲處作業，評鑑協助改進之功能喪失殆盡，對幼教的品質也未盡到把關的責任。

　　鑑於幼稚園及專家學者對當時幼稚園評鑑制度的批評有愈演愈烈的情勢，台北市政府教育局於八十五學年度委託國立台北師範學院幼教系研擬新的幼稚園評鑑制度。該系花費十個月的時間從事這項制度修編工作，成為八十六學年度台北市公私立幼稚園評鑑所採行的制度。

㈠評鑑的內容

　　八十六學年度台北市幼稚園評鑑的內容包括「理念與行政」、「教學與保育」、「環境設備與使用」之層面，其內容分別敘述如下：

1. 理念與行政

　　行政管理之良莠為一所幼稚園成功與否之鑰，而個人經營管理的內涵及效率，又受其教育理念、領導理念及人際關係的影響。因此，「理念與行政」的內容包括七項：(1)辦學理念；(2)園長的專業知能；(3)行政組織；(4)人事制度；(5)財務制度；(6)總務制度；與(7)接送制度。評鑑重視園長的理念與領導方式，強調前瞻性的規畫、民主式的領導與共商合作的組織氣氛與運作機制；其次重視園方提供給教職員合理之薪資福利；最後才是檔案簿冊的建立與管理。

2. 教學與保育

　　八十六學年度的「教學與保育」強調教學多元化、幼兒中心、教師專業與自主、與家長社區相結合，內容包括：(1)課程與教學（含課程設計與教材教法、教學準備、教學活動與評量）；(2)教師成長；(3)親職教育與溝通；(4)餐點營養；與(5)園方特色等。

3. 環境設備與使用

　　環境與材料設備是支持教學與保育順利進行的重要條件。「環境設備與使用」的評鑑內容有下列四項特色：(1)強調安全性；(2)強

調設備之使用性；(3)強調教育性、適用性、親切感；(4)有開放式問題讓園方有機會表達他的理念及困難。

(二)評鑑的程序

八十六學年度台北市幼稚園評鑑的程序如下：

受評幼稚園參加「幼稚園評鑑說明會」

（在正式評鑑之前，幼稚園參加「幼稚園評鑑說明會」，會中由評鑑委員代表說明評鑑手冊之內容及指標及評鑑實施的過程）

↓

幼稚園自我評鑑

（幼稚園依評鑑手冊之內容檢討己園，並於評鑑手冊的空白處，填寫現況、優點、不足之處及困難）

↓

自評手冊送教育局

↓

評鑑委員與受評幼稚園商訂第一次訪視日期

（每所受評幼稚園由一組三人之評鑑小組評鑑，該評鑑小組主動與受評園聯繫，約定第一次訪視日期）

↓

第一次訪視

（在約定的評鑑日期，評鑑委員抵達受評幼稚園實施半天的實地訪視評鑑；於結束後與園方進行座談會，提出園方的優缺點，並提出改進建議。當天再約定第二次訪視日期）

↓

受評幼稚園依委員之建議改善

↓

第二次訪視

（在約定的第二次評鑑日，同樣的評鑑委員再赴受評園評鑑，檢視該園改進情形，如仍有不足之處，再提出改進建議）

↓

複評委員訪視被推薦「績優」之幼稚園

（複評委員以「不事先通知」之方式，訪視被推薦列為「績優」之幼稚園）

㊂評鑑的特色

　　八十六學年度台北市幼稚園評鑑與以往不同之處有三：

1. 秉持認可模式專業判斷的原則與案主導向精神：仍設有「高品質幼稚園」的外在標準，並以此作為評鑑之基準；但同時尊重受評幼稚園的特色與需求，在評鑑時視其目前情況做不同的判斷，而且也會因應其目前及未來發展需求提出改進建議。
2. 評鑑委員訪視的次數由以往的一次，增加為兩次。此項改變有三個目的：(1)消弭過去「一試定江山」的弊端；(2)給與受評幼稚園充裕的時間，確實從事改善工作；(3)去除受評幼稚園「敷衍」的心態，增加一次訪視，迫使受評幼稚園必須從事改善；(4)追蹤受評幼稚園的改善情形。
3. 評鑑日期由受評幼稚園與評鑑委員共同商訂，以建立彼此間互信互重之精神。

參、研究方法

　　本研究試圖從幼稚園在參與評鑑中的內在觀點出發，探究他們如何經驗評鑑，再進而了解幼稚園在參與評鑑過程中詮釋評鑑與行動的歷程。

一、研究對象

在思考研究對象時，由於目前公立幼稚園與私立幼稚園在人力、財力、物力及生態各方面相當不同，引發研究者的好奇，想了解在不同生態的公私立幼稚園，對於評鑑的經驗與看法是否有所不同？再者，在研究者翻閱相關文獻及歷年台北市的幼稚園評鑑辦法中，了解評鑑的對象包括三種幼稚園：(1)申請評鑑；(2)抽選評鑑；及(3)指定評鑑，而其中的申請評鑑是指幼稚園自動申請被評鑑。但從歷年幼稚園評鑑的報告中發現，自願申請評鑑的幼稚園為數甚少，這群少數的幼稚園引起研究者的好奇：「他們自願申請評鑑的動機是什麼？」及「這樣動機會不會影響到他們對評鑑的看法與經驗？」基於此兩點理由，本研究以台北市八十六學年度自願申請評鑑的幼稚園中選取一所公立、一所私立作為研究對象。但由於篇幅的限制，本文僅呈現其中公立幼稚園（A園）在教學與保育方面的資料與發現。

A園位於大安區，成立於民國四十三年，是一所基督教浸信會附設幼稚園，園內目前有五班，六位教師及一百六十五位幼兒。教師的年資從二年到十五年，其中，白園長（化名）在該園任職已十二年，並於八十六年八月始接任園長一職。該園之教學以單元教學為主，每月會擇一個週六實施混齡教學活動。

二、研究方法

有鑑於研究主題的敏感性與不希望個案因研究者的過度關懷而被干擾，以致無法看到幼稚園自然參與評鑑的情形，研究者以「消極被動的參與」的角色進行研究。換言之，研究者在研究期間出現於現場，但並不積極與人互動，只是找一個觀察地點做觀察記錄，

或與人們交談（Spradley, 1980；黃瑞琴，民 80）。因此，在研究期間，研究者旁觀教室內外發生的事情，偶爾應教師的要求在教室裡協助；並參與幼稚園的園務會議，但在會中盡量傾聽而不發言。

本研究的研究方法以觀察與訪談為主，文件蒐集為輔等三種方法進行。

㈠觀察法：研究者觀察 A 園人員平日進行的教學及改變，並在評鑑委員訪視當天探討委員與園內人員的互動情形。

㈡訪談法：對於觀察中所發現的現象或疑問，研究者會找機會訪談園長或教師，以了解當事人的內心感受與看法。如果從訪談中發現新的問題或觀點，會再回到現場中進行觀察；如此，形成一個持續的觀察與訪談的循環歷程。

㈢文件蒐集：蒐集 A 園的自我評鑑資料、該園簡介、教室日誌、園務會議記錄、訪視評鑑建議表等。

本研究期間自八十六年十一月中旬到八十七年五月中旬，共計六個多月。

三、資料的整理與分析

資料的蒐集與分析是同時持續進行的。所蒐集的 A 園資料包括訪談資料、園務會議的資料及觀察資料；在資料蒐集的過程中，同時也展開資料分析的工作，以期能發現一些脈絡、主題或模式；然後持著所發現的主題或模式回到研究現場，再去觀察、驗證這些主題或模式的存在，並探索行動者賦予這些模式的意義；最後才確認 A 園在評鑑過程中的經驗與成長模式。

從資料分析中，發現 A 園在整個評鑑歷程中的經驗可分為三個階段，而在每一個階段都歷經衝擊、反思與變革的經驗。所謂「衝擊」，指的是當園內人員在面臨事件時，發現該事件與自己原本的內在觀點或想法不同，所引發的矛盾、焦慮或不確定感；而對「衝

擊」所產生的反應，則會依個人內心感受的程度而有不同。從資料分析中發現，A園的園長及教師每當與評鑑委員接觸後就會產生衝擊。

「反思」是指園內人員在經驗到衝擊之後，所引發的一連串覺察與檢討，因對現況的困惑、躊躇或懷疑，產生搜尋、探求、探究的行動，以解決疑問、澄清與處理困惑（Dewey, 1933）。「變革」是指園內人員採取實際的行動（action）以產生改變。A園在衝擊或反思之中或之後，通常會以實際行動或改變來改善幼稚園。

值得一提的是，雖然A園在不同時段的行為通常會以某一種行為（如衝擊、反思或變革）為主，但是這三種行為也時有重疊或環環相扣的情形出現。例如，在衝擊引起反思後，園內人員有時在反思的過程中，會因著某些想法的刺激而引發衝擊，進而引發另一層面的反思或變革（這現象尤其於第二、三波循環時最為多見）。不過，在分析資料時，研究者頗同意饒見維（民85）的說法：「或許每個人詮釋或分析的模式不盡相同，然而，不論是何種模式，時期與時期之間的劃分通常只根據一些主要的特徵，不同時期之間的界限往往也是非常模糊的，有時更是非常武斷的劃分，只是為了研究者的討論與研究之便而已。」因此，本研究以每一階段中園內人員的行為所呈現的主要行為，決定該階段園內人員是從事「衝擊」、「反思」或「變革」，進而詮釋其經驗。

在整個評鑑的過程中，A園經歷三次「衝擊、反思與變革」的歷程，而每次的歷程都起因於與評鑑委員的接觸，結束於改變。每一次的歷程以「一波循環」稱之，因此，A園在評鑑中歷經了三波「衝擊、反思與變革」循環。

四、資料的可信賴度（trust worthiness）

本研究以參與者稽核、三角校正、同儕簡報、豐富的描述、留

下稽核的記錄、多重方式蒐集資料、實施自省、以及長期的觀察等方式來確定本研究的可信賴度。

肆、Ａ園參與評鑑的歷程

本節呈現Ａ園參與八十六學年度台北市幼稚園評鑑的歷程，以及該園在過程中「教學與保育」方面的轉變情形。Ａ園的教學與保育在整個評鑑的過程中有三波轉變歷程，且在每一波循環內，園方有不同的思考方向與改變焦點：第一波循環中，Ａ園面臨白園長參加評鑑說明會後發現園內不足之處，以及董事會要求申請評鑑；第二波循環源於評鑑委員第一次訪視評鑑的建議，該建議引發教師對教學型態的質疑、評估、討論與溝通的循環歷程；第三波循環則起於教學現場的衝擊、家長，以及評鑑委員第二、三次訪視評鑑的衝擊，促使園內教師重新質疑、檢討、修正，並行動於教學的調整與修正。

一、第一波循環

Ａ園第一波循環始於八十六年九月二十六日，止於八十六年十一月十九日評鑑委員到園訪視的前一日。此園的衝擊來自兩方面：1.評鑑說明會，2.董事會。

㈠衝擊

白園長於九月二十六日代表Ａ園出席說明會，從中她發現園內不足與缺失之處，但較屬於環境設備方面：

「在說明會中比較了解評鑑的方向、內容，以及較清楚知道該

準備哪些評鑑項目的相關書面資料，例如在環境設備方面……的缺失。因為過去老師只偏重在教學、保育，我比較清楚，但環境設備部分我比較不清楚，所以擔心不很完備。」（白園長，86/11/20，訪談）

接著，董事會於十月四日的董事會議中決議：「請白園長持續維持本園高品質教學，並多方爭取市府績優評審，以建立口碑。」（86/10/4，董事會議記錄）因此請園長主動爭取今年被評鑑的機會。這兩個事件帶給該園，尤其是對今年剛接任園長的白園長，更是一種衝擊。

(二)反思

A園於八十六年十一月三日向台北市教育局提出自願申請評鑑的請求，也獲教育局同意。其後自民國八十六年十一月三日至十一月十二日的一個星期，A園處於反思的自我評鑑時期。在自評的過程中，該園是處於自我檢討與覺察問題的局面，所思考的焦點是「幼稚園有什麼缺點？」。其中我發現園長和教師有不同的覺察方向。

在自評階段，白園長認為A園在教學與行政方面已做得不錯，在資料的整理與建檔上也很完整，她表示：「我們平常教學課程都是按著這個方向走，而評鑑手冊有關行政的自評部分比較重視一些制度的、消防的、建築的、法規的……其實我們有很多的資料還是評鑑手冊上沒有的（例如財產登記簿），但是我覺得，我們就是需要這樣確確實實把資料準備，這是一種對於行政上的處理，不管第幾任，誰來看都是一目瞭然。」（白園長，86/11/25，訪談）因此，整個自評過程中，白園長並未覺察到園方有任何缺失。

教師的自評表則多為事實的呈現，少對教學的檢討，且彼此之間的相似性高。舉例來說，在「課程設計與教材教法」的評鑑項目上，教師的自評內容為：

「全體老師共同完成課程的初步結構、單元的名稱和每天的主
題名稱，之後各班老師自己設計每天的教學計畫，依事先擬定
的課程使教學上更易掌握、順利；園內教師採用生活化、具體
化的東西……以自然式情境把它呈現來，讓孩子能感受、發現
它的趣味。」（黃老師，取自「教學與保育」自評表）

　　整體而言，此階段園長與教師的反思大多屬於個人的自覺，也
未察覺園內在教學與保育上有什麼問題。

㈢變革

　　由於A園並未反思出有需要改變的缺失，因此，在評鑑委員第
一次評鑑前（民國86年11月12日至11月19日），白園長透過園
務會議（86/11/15）請老師整理「教學與保育」方面可能需要的文件
資料，例如個案表、行為發展評量表等，並請各班教師整理教室的
環境，確實做好情境的布置。因此，各班教師開始著手幼兒評量表
與個案表等文件的整理工作，並整理自己的教室環境（86/11/17，觀
察）。因此，此階段的變革不多。

　　白雲幼稚園是應董事會的要求，希望藉由評鑑而被肯定才提出
評鑑的申請，在第一波循環裡的檢討不多，改變不大。值得一提的
是在此波循環裡，衝擊、反思與改革是園長一人引發，再透過園務
會議傳達給教師，視為「由上而下」的模式。

二、第二波循環

　　民國八十六年十一月二十日評鑑委員蒞臨A園做第一次的訪視
評鑑，引發了該園下一波的衝擊、反思與變革的循環歷程。

(一)衝擊

　　民國八十六年十一月二十日三位評鑑委員第一次訪視評鑑A園，評鑑委員對A園的教學與保育提出一些建議：

1. 集體教學活動偏多，教師無法深入了解幼兒社會行為發展；太多控制式教學，無形中減少幼兒自由探索時間；教師個別輔導較弱，希望能逐漸改善。

2. 幼兒行為發展記錄表再酌詞修改，負面用詞宜改以正面的用詞，如：「不用公用毛巾擦眼睛」，改以「會用自己的手帕（或面紙）擦眼睛」。

3. 個案記錄（親子聯絡方面）可以改由家長先寫個案，老師來回應家長所提的問題或意見。家長若無意見，老師可提供建議或描述幼兒在園點滴。

4. 點心可採用水果餐，午飯後不吃水果（但可喝果汁），可與家長溝通，建立共識。

5. 寢室應保持通風，可於上午打開窗戶，以利空氣對流改善室內空氣。

6. 「幼兒劃到」人手一冊，優點是培養責任感，圖畫練習，促進手眼協調等；若能改用「劃到表」（全班或分組），除了達到以上效果以外，還可認識同學名字，鑑賞彼此圖畫內容，彼此鼓勵，更可學習到排隊輪流用色筆等功能。

7. 室內東西應清楚分類擺設；目前布置看來太多而雜亂。

8. 教師對孩子要持尊重及開放的態度，但這些不是馬上就要改善，而是園長要有觀念，與教師溝通，先做好教師的心理準備，再以教師組織會讓老師從分享心得做起。

　　由於白園長原先對A園相當有信心，因此訪視評鑑當天評鑑委員所帶來的批評與改進建議，對白園長來說是相當大的衝擊。而在評鑑後的第一次園務會議（86/11/22）中，白園長將評鑑委員的意見

傳達給園內教師，園內教師發現自己的教學被質疑後，心裡感到不服氣，認爲評鑑委員只看半天，看的只是教學片段，並不了解教師的教學內容與整體。

　　白園長：「……正好看到小班，小班其實在做收尾了，李老師
　　　　　　　也用他的方法，做拍拍手的方式進行，他就說看到控
　　　　　　　制式的教學，控制太多。我說沒有，現在是要統整，
　　　　　　　因爲十一點多，現在統整。他說你互動的時間太少，
　　　　　　　我就解釋說在引起動機的時候有……」

　　李老師：「劃到本是我們花心血做的，有我們的特色啊！」

　　章老師：「教學是我們自己在設計，應該來問我們老師的用意
　　　　　　　在哪裡，而不是馬上否決掉我們。」（86/11/12，園務
　　　　　　　會議）

　　邱老師：「來看的只是教學的片斷，無法完全了解今天的教學
　　　　　　　內容……。我肯定自己的教學，我的困擾是無法讓你
　　　　　　　了解我的教學內容是哪些，不是觀察半天就認定這個
　　　　　　　學校教學是什麼。評鑑委員比較主觀，認爲這個方式
　　　　　　　是好的，也希望學校照這個方式，園長也能完全採納
　　　　　　　他們意見。我們教學有很多優點，……可能誤解學校
　　　　　　　的教學方式，評鑑應再客觀，這批評鑑委員認爲是好
　　　　　　　的，下一批又不這樣認爲，讓幼稚園疲於奔命。」
　　　　　　　（86/11/26，訪談）

　　章老師：「教學是我們自己在設計，應該來問我們老師的用意
　　　　　　　在哪裡，……而且每個園甚至每個班都有自己的風格
　　　　　　　和特色，搞的大家都要跟流行，其實也不見得評鑑委
　　　　　　　員講的就是對的。」（86/11/30，訪談）

　　雖然園長與教師都不太認同評鑑委員的批評，但是可能爲了爭

取評鑑委員第二次訪視時的肯定，以進而獲得績優，白園長還是從事了教學轉型的思考。

(二)反思

針對評鑑委員建議教師對孩子要尊重及開放，以實施開放教育一事，白園長先檢討Ａ園在過去的教學成果，她相當肯定並且認為這樣的教學也受到歷年評鑑委員及家長的贊同：

> 「其實我滿肯定自己的學校，教師認真，歷年的評鑑也都得績優。……單元教學過去這樣走，常規定得好，可以看到大家都在做。」（白園長，86/12/18，訪談）「……一個統整活動下來，什麼生活課程都有，不會像一般分科分得這麼細。……我們這樣帶下來，老師有設計的成就感，從家長、孩子回饋也有成就感。家長引以自豪我的小孩讀這裡，因為我的小孩學很多很多，而且非填鴨式的，他們是這種的想法。我們教學很務實，我們注意老師的說話、態度、親和力、課程內容有無深度、對象對不對，這些我們都會注意到。」（白園長，86/12/30，訪談）

雖然對於園方目前的教學方式相當肯定，白園長還是依據評鑑委員的建議，考慮實施開放式教育。因此，白園長自八十六年十二月十八日開始閱讀《開放的教育——中國化之展望》。在讀完此書後，白園長認為若要開放，步調不能太快，而且還要保留園內原有的美勞工作及音樂表演的特色。她表示：

> 「茲事體大，我們老師已經習慣現在的方式，而且我們老師的壓力都很大，若是要改變，老師是很辛苦的。」（白園長，86/12/18，訪談）

「……不能夠很快，一定要各方面的觀念溝通、教師的觀念溝
通，否則開放走到後來都會秩序大亂，……看怎麼樣我們既不
失我們現在有的東西，又可以做分組，例如美勞、工作展皆是
我們的特色，還有一些音樂會表演……。此外，空間就是這樣，
……學習區的開放，我覺得受到一些硬體的限制，我的設備就
不是很開放，我只能做逐步開放的課程。」（白園長，
86/12/30，訪談）

在上述幾方面的考量下，白園長決定以漸進的方式進行教學的
轉變，譬如說一星期先嘗試性的進行學習區幾天，且最好能配合大
單元進行，而且需要全園有共識才能進行：

「我有這個想法，認為可以嘗試性地走走看，慢慢的改，譬如
一星期先走幾天，但是我知道還要溝通，我們的老師都要配合，
……其實評鑑委員叫我改，不是一下子就要變開放，只是說他
希望我改變的時候有他的東西。……但是那個最好能跟著大單
元走是最棒的……，我們只不過是說我們是由老師主導，因為
我們的資源豐富。」（白園長，87/1/3，訪談）
「要走開放不是說我這樣想，要所有老師都要有共識，阿姨、
老師、我，每一個人都要有共識才能夠走……。」（白園長，
87/1/20，訪談）

於是，白園長在八十七年一月二十四日的園務會議中向老師提
出她的構想。但是教師紛紛提出質疑，例如：

李老師：「這樣的改變有意義嗎？且整個規畫上會有些混亂，
　　　　　只是混合的教學方式而已。我們本來就有角落，只是
　　　　　沒有使用罷了！」

從幼稚園參與評鑑之經驗看幼稚園教學轉變之歷程——397

莊老師：「假如要轉型，就要讓老師輕鬆一點，把時間移到孩
　　　　子身上。但是，這樣混合的方式讓教師的工作量仍是
　　　　很重。」
范老師：「用很傳統的方式，傳統的大單元教學方式下弄出開
　　　　放，似乎有些牽強⋯⋯。」

　　教師的質疑慢慢隨著園長與教師間的相互討論而化解，教師逐
漸了解園長「慢慢改變」的意義後，漸表贊同，共同決定將教學做
小部分的修改，將傳統與開放並行。依該園這學期之單元主題，從
中選定六個單元於星期三、五進行學習區（此處所指的「學習區」
是指將一個班級設置一個區，例如益智區、科學區等，然後在學習
區時間將各班幼兒打散至各區學習）。這樣的方式大部分的教師都
贊成：

　　「開放式的小孩回去無法告訴家長在學校做什麼，但如果說會
　　唸三字經等，家長聽起來才是有學到東西。我覺得並不是這樣，
　　各有利弊，但是不要完全太舊式的教學，目前慢慢變還不錯，
　　不要一下就將舊的推翻，讓小孩太自由；要有約束，綜合會比
　　較好。」（邱老師，87/1/24，園務會議）

　　有了試行學習區的共識後，園內教師開始思考「如何規畫學習
區」，並在開學後的第一次的園務會議（87/2/21）中討論並達成決
議。
　　首先討論的是「學習區由誰負責？」，A園以教師依各自興趣
認領的方式很快就決定：工作角由李老師負責，科學角由范老師負
責，娃娃家由邱老師負責，益智角與語文區由黃老師負責，而體能
區則由許老師負責。
　　接著，教師便開始討論「如何進行學習區？」、「幼兒如何選

區？」以及「如何評量？」的問題。在「如何進行學習區？」的討論中，作息時間的重新規畫是討論的方向，由白園長於寒假期間依據舊有的作息時間做些調整，在此時拿出來與全園教師進行討論：

白園長：「現在的作息時間，大家看一下，大致上改變在先進行吃點心的時間。」

章老師：「他們要先去學習區再吃點心。」

范老師：「可能將點心時間往前挪，然後再進行學習區。」

李老師：「我贊成，但是我認為學習區結束後仍要有分享時間，會比較有意義。」

白園長：「好，那就將點心時間往前挪到九點半，然後學習區從十點十分開始，然後要進行多久？」

黃老師：「我覺得要四十分鐘。」

白園長：「那就是學習區到十點五十分，然後接著分享，可是還要配合放學時間，還有複習音樂或體能的複習，那就十一點十分結束分享時間。大家覺得如何？……六個學習區外，在教室裡的分組照作，照你的時段分組，就是你們自己有自己的方式，怎樣使用那個角落……」

討論後，A園的作息時間做了改變，所不同的是點心的時間提早了，由原來的十點半改到九點半；其後原本各班的「小組時間」改為學習區的探索與經驗分享；至於沒有進行學習區的天數，作息時間則照單元教學之作息。

接下來討論「幼兒如何選區？」的問題，由於該園中范老師與黃老師曾經在實施學習區的幼稚園待過，所以，她們先提出用顏色牌選區的構想：

范老師：「學習區的選擇可以用顏色牌。」

黃老師：「我們可以帶名牌和顏色牌，這樣其他老師就會知道
　　　　別班孩子的名字。」

白園長：「好，就這樣，另外做一張小張的名字。名字標籤蓋
　　　　一個，後面貼厚紙板，剪下來裝進去就好。」
　　　　（87/2/21，園務會議）

　　幼兒選區的顏色牌決定之後，有老師拋出「該如何進行呢？」
的問題：

李老師：「我覺得要分配每一班的人數。」

白園長：「到那個區之後，再到哪裡，就是讓他自己選擇，看
　　　　他拿什麼顏色，如果那個顏色已經拿完，拿別的；在
　　　　教室先拿，不能出去再分。」

邱老師：「不能規定我們班只能拿五個。」

白園長：「要分配每一班的人數，就像混齡活動一樣。」

范老師：「我覺得要分配每一班的人數，且設計不同顏色的選
　　　　區牌讓孩子依興趣選擇，寫牌子不要寫名字。」

章老師：「各班規定，才有大、中、小。」

白園長：「人數要平均分配，每個區的人數要差不多，……我
　　　　們設計一張表格，讓孩子選完顏色牌後，再畫今天要
　　　　去哪一區，這樣我們也可以知道他去了哪一區，哪裡
　　　　還沒去過？」（87/2/21，園務會議）

　　接下來討論「如何評量？」的問題。由於在寒假前白園長請范
老師設計學習區的評量表，因此，於八十七年二月二十一日的會議
中，園內教師即針對范老師所設計的記錄表進行討論：

范老師：「日期、單元名稱、區別，蓋我的名字，『興趣狀

況』，孩子有特殊狀況，寫在這裡，日期及狀況，六
個區有六個特別狀況才要文字敘述。」

黃老師：「不要寫很多，因為可能要分好幾次，所以不能整個
寫滿。」

范老師：「這是一個單元，一個月一次，另外還有一個『綜合
活動』，綜合活動已有很多東西。」

章老師：「下學期的記錄由家長先寫，是不是又要改。」

范老師：「我在評量表後面加了家長的回應，主要是寫在『綜
合活動』那裡。」

白園長：「這樣家長也可看到整個月的情形。個案記錄不要寫，
好吧！從民國幾年到現在畫下句點。」

李老師：「我覺得個案不用去寫，但是這樣又取代個案記錄的
好處，比較客觀。」

對於范老師所設計的評量表以及「如何評量？」的問題，在園
內教師的討論中有了初步的了解，之後，白園長並決定將歷年的個
案記錄表廢除，改以學習區的記錄表作為家長回應表，而有教師反
應這樣的評量方式因為是透過不同的教師觀察所以較為客觀。

在園內教師達成共識後，白園長將教學改變的構想向董事會報
告。董事會首先對這樣的改變不以為然，並質疑這樣改變的必要性：

「董事會跟我說，幾十年來我們走得非常務實，很認真做，只
要認真做，就是我們的。妳不必因為人家一句話，妳就改變。
……」（白園長，86/1/26，訪談）

但是，董事會在白園長的說服下，終於答應讓A園嘗試做做看。
而白園長也希望透過這樣改變，讓董事會更支持與肯定（白園長，
86/1/26，訪談）。

A園在第二波循環的反思期間，從對評鑑委員意見的質疑，到園長個人單方面的評估教學轉型的可行性，再到園內教師的共識，是從原先「由上而下」的園長單方面反思，到後來漸有「由下而上」全園反思的雛形。

(三)變革

從民國八十七年一月二十二日至三月五日是A園的變革時期，白園長與園內教師做了如下的改變：

1. 將「劃到冊」改成「劃到表」，並貼在各班教室外的牆壁，且每位同學一個欄位，一星期更換一次。（87/2/24，觀察）
2. 水果餐部分，園方製作了文宣給家長知道，並設計水果的菜單。（87/2/26，觀察）
3. 在行為發展記錄表方面，則在評鑑委員的建議以及范老師的重新修正後，將負面的用詞改成正面的用語，並多列一項「社交情緒」的評量項目。（87/2/26，觀察）
4. 各班教室貼有幼兒選區表與顏色牌。（87/2/26，觀察）
5. 教學型態的改變：依該學期之單元主題，從中選定六個單元於星期三、五進行學習區教學活動。
6. 教學評量方面將歷年的個案記錄表廢除，改以學習區的記錄表作為家長回應表。

A園在第二波循環中為了爭取評鑑委員第二次訪視時的肯定，進而獲得績優，而進行改變，其改變僅做選擇性的小部分改變（亦即在單元教學中進行學習區教學）。但是，該園在反思期間已逐漸做到全園討論檢討後達到共識，此互動方式的出現不同於以往全由園長決定的情形；但由於仍是由園長做評估與決策，再傳達給與園內教師，因此仍處於「由上而下」的互動模式。

三、第三波循環

教學形態改變後隨即產生教學現場及家長的問題，再加上評鑑委員第二、三次評鑑（87/3/12、87/4/17），帶給了Ａ園另一波的衝擊，並帶動了反思與變革的循環歷程。

㈠衝擊

八十六學年度第二學期，Ａ園開始實施學習區，每週二次。該學期Ａ園的教學從原本的單元教學改成其中六個單元試行學習區，並於星期三、五實施。學習區教學的實施對教師在教學的進行、幼兒的學習及家長的溝通等三方面帶來相當大的衝擊；接著，評鑑委員在第二次評鑑（87.3.12）及複評（87.4.17）時對學習區教學的意見也衝擊著教師，分別敘述如下：

1. 來自教學的衝擊

首先是課程設計的衝擊，由於教學模式的改變，隨之而來的便是課程設計與教案的改變。但是，由於園內教師對學習區大多不甚了解，因此，設計課程、撰寫教案便成為教師極大的困擾。例如：

> 范老師：「……雖然曾帶過學習區，但是這樣的混合教學方式，又是單元又有學習區，讓我有些難以適應，尤其是單元的撰寫、執行都產生問題，因為大家都不是很了解，而且也不像是在做學習區的樣子。」（87/3/20，訪談）
>
> 邱老師：「時間太趕了，寒假前已將這學期的教案交出，現在又要在單元上走學習區，所以很難配合學習區寫出適合的單元來。」（87/3/14，訪談）

其次是教學執行上的衝擊，對於未有實際學習區教學經驗的教

師而言，單元加學習區的作息時間緊湊，且每區的幼兒人數很多，心理的壓力很大，例如：

> 李老師：「覺得自己有些疲於奔命，而且很害怕時間會來不及……」（87/3/12，訪談）
> 黃老師：「每一個學習區內的幼兒人數太多，而老師只有一位，有時真的忙不過來。」（87/3/12，訪談）

另外的衝擊便是來自於幼兒的反應，有教師表示在實施學習區時，幼兒的表現並不理想：

> 黃老師：「幼兒在實施學習區時，仍是各班在一起，甚至有些就一個人玩耍……」（87/3/15，訪談）
> 李老師：「在工作角中，孩子年齡的不同常會造成在課程設計的困擾，甚至小班的孩子進度趕不上卻無法照顧，實在很困擾。」（87/3/17，訪談）

但也有教師發現實施學習區後，幼兒所表現的是很興奮、快樂的反應，例如范老師、章老師以及白園長（87/4/2，園務會議）：

> 邱老師：「以前的教學就是要求大家要做一樣的活動，小朋友要守規矩，但是有了學習區，他們就比較活潑也比較想參加活動……」
> 范老師：「我們班的小朋友比較活潑，有了學習區他們變得很快樂……」
> 白園長：「小朋友在學習區實施後，變得好活潑喔！……」

2.來自家長的衝擊

家長對A園的新教學法，有正、負兩種聲音，但大多為正面的支持與肯定。

> 范老師：「有家長認為自己的孩子很內向，但是透過開放的學習方式，讓不同年齡的孩子在一起玩，覺得他變得比較開朗一點了。」（87/3/24，訪談）

> 大班的學生家長：「譬如行為表的正向用語、分區表中的文字敘寫，我覺得從正面看自己孩子的優點真的很高興，而且分區表中很多老師看我的小孩，我認為比較清楚自己的孩子在學校做了什麼？」（87/3/24，訪談）

但是，也有些家長不贊同太開放的教育，認為幼兒就是要教，或是在分區並不能真正了解孩子並掌握幼兒的學習情況：

> 「我們現在寫的方式，家長不是很認同，像今天幾位家長和我討論，不喜歡改變成這樣。她覺得不是很贊成太開放的教育，小孩子就是要教他；讓他自己選擇，他怎麼知道他要的是什麼。她看到每個老師都寫文字敘述，她也知道老師花這個時間寫一定很累，每次都寫，可能增加老師的負擔。可能有的家長不贊成其他老師的寫法，因為她不認識其他的老師，她就會質疑。……」（白園長，87/4/4，園務會議）

或是認為開放教育在常規方面會帶來不守規矩的情況：

> 「有位家長告訴我，開放教育孩子常規沒了，怎麼辦？我們當初就是想A園重常規才送來的，……。他認為他的孩子只要一

個老師看就好了,不需要這麼多的老師看……」（邱老師,
87/3/30,訪談）

3.來自評鑑委員的衝擊

　　第二次評鑑委員在第二次評鑑會議時大致上沒有其他的建議,
但複評的評鑑委員（與原來的評鑑不同人）針對A園目前的教學情
況又提出了一些建議,她說:

(1)在早上短短的兩個小時之內活動很多,大部分幼稚園二個鐘頭
　　三個時段,你們大概六個時段,老師花很多時間作時間的轉換。
　　這樣時間上的切割轉換,散一次就要收一次,老師拼命地轉換,
　　好像被時間追著跑,很有壓力。而且各班的進度不同,小朋友
　　要選區,三個班級的時間必須要配合,為了配合就會有等待的
　　現象。

(2)現在是各班拿了顏色牌然後由原班老師帶到各區去,場面有些
　　混亂。建議建立一制度化的方式,乾脆選個場地,孩子選完區
　　後自己在那邊等,各區的老師再帶回去。小朋友需要一個標識
　　牌,讓他知道什麼時候要做什麼事,要不然選區時可能比較亂。

(3)一個建議是走開放不一定是走學習區,還可以各班開放,小朋
　　友還是有選擇權,所以進行各班的角落教學也是不錯,可以達
　　到開放的效果,而且小朋友也不會有到別區後陌生的感覺。

　　教學現場、幼兒、家長以及評鑑委員的意見,使得A園再次受
到衝擊,引起教師對新教學型態的質疑,引發教師的反思。

(二)反思

　　從教學現場的回饋中,教師對於新的方法（學習區）產生了質
疑:

　　邱老師:「沒有一個老師在學習區學校待過,討論時間相當短,

馬上做大改變，有點手足無措，而且執行上也有些問題，小朋友雖很快樂，但這樣的持續可行性如何，我有些懷疑……」（87/4/10，訪談）

李老師：「小班玩學習區根本玩不起來，這樣有些行不通……。孩子自己玩自己的，或和自己班上小朋友玩，不知怎麼去探索，有的會去看，走一走，但比較內向的孩子就沒有學到東西。」（87/4/10，訪談）

章老師：「……反而老師每天很趕，沒什麼改變，時間還是排滿滿的。以前評量每月二十日開始寫，覺得工作量集中。現在改變方式，要評量負責區每個孩子的表現，必須利用額外的時間寫學習的表現，例如中午寫，寫得也很粗淺，只有行為上的記錄而已，沒有更深入的內容，……」（87/4/15，訪談）

范老師：「以前的教學型態以老師為主，現在還算是以老師為主，單元設計都是由老師指定準備，孩子的自主性較低。學習區只是增加選擇的機會，活動還是由老師主導。」（87/4/20，訪談）

對於教師的質疑，白園長透過園務會議與教師討論要不要繼續進行學習區或研商改進的方法。在會議中，教師表示願意再試試看；接著教師便開始思考如何改進，以下從學習區的數量及區內幼兒人數、以及幼兒行為發展表的內容部分來呈現。

1. 學習區的數量及區內幼兒人數

配合學習區的實施，A園在園內設置有工作區、科學區、娃娃家、益智區、語文區與體能區等六區，然而，由於進行學習區時，每一區的師生比約一比十八，比在原班教室時的一比十五還要多，因此，各區教師無暇觀察與照顧的困擾要如何解決？

章老師：「因為自己不太懂怎麼去輔導孩子，區數太少，班級數多，造成大爆滿，小朋友像在菜市場，老師要照顧十八位小朋友，怎麼觀察？建議園長多開一區。」

李老師：「我覺得人數太多，一般學校很少有這麼小的孩子參與學習區，所以小班傾向自己玩自己的，較不會參與學習區。」

許老師：「二區三十六人擠在那裡，園長可否自己開一區，孩子可分散掉。」

白園長：「我自己有想到……輔導的人要寫觀察記錄，要跟他們玩，還是需不需要家長來幫忙。」

章老師：「因為學習區是讓小朋友自由探索的時間，最好不要有大人在旁干預。」

白園長：「那就將積木區與體能區分開，由許老師負責積木區，我就帶體能區，這樣如何？」（87/3/21，園務會議）

在這樣的討論聲中，該園最後的決議是新闢一積木區，將積木區與體能區分開，體能區由白園長負責帶領，積木區則由許老師負責。因此，A園至此時增設為七個學習區，而每一區的幼兒數約在十五名左右。

2.學習區內的教學

隨著學習區數的增加及每區人數的減少，幼兒的表現改變了：

白園長：「增加一個體能學習區以後，小朋友的情形，討論一下，像工作區有家長支援，保持得還不錯，你們覺得呢？」

李老師：「我這區人數有減少三個左右，本來十八個，我覺得少三個差滿多的，在互動中，我比較能給別的孩子時間。」

章老師：「人少的時候，小班會去跟中班、大班玩，之間互動機會比較大。」（87/5/12，園務會議）

除了幼兒的行為有改善外，教師也會在教學進行的過程中，進行自我的檢討與修正。例如：李老師會在學習區的實施中思考如何才能吸引幼兒前來的問題，她說：「談到帶學習區，會思考怎樣才能吸引孩子到這個學習區來？」（87/4/30，訪談）而曾有過學習區教學經驗的范老師則表示，她思考的方向是如何讓幼兒保持新鮮、好奇以及能顧及到個別差異：

「怎麼樣讓孩子在裡面很快樂學習？可以學到什麼？可以玩多久？可以操作多久？讓他有新鮮感，持續產生興趣，有驚奇在裡面，快樂好奇而滿足，朝這個部分走。……在學習區裡就可以考慮到個別差異，設計時，不同孩子來玩有不同收穫，不同的結果。」（范老師，87/4/7，訪談）

在此反思的階段中，A園園長與教師表現出相互討論、分享經驗以及從做中摸索與修正的情形。

㈢變革

從上一波的反思中，A園將學習區的數量由原來的六區增加為七區（包括體能區），幼兒人數也隨之調整為每區十五名左右。這樣的改變雖然帶來幼兒行為的改變，而各班教師繼續利用家長接送幼兒放學的時間進行教學轉變的溝通工作。雖然大部分的家長對新的教學型態都持肯定的態度，但是園方發現還是需要與家長進行溝通，與家長的聯繫便成為此時期教師與園長的任務。例如：

「自己會利用家長接送的時間向他們說明教學改變的優點何在，

以減少家長的不安」，她說：「我會花時間和家長溝通，這個
模式好處在哪裡，以減少家長的不安。」（范老師，87/4/10，
訪談）

「以孩子方面，孩子真的是很快樂，所以我想對他們（家長）
的解釋要花一點時間溝通，……下一次開一個家長座談會，要
先跟他們說，我們已經在辦這種嘗試性質的改變，是以什麼方
式在走，有改變的事情，都要講一下。」（白園長，87/4/2，園
務會議）

A園為因應教學上的衝擊產生了第三波循環。為因應衝擊，園
長與園內教師透過園務會議共同討論、經驗分享與調整教學，顯示
園長此時的權威角色逐漸減弱。雖然此循環的改變，仍以評鑑委員
所建議的方向為主，但也融入了園內教師的想法以及家長的回應在
內。我認為此波循環就A園來說，是參與評鑑過程中反思、轉變最
為明顯的時期。

四、結語

A園參與評鑑的過程中，經歷了三波循環，而在每一波循環裡
呈現出轉變與成長的情形。在A園所經歷的三波循環中，我發現第
三波循環的成長最為明顯，亦即此波循環衝擊最大（來自於教學、
家長等），反思的層次也最高（澄清問題、改變想法），而變革的
情形最為明顯（教學的轉型）。該園在經驗評鑑初期一直是由園長
「由上而下」的權威方式進行轉變，到第二波循環後期逐漸出現全
園反思與共商的情形，直到第三波循環時園長的權威管理角色才漸
為減弱。因此，評鑑也帶動A園教學風格與教師互動模式的轉變。

伍、研究討論與結論

一、評鑑促進幼稚園成長

整體而言，本研究結果發現，A園在教學與保育方面因參與評鑑而有所轉變，而改變最大的是課程與教學的型態。這樣的結果與Herr等人（1993）的發現相似，他們發現大部分接受NAEYC幼稚園認可評鑑的園長（91%）認為，評鑑後園方以「課程」部分進步最多，而其中進步最多的又以「教室的安排」、「教案」和「整體課程的安排」之項目改變最大。不過，雖然A園在評鑑過程中有所成長，但是在不同波期內的成長速度卻有所不同。

八十六學年度台北市幼稚園評鑑在教學與保育方面所強調的是以「幼兒為中心」的開放式教育理念與教學，而本研究發現A園在參與評鑑的歷程中，為因應評鑑內容與評鑑委員的建議，在課程與教學方面逐漸融入「開放式教育」的精神。例如A園在第二波反思的後期開始思考是否轉變教學的問題，且做部分的改變（在原有的單元教學架構上，開闢兩段時間嘗試學習區教學），但在第一波與第二波循環時是以家長、教師或評鑑委員的意見為考量，並未從幼兒學習的角度出發進行教學型態改變的反思；一直到第三波循環時，因為學習區的實施後明顯出現一些幼兒的問題（如小班幼兒的適應問題等），才開始將幼兒納入思考的重點。

推測A園轉變與成長的原因，可能是在參與評鑑之動機、園內教師參與評鑑的程度以及幼稚園原有教學模式所致。首先，A園參與評鑑的動機是為了讓評鑑委員對目前教學的肯定，以得績優。高敬文（民65）提出：「任何革新的關鍵在教師，尤其是教師的觀

念、態度、信仰與意念等的重整」（p.109）；此外，他認為改革若想成功，必須使教師感受到目前情況之不理想，並鼓勵他們追尋一個較好的方法，且是在教師不被威脅，而能自願參與的情況下最為理想。A園最初是因評鑑委員之意見而引發教學的轉型與變革，且教師本身改革的意願不高，因此，該園的改革與成長較為緩慢，然而該園教師在面臨到教學轉型所引發的衝擊後，隨著也帶動了改革的動力。

其次，A園從開始並未以透過建立共同願景、分享願景及「共商」的模式參與評鑑，直到第二波循環後期時，才開始出現團隊共商的情況。從學習型組織（聖吉著，郭進隆譯，民 83）的理論來看，採共商、有共同願景的組織成長會較快，而未建立與分享共同願景的組織成長則較慢。最後，在教學上A園雖然有一個月一次的混齡教學，但平時都是教師為主導的單元教學，因此，該園在教學轉變上較為緩慢。

另外，研究發現A園在不同波期內的成長速度有所不同。第一波循環時，並無明顯的變化，其原因可能是該園在教學上已有穩定的基礎；而第二波循環初期，因為質疑評鑑委員的意見，加上改變意願不高，也幾乎沒有成長，直到第二波循環後期，因全園教師的加入反思，才開始出現緩慢的轉變趨勢；至於第三波循環則是A園經歷評鑑歷程中成長的高峰期。

如果從反思的層次來看A園的轉變，可發現該園經歷了 Grimmett、Riecken、Mackinnon 和 Erickson（1990）所提的三種不同的反思，而且越到後期反思的層次愈高。因此，就該園教學、反思與變革之方面來說，評鑑確實推動A園的轉變與成長，而成長的路徑卻不是直線的，而是會因著時間、人員、環境的不同，時而緩慢、時而快速。不論如何，評鑑確實推動了A園的轉變與成長，達到第三代評鑑「評鑑的作用是在改進」（Stufflebeam, 1971）的目的及八十六學年度台北市幼稚園評鑑「教育幼稚園與促進幼稚園成長」的

功能（台北市政府教育局，民86）。

二、影響幼稚園轉變之生態因素

從研究的結果，可知除了評鑑之外，還有其他因素促進A園的轉變與成長，包括園長的領導模式、園內教師的參與度、行政的支持、幼稚園的體制及文化背景。而這些因素對幼稚園成長與發展的影響似符合Bronfenbrenner（1979）的生態系統理論。園長的領導模式、園內的組織氣氛、園內教師的參與度以及對新教學型態的了解，茲分別以生態系統的論點分析影響A園轉變的因素。

從資料分析中，可歸納出影響A園改變與成長的因素，包括園長的領導風格、園內的組織氣氛、董事會的支持、家長的支持以及私立幼稚園的生態等，以下以生態系統的論點描繪各因素的關係（圖一）。

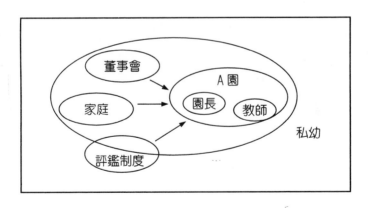

圖一　A園生態系統圖

㈠微系統因素

所謂的「微系統」（microsystem）是指「個人存在其內與其接

觸最直接、最頻繁的系統」（Bronfenbrenner, 1979）。因此，影響A園轉變與成長的園長領導模式、園內組織氣氛、教師的參與度、教師對新教學型態的了解以及家長的支持等，均屬於微系統因素。以下將從這幾方面探討這些因素如何影響該園轉變與成長。

在領導模式方面，A園在評鑑初期（第一波循環）時，是由董事會及園長單向「由上而下」的決定要申請評鑑，並未徵求園內教師對評鑑的意見，屬權威型的領導；此模式持續到第二波循環初期有關教學轉型的問題，仍是由園長單向的進行評估。直到第二波循環後期，園內教師才開始加入參與決策，但仍屬園長提出構想、徵詢教師意見的情況。第三波循環，可能是園長本身對學習區教學也不甚了解，才出現與教師共商與討論的情形。

從A園改變的過程來看，當A園處於權威型的領導模式時，該園的改變是停滯或緩慢的情況，直到白園長權威領導的角色減弱，且與教師共商時，該園才出現明顯的轉變與成長，可見領導模式對A園的影響。

A園的組織氣氛較偏向於「封閉型」的氣氛（Hoy & Clover, 1986），因為白園長與教師之間的關係較屬上對下的權威關係，在園務會議中雖能有不同的意見和聲音，但仍以園長為最後決策者。整體來說，園內的組織氣氛較不熱絡，而園長也未曾與園內教師建立與分享共同的願景，教師認為此次評鑑是園長個人為獲得肯定與交出漂亮成績單而做，向心力及參與與配合的程度就不同，因此，該園成長的速度上也較為緩慢。例如：

　邱老師：「園長想證明在她的領導下，學校有進步，想獲得肯
　　　　　定吧！」（86/11/26，訪談）
　章老師：「第一年正式當園長，想在學校有一些建樹。」
　　　　　（86/11/30，訪談）

㈡中間系統因素

所謂的「中間系統」（mesosystem），指的是由發展的人積極參與兩個或多個情境之間的相互關係（Bronfenbrenner, 1979）。本研究發現家長與董事會是Ａ園的兩個微系統，而它們對Ａ園轉變的支持或反對屬於中間系統。

家長是幼兒的監護人，往往關心其子女在學校的情形。簡楚瑛等四人（民84）的研究提出私立幼稚園較常面臨到「家長的壓力」，其對幼稚園運作的影響很大。其中白園長在評估教學轉型的問題時（第二波循環），「是否該配合家長與市場需求？」是她重要的考量的方向之一；在第三波循環時，因為大多數家長對教學持正面與肯定的態度，使得該園繼續進行轉變。但是，不可否認的，家長的因素使得該園無法嘗試全面性的轉變，白園長在評鑑時曾說：「……不能夠很快的，一定要各方面的觀念溝通……，否則開放走到後來都會秩序大亂，……我們這邊的環境是以前的文教區，家長的觀念都是覺得學到很多，不是認知的學到，是生活常規的學，還有其他的。」（86/12/30，訪談）

另一項中間系統因素是董事會的支持，Ａ園參與評鑑起於董事會要求該園主動申請評鑑，在第二波循環時，董事會為獲得績優的考量，而願意給與該園教學轉型一個嘗試的空間，才使得Ａ園教學有轉型的機會。

㈢外部系統因素

Bronfenbrenner（1979）提出所謂的「外部系統」（exosystem）是指由發展的人並沒有參與、但又受其影響或是其中所發生的一切所影響的一個或多個環境，亦即會影響微系統的人事物。本研究中，影響Ａ園轉變的「外部系統」因素為評鑑制度（含評鑑委員）。同樣地，改成兩次的訪視評鑑，給與Ａ園轉變、成長的空間。但是在

評鑑委員方面，兩位評鑑委員（初評與複評）的意見不一致，前者建議Ａ園進行學習區，後者卻鼓勵Ａ園可改走角落。雖然評鑑委員理念不同，並未造成該園在評鑑過程中的困擾，但是，這現象凸顯出評鑑委員理念的不同，可能引發評鑑公平性與客觀性的問題，是值得省思的。

㈣大系統因素

所謂的「大系統」（macrosystem），是指影響外部系統、中間系統與微系統的社會文化意識、價值觀及態度或次文化（Bronfenbrenner, 1979）。本研究中，影響Ａ園轉變與成長的「外部系統」因素則是私立幼稚園的次文化。

台北市私立幼稚園園數多，競爭大，改變的動機較強；且另一方面，又為經營順利，在運作上需考量家長的需求與意見，在轉變上較有顧忌。因此Ａ園又想改變教學，但在改變時僅做小部分的轉變。

從上述的分析中，可以了解生態中的四個層面（微系統、中間系統、外部系統與大系統）對幼稚園參與評鑑的轉變與成長歷程都有影響，因此，在考慮評鑑制度的運作及幼稚園的改變時，不能僅從某一個層面或角度觀之，而需對幼稚園所處的環境與本身的條件做通盤而全面的了解，才能確實發揮評鑑的功能，真正解決幼稚園的個別問題，促進其成長。

三、八十六學年度台北市幼稚園評鑑之檢討

㈠選擇時機提供適當的介入與支援

本研究發現Ａ園在不同時期，園方的思考焦點有所不同，受評幼稚園在各個階段有不同需求與表現。因此，未來的幼稚園評鑑或

外力的介入須視幼稚園的情況提供適當的介入與支援。

㈡增加自評時間

　　從分析本研究中Ａ園參與評鑑的歷程及其成長的過程中，發現八十六學年度的幼稚園評鑑制度雖確實能促進幼稚園的成長，但仍有些問題與疑惑存在，包括自我評鑑時間過短、訪視次數不足等。

1.自我評鑑時間過短

　　Ａ園自我評鑑的時間只有七天，所以，有些急就章且交差了事的情形。雖然在自我評鑑的過程中，該園有達到自我反思與體檢的功能，但是園內教師卻未能在評鑑期間充分了解整個評鑑的內容以及建立該園的共同願景。

2.兩次評鑑時間間隔太短

　　在評鑑進行的幾個月中，Ａ園以漸進、循環的方式從參與評鑑的過程中成長。然而，不可否認的，很多教育學者早已提出一項新教學模式之實施需要長時間，並以漸進的方式從改變教師的理念和態度做起，最後再到執行面；然而教師本身的教育理念、個人價值等主觀信念，很難在短時間內從突破到紮實，可能會使原來的成長因為外力（評鑑）的結束而停滯，Ａ園在第三波循環的後期，就有這樣的傾向。

　　此次，本研究的Ａ園從真正開始思考教學型態的轉變到執行，其間只有二個多月，實難以對新的教學模式有充分而徹底地了解與改變。因此，到底評鑑應該給與幼稚園多少時間進行轉變與成長，仍是一個值得商議的問題。

3.訪視評鑑的次數不足

　　八十六學年度的評鑑改成兩次的訪視評鑑，第二次評鑑的壓力使得Ａ園不得不成長，此為多次評鑑的好處。但是，隨著評鑑的結束，幼稚園的轉變似漸趨緩慢；而且該園都正進行教學轉變，在執行尚未紮實之際，外力評鑑的支持與協助即停止，是否會減緩幼稚

園的成長？到底評鑑應該提供幾次的訪視，或評鑑後是否需要有追蹤，是值得注重的問題。

陸、建議

本研究從 A 園參與評鑑的轉變歷程中，提出以下幾點建議作為幼稚園參與評鑑、評鑑制度之制定以及未來研究之參考。

一、幼稚園方面

㈠建立幼稚園對評鑑的正確理念

Bender（1983）曾提到許多人把評鑑看做獲得「認可」的門檻（threshold），而不是幫助學校「自我改進的過程」，所以在評鑑時盡量掩飾或解釋可能出現的缺點，而他認為這是錯誤的觀念。Wolf（1973）亦表示，通常教師並不了解評鑑的結果是用來改進教學環境和品質，他們以為評鑑的目的是來找麻煩，或是用來鑑定個人的表現，而這些誤解導致教師排拒評鑑以及拒絕採納評鑑委員的建議。國內學者周淑惠、江麗莉（民 84）也提出國內幼稚園在評鑑中有欺騙造假、相互攻詰的現象，均源於對評鑑理念未加了解所致，因此導致評鑑工作難以推展。本研究中的 A 園由於較能以平常心、接納心、學習心的態度看待評鑑，所以，在此次評鑑中獲得成長。因此，建議幼稚園拋棄以往對評鑑的成見，正視評鑑。

㈡培養自願申請評鑑的態度

任何的改進若只依靠外來的管制而無內在追求品質的努力，品質的提升是很難的，因此，幼稚園應有自我改進的內在動機。本研

究中的Ａ園為自願申請評鑑者,除希望被肯定的心情外,主動積極的態度是不容忽視的先備條件;因此,自願接受評鑑,才易達到評鑑的目的,發揮評鑑的功能。

(三)鼓勵全國動員參與評鑑

從Ａ園參與評鑑的歷程來看,幼稚園評鑑確實在全體教師動員參與的情形下,才能激發教師的向心力與責任感,帶動幼稚園積極的運作與發展。因此,在評鑑的過程中,園方應鼓勵提供相關人員參與評鑑的機會,不採由上而下的單向模式。

(四)提供相關環境的支持

從Ａ園參與評鑑的歷程中,可以了解到反思對幼教師在專業成長上及幼稚園本身整體的成長發展都有不可否認的助益。本研究發現園務會議中的團體討論與檢討,更提供教師相互澄清與經驗分享的機會,而董事會及家長對幼稚園所提供的支援與配合,亦是促使私立幼稚園成功轉變的關鍵。兩項發現顯示出同一環境內的支持相當重要。

二、未來研究的方向

本研究並未探討幼兒的表現以及教學現場中教師與幼兒的互動情形是否受評鑑的影響。此外,因為自願申請評鑑者與指定評鑑者或追蹤評鑑者在心態與條件上可能不同,且畢竟是少數,對於多數的後者,其經驗評鑑的歷程是否會有所不同,也是未來研究者可以思索的方向。

柒、參考文獻

中文部分

王靜珠（民 76）：幼稚園園務及教學評鑑。台灣教育，436，頁 20-26。

台北市政府教育局（民 83）：台北市八十二學年度公私立幼稚園教育評鑑報告。

台北市政府教育局（民 84）：台北市八十三學年度公私立幼稚園教育評鑑報告。

台北市政府教育局（民 86）：台北市八十五學年度公私立幼稚園教育評鑑報告。

任秀媚（民 81）：從幼稚園評鑑談幼稚園教保活動之問題。國教世紀，28 卷第 1 期，頁 34-40。

江啓昱（民 82）：CIPP 評鑑模式之研究。國立台灣師大教育研究所未出版碩士論文。

李明中（民 86）：台北市幼稚園園長對幼稚園評鑑觀點之研究。文化大學兒童福利研究所未出版碩士論文。

李阿成（民 73）：談幼稚園教育評鑑。國教天地，59 期，頁 28-33。

林錦雲（民 72）：台北市六十九學年度國民中學評鑑工作之分析研究，頁 42。

高傳正（民 77）：幼稚園評鑑內容之探討。國教天地，26 期，11-14。

周淑惠（民 83）：幼稚園評鑑實施方案之說明。載於教育部主編，八十三學年度台灣區公私立幼稚園評鑑委員研究座談會手冊，

頁 21-28。

周淑惠、江麗莉（民 84）：我國幼稚園評鑑制度。載於中國教育會主編，教育評鑑，頁 327-357。台北，師大書苑。

高敬文（民 65）：開放的教育──中國化之展望，頁 30-32。屏東，東益。

國立台北師範學院（民 86）：台北市幼稚園評鑑試用手冊研編報告。台北，國立臺北師範學院。

陳漢強（民 82）：幼兒教育機構評鑑。載於教育部主編，八十二學年度臺灣區公私立幼稚園評鑑委員研討座談會手冊，頁 13-18。

翁麗芳（民 86）：評鑑政策的形成與實施。成長幼教季刊，7 卷 3 期，頁 42-47。

郭進隆譯（民 83）：第五項修練──學習型組織的藝術與實務。台北，天下文化公司。

張明輝（民 87）：營造學習型學校。載於現代教育論壇（四）。台北，國立教育資料館，頁 9。

黃光雄（民 78）：教育評鑑的模式。台北，師大書苑。

黃政傑（民 76）：課程評鑑。台北，師大書苑。

黃瑞琴（民 80）：質的教育研究法。台北，心理。

劉穎（民 78）：從幼稚園評鑑談幼稚園的環境與設備。國教月刊，36 期，頁 36-39。

賴志峰（民 86）：台北市幼稚園後設評鑑之研究。國立政治大學教育研究所未出版碩士論文。

歐用生（民 85）：支持教師參與教與改革。國民教育，第 36 卷，第 6 期，頁 2-6。

簡楚瑛、廖鳳瑞、林佩蓉、林麗卿（民 84）：當前幼兒教育問題與因應之道。教育改革諮詢委員會，頁 15-45。

蔡春美（民 75）：幼稚園評鑑的意義與內容。國民教育，27 期，頁 2-4。

蔡春美、張翠娥、敖韻玲（民 81）：幼稚園與托兒所行政。台北，
　　心理。

蘇建文（民 77）：美國幼兒教育學會幼兒教育制度評鑑簡介。幼兒
　　教育年刊，國立台中師範學院，頁 9-24。

饒見維（民 85）：教師專業發展——理論與實務。台北，五南。

英文部分

Bender, L.W. (1983). Accreditation: Misuses and Misconceptions. In Yo-
　　ung, K.E. Chambers, C.M. Kells, H.R. and Associates (Eds.), Under-
　　standing Accreditation. (pp.82-83). San Francisco, CA: Jassey- Bass.

Boggs, G. (1984). Evaluating and developing community college faculty.
　　ACCCA Management Report, California: Association of California
　　Community College Administrators.

Bronfenbrenner. Urie. (1979). The ecology of human development experi-
　　ments by nature and design, Cambridge, Massachrusetts, and London,
　　England.

Bredekamp, S. & Glowacki, S., (1996). The first decade of NAEYC ac-
　　creditation: Growth and impact on the field. NAEYC Accreditation:
　　A Decade of Learning and the Years Ahead. pp.1-10.

Davis. K & Newstrom. T.W. (1985). Human behavior at work: Organiza-
　　tional behavior, 7th ed. New York: McGraw-Hill, 1985, pp. 171-172.

Dewey, J. (1933). How we think: A restatement of the relation of reflective
　　thinking to the educative process. Massachusetts: D. C. Heath and
　　Company.

Guba, E.G. & Lincoln, Y.S. (1989). Forth generation evaluation, City CA:
　　Sage.

Grimmett, P.P., Riecken, T.J., Mackinnon, A.M., & Erickson, G.L. (1990).

Reflective practice in teacher education. In R.T. Clift, W.R. Houston & M.C. Pugach (Eds.), Encouraging reflective practice in education: An analysis of issues and programs. New York: Teachers College, Columbia University.

Hoy, W.K., & Clover, S.I.R. (1986). Elementary school climate: a revision of the OCDQ. Educational Administration Quarterly, 22(1), p.94.

Herr, D. Johnson, & K. Zimmerman, (1993). Benefits of accreditation: Astudy of directors' perceptions, Young Children, May 1993. Vo.l13, p. 25.

NAEYC (1991). Accreditation criteria & procedures: Position statement of the National Academy of Early Childhood Programs. Washington, DC: NAEYC.

Stufflebeam D.L. et al. (1971). Educational evaluation and decision making. City, Indiana: Phi Delta Kappa.

Tyler, R.W. (1950). Basic principles of curriculum and instruction. Chicago: University of Chicage Press.

U. S. Department of Health, Education and Welfare (1968). Office of education. Nationally Recognized Agencies and Associations. Washington D.C.: U.S. Department of Health, Education and Welfare, P.5.

Worthen, B.R. & Sanders, J.R. (1973). Guidelines for writing evaluation proposals and reports. In Worthen & Sanders, 300-3.

Wolf, R.L. (1973). How teachers feel toward evaluation. In E.R. House (Ed.), School evaluation: The politics and process (pp. 156-168). Berkeley, CA: McCutchan Publishing Corporation.

後記

經過兩年的沈澱，再重新翻閱本研究的資料，心裡仍不斷醞釀著當年那一波波接踵而來的蛻變，或許局內人的想法不盡相同，但評鑑所激起的漣漪與浪花，對受評幼稚園而言卻是一種使其往多方向思考與轉變的契機。

寫這篇文章，希望提供一個完整的評鑑歷程給準備出發的幼教夥伴們。擔心、焦慮是可能的過程，但如何在自願或非自願的心情下，以平常心看待與轉換心境去接納與吸取評鑑的經驗，並從中獲取他人（評鑑委員、評鑑制度）意見，調整幼稚園的步伐，營造一個適合幼兒學習的環境，是幼教夥伴們首需努力的。

國家圖書館出版品預行編目資料

來！說我們的故事：幼教師的專業成長／
中華民國幼兒教育改革研究會主編.
--初版.--臺北市：心理，2003（民92）
面； 公分.--（幼兒教育系列；51064）
ISBN 978-957-702-557-9（平裝）

1.學前教育─論文，講詞等

523.07   91023487

幼兒教育系列 51064

來！說我們的故事：幼教師的專業成長

主　　編：中華民國幼兒教育改革研究會
總 編 輯：林敬堯
發 行 人：洪有義
出 版 者：心理出版社股份有限公司
地　　址：台北市大安區和平東路一段 180 號 7 樓
電　　話：(02) 23671490
傳　　真：(02) 23671457
郵撥帳號：19293172　心理出版社股份有限公司
網　　址：http://www.psy.com.tw
電子信箱：psychoco@ms15.hinet.net
駐美代表：Lisa Wu（Tel: 973 546-5845）
排 版 者：臻圜打字印刷有限公司
印 刷 者：玖進印刷有限公司
初版一刷：2003 年 1 月
初版三刷：2011 年 3 月
I S B N：978-957-702-557-9
定　　價：新台幣 450 元